UNIVERSITY OF NORTH CAROLINA AT CHAPEL HILL
DEPARTMENT OF ROMANCE LANGUAGES

NORTH CAROLINA STUDIES
IN THE ROMANCE LANGUAGES AND LITERATURES

ESSAYS; TEXTS, TEXTUAL STUDIES AND TRANSLATIONS; SYMPOSIA

Founder: URBAN TIGNER HOLMES

Distributed by:

UNIVERSITY OF NORTH CAROLINA PRESS
CHAPEL HILL
North Carolina 27514
U.S.A.

NORTH CAROLINA STUDIES IN THE
ROMANCE LANGUAGES AND LITERATURES
Number 181

OCTAVIEN DE SAINT-GELAIS
LE SEJOUR D'HONNEUR

OCTAVIEN DE SAINT-GELAIS
LE SEJOUR D'HONNEUR

EDITED BY

JOSEPH ALSTON JAMES

CHAPEL HILL

NORTH CAROLINA STUDIES IN THE ROMANCE
LANGUAGES AND LITERATURES
U.N.C. DEPARTMENT OF ROMANCE LANGUAGES
1977

Library of Congress Cataloging in Publication Data

Saint-Gelais, Octavien de, 1468-1502.

Le séjour d'honneur.

(North Carolina studies in the Romance languages and literatures; no. 181)
Bibliography: p.
I. James, Joseph Alston.   II. Title.   III. Series.

PQ1580.S4A77 1976   841'.2   76-56088
ISBN 0-8078-9181-9

I.S.B.N. 0-8078-9181-9

DEPÓSITO LEGAL: V. 3.709 - 1976   I.S.B.N. 84-399-6102-2
ARTES GRÁFICAS SOLER, S. A. - JÁVEA, 28 - VALENCIA (8) - 1977

CONTENTS

	Page
Introduction	9
Prefatory rondeau	33
Text	35
Notes and Variants	291
Glossary	303
Bibliography	309
Works by Octavien de Saint-Gelais	310

INTRODUCTION

I

Octavien de Saint-Gelais was born in the year 1468 in the town of Montlieu in the province of Saintonge. Colletet gives his date of birth as 1466.[1] Octavien was the fifth child born to Messire Pierre de Saint-Gelais and Philiberte de Fontenay, whose marriage had taken place in 1455. The Saint-Gelais family was said to date back to the twelfth century, and its members were among the most numerous and influential at the small court of Cognac where Charles, the Count of Angoulême, ordinarily resided.

Saint-Gelais's father had been rewarded for his service to his master, Jean, Count of Angoulême, by being given the viscountship of Fronsac, then regarded as the strongest bastion in all Guyenne. The income from this position, plus the opulent dowry of his wife, provided the Saint-Gelais family with a comfortable, if not luxurious, financial situation. Their first son, Jean, was born in 1457. Three more sons followed; Mellin, then twins, Jacques and Charles in 1461. Octavien was born in 1468.[2] Later there was a daughter, Marguerite, and another son, Alexandre.

Octavien was a handsome boy, although not physically robust. His lack of physical strength was compensated, however, by a promising intellect and a personal charm. Octavien grew up in the midst of his family, living sometimes at Montlieu, at other times at Cognac, where his father was often located in order to

---

[1] Guillaume Colletet, *Poètes Angoumoisins* (pub. for first time by Ernest Gellibert Des Seguins, Paris, 1862, rpt. Geneva: Slatkine Reprints, 1970), p. 1. My discussion of Saint-Gelais's life, however, is based on Molinier's work (see note 4 below).

[2] Saint-Gelais spelled his christian name Octovien.

serve the Count of Angoulême. Octavien early acquired a lifelong affection for his older brothers, particularly for Jacques and Charles. With them he enjoyed the happy years of childhood, roaming the valleys and hills near his home at Montlieu.

Octavien studied for ecclesiastical service at the highly respected College de Sainte-Barbe in Paris where he was an outstanding student, particularly in literature. It was at Sainte-Barbe that he studied under Martin Magistri, to whom he dedicated several lines in *Le Séjour d'Honneur:*

> Interpreteur de la saincte pagine,
> Aigle d'honneur, philosophe tresdigne...
> A Paris fut jadis mon directeur
> A Saincte Barbe, en son noble college,
> Du peu que sçay, il en est fondateur...
> Regent fut il de mes freres et moy,
> Puis son sçavoir le logea chez le roy [3]
> (v. 6361 and following).

Following his studies at Sainte-Barbe Octavien attended the Sorbonne. He received the "licence" from that school in about 1488.

It was not long after this date that Saint-Gelais was first presented to the court of Charles VIII. Saint-Gelais's father, it will be recalled, had long been in royal favor. Pierre de Saint-Gelais was now dead, but his eldest son, Jean, skilled in politics as had been his father, had secured for himself the post of chief counselor to the Count of Angoulême, and had played a role in the marriage between the Count and Louise de Savoie. Jean was to become a favorite of the Countess, and took advantage of his favor at the court to recommend his younger brother, Octavien, to the king. Meanwhile, Octavien's other two brothers, Jacques and Charles, had gained royal favor as well. Octavien had their assistance in making a favorable impression at court, and he hastened to avail himself of this advantage.

He appears also to have hastened to acquire for himself a reputation among the ladies of the court. He was handsome and charming, and he tells us in *Le Séjour d'Honneur* that

---

[3] See page 29 for discussion of manuscripts used.

Des dames, lors, estoye recueilly,
Entretenant mes doulces amourettes,
Amours m'avoit son servant accueilly,
Portant boucquetz de boutons et fleurettes
                                    (vv. 7969-7992).

He further offers us a self description from those days:

J'estoye fraiz, le cuyr tendre et poly,
Droict comme ung jonc, legier comme arondelle
propre, mixte, gorgias, et joly,
Doulx en maintien autant q'une pucelle
                                    (vv. 7996-7999).

The same passage continues with a description of Saint-Gelais's life at court, the romantic pleasures which he enjoyed and the woman who first introduced him to the pleasures of love. *Le Séjour d'Honneur* further relates how Saint-Gelais celebrated his vigorous youth and passionate loves through the poetry he wrote and occasionally presented to his lady. These lines appear to provide an adequate chronicle of Saint-Gelais's life at court.

Eventually, Saint-Gelais retired from the court because of ill health, and resumed the theological studies which he had been neglecting. He was ordained in 1491 or 1492, and his more serious view of life after this time is reflected in *Le Séjour d'Honneur*. Its erudition and moral teachings are indicative of his new attitude.

When he had in some measure regained his health, Saint-Gelais returned to the court of Charles VIII, where he became known by the title "orateur du roi," a designation proferred to court poets in especial favor of the king. In 1494, to reward Saint-Gelais for his loyalty to the throne, and also in recognition of him as the author of *Le Séjour d'Honneur*, Charles VIII had Saint-Gelais appointed Bishop of Angoulême. It was a signal honor for a young man barely twenty-six years of age. He was consecrated in July of 1494 at Lyons, with Charles VIII attending the ceremony. Shortly thereafter, Saint-Gelais set out for Angoulême, and assumed his office on August 17, 1494.

With Saint-Gelais at Angoulême was a young boy, perhaps four or five years of age. His name was Mellin. Octavien explained his presence by saying that he was a nephew. Who Mellin's parents actually were remains a conjecture. It is likely, however, that he was Octavien's illegitimate son, born during the time that Sensualité had been Octavien's muse at the royal court. Mellin's age makes this conjecture feasible, anyway. Of Mellin's illegitimacy there is no doubt, for in later years when he wanted to become abbot of L'Escale Dieu he had to apply for a special dispensation to the pope for a "defectu natalitium".

Octavien loved young Mellin tenderly, and accorded the boy a fatherly affection. He was particularly attentive to what he perceived to be a gifted intellect, and was determined that the boy should have an excellent education. At the same time Saint-Gelais executed his duties as Bishop with such efficiency that he won the respect of the members of his diocese. He encouraged the construction of new churches, and the beautification of the town of Angoulême. He still spent some time at the royal court, but his ambitions as courtier had been fulfilled, and he seemed to prefer residence at Angoulême, where he could meditate, concern himself with the education of Mellin, and administer the needs of his diocese.

The illness which had struck Saint-Gelais as a young courtier persisted, in varying degrees, until it took his life. By the age of thirty he had the appearance of an old man, and one had only to look in his face to be aware of the suffering he had endured. He finally succumbed at the age of thirty-four, in the year 1502, at the small village of Vars, near Angoulême, where he had gone to escape the plague. His twin brothers, Jacques and Charles, made the funeral arrangements, and young Mellin took part in the procession. The body was buried in the cathedral at Angoulême, and later transferred to a magnificent chapel beside the cathedral.

Above the tomb of Octavien de Saint-Gelais appeared the following epitaph, which has been translated from the Latin:

> Je suis Octavien, qui fus comblé d'honneurs,
> Qui trouve en ce tombeau la fin de mes grandeurs;
> Angoulême m'orna d'une mitre sacrée,
> Que cette gloire fut d'une courte durée!
> La nature semblait me promettre un long cours,

Quant la mort me ravit au milieu de mes jours.
Apprends, homme mortel, que la poudre qui vole
Est du cours de ta vie un perpétuel symbole.
Mon esprit est parti pour la sainte cité,
Mon corps attend le jour de l'immortalité. [4]

II

Dating of "Le Sejour d'Honneur"

In attempting to establish a date for the beginning of the composition several references from the poem itself should be considered. First, Saint-Gelais speaks of the deceased king, Louis XI, saying that he had seen Louis at his chateau in Plessis less than six years earlier. Since Louis XI died on August 30, 1483, it seems likely that these lines were written in about 1489. Secondly, we should consider Saint-Gelais's statement that he was twenty-four at the beginning of the poem (v. 2). Since he was born in 1468, Saint-Gelais would have been, in accordance with medieval-Renaissance French usage, in his twenty-fourth year in 1491. This would appear to shift the beginning date forward about two years. Saint-Gelais also dedicates several lines in the third book of the poem to the Duc d'Orléans, the future Louis XII, who was a prisoner in the tower of Bourges. Saint-Gelais concludes this reference "je pry à Dieu que brief en soit hors mys" (v. 6620). Since the Duke was freed in 1491 Saint-Gelais's plea for that release can probably be dated in 1490 or 1491.

One further reference would seem to support 1490 as the beginning date of the composition. Saint-Gelais speaks of having seen the Duc de Savoie in Tours "n'a pas ung an". This duke, about whom Saint-Gelais says "que mort avait tout de frais assommé" (v. 2044), was Charles I, known also as "le Guerrier". He became Duc de Savoie in 1482, and died in March, 1490, after having spent the months of April, May, and June of 1489 in the cities of Tours and Amboise. If we take Saint-Gelais literally, then the date of the composition of these verses would be in the early spring of 1490.

---

[4] H.-J. Molinier, *Essai Biographique et Litt. sur O. de S. G.* (Rodez: Imprimerie Carrere, 1910), p. 255.

We must resolve two conflicting factors in establishing the poem's completion date. First, let us try to set the latest possible date at which the poem was completed. Saint-Gelais cites Vendosme as one of those persons in attendance at the court of Charles VIII (v. 7716). It seems logical to assume that this section of the poem was written before Vendosme's death in October, 1495. Saint-Gelais also refers to Jacques de Brézé (v. 6674), praising the "Grant seneschal jadis de Normandie" for his skill at arms and rhetoric, and lamenting his death. Brézé's death occurred in August, 1494. Since Saint-Gelais refers to Brézé as having already died and Vendosme as being still alive, the poem's completion date would appear to fall between August, 1494, and October, 1495.

A second factor, however, conflicts with the above information: The lack of reference anywhere in the poem to one of the great projects of Charles VIII's reign, the Italian campaign of 1494. If the poem was completed between 1494 and 1495, it seems that Saint-Gelais, particularly as a court poet, would have made some mention of that campaign in a poem dedicated to Charles VIII. Since he does not, the logical assumption is that Saint-Gelais completed almost all of the poem prior to 1494. The references to Vendosme and Brézé would then be explained as being later additions to the work.

Let us say, therefore, that the composition of *Le Séjour d'Honneur* was begun in 1490 and was completed, except for minor later additions, by late 1493.

III

Narrative

The season of the year is spring. Nature is awakening joyously, and the poet is aware that everyone is going outside to take full advantage of the new season. The poet, however, does not join the gaiety. Afflicted with a strange melancholia, he chooses to remain alone in his dwelling. The exact nature of his illness is not disclosed. We know only that the poet is suffering from a depression of the spirit.

The poet then turns to study in order to seek diversion. In turn he reads Livy, the Trojan epic, and other such works. Finding them of little consolation, he retires for the evening. Attempting to recapture his skill with the "luth," he finds that skill impaired due to his long period of inactivity. Presently there appears in the room a lovely young woman who advances toward him and takes a seat upon his bed. Saint-Gelais describes the lady as having a clear and polished face, blond hair, a small vermilion mouth "soubz qui gisoit ung tresor de baisiers," a precisely sculptered body, and amorous arms. For clothing she wears only a cloak of purple silk. We learn shortly that her name is Sensualité, and from this point begins the poet's relationship with this woman who is to be his guide throughout the ensuing poetic journey.

Sensualité begins with a gentle remonstrance of the poet for his melancholy and somber mood. She points to his youth with the reminder that at his age one should be frivolous and enjoy the pleasures of the world. She describes these worldly pleasures with a particular emphasis on the pleasure of love, and recalls to the poet that he had once been able to love but that now he is living as though he were an old man. She urges him to commit himself once more to the passionate life, and urges him with such eloquence and persuasion that the poet is finally convinced that following her is the proper course for him to pursue. Accordingly, he leaves his room and sets out with Sensualité.

The allegorical journey of l'Acteur and Sensualité begins along a path identified as Fleurie-Jeunesse. Sensualité informs the poet that everyone has to travel along this pathway. Soon they come to a fork in their route. It is the symbolic fork of human life, associated with Pythagoras, and represented, says Saint-Gelais, by the letter 'Y.' The letter has three bars. The lower bar represents youth, which leads man toward good or bad conduct. Of the upper bars, the one on the right leads through virtue to salvation. The one on the left leads through vice to unhappiness. The poet pauses at the fork in the pathway, uncertain which direction to follow. Again, Sensualité speaks to him, urging him to go left, and the poet, once more convinced by his charming companion, follows her along the left-hand way.

Presently, the two travelers come upon an immense and perilous river named Joie-Mondaine. The problem is to cross the river safely. The boatman who is to conduct them across, Fol-Abus, is however occupied at the moment, so l'Acteur and Sensualité go to a nearby hotel, operated by Peu d'Avis, to wait until they will be able to make the crossing. Peu d'Avis receives them hospitably, congratulates l'Acteur for his decision to live the sensuous life, and gives him the scarf of "outrecuidance" and the magnificent pilgrim's staff called Folle-Accoutumance. The poet then experiences a sudden and intense bravery. He mentions Phaeton and Icarus, and expresses his willingness to cross the most foreboding mountains. His enthusiasm thus aroused, the poet retires for the night in the inn of Peu d'Avis. Thus concludes Book One of *Le Séjour d'Honneur*.

The next morning l'Acteur and Sensualité set out once more and cross the river of Joie-Mondaine. For a time the voyage is over a tranquil sea, but then the water becomes rough and amid rolling waves l'Acteur perceives a multitude of cadavers, among them the bodies of Louis XI and the dukes of Bretagne and Savoie.

The spectacle of the cadavers among the waves weakens the recently acquired enthusiasm of l'Acteur for the voyage on which he has embarked, and it is up to the boatman, Fol-Abus, to rekindle that enthusiasm by citing numerous examples of adventurous travelers from the past. Among these are Aeneas, Ulysses, Brutus, and Julius Caesar. Does not the poet realize the advantages that these individuals, as well as society in general, have gained from voyages? To appease l'Acteur even further, Fol-Abus announces their arrival at an island where the poet may take a rest. This is the isle of Vaine-Esperance. Just at that moment a sound of trumpets and drums fills the air. It is the fanfare of Vaine-Esperance, a fanfare that attracts travelers to her domain. L'Acteur hastens toward this island, and once on shore, is struck by the magnificence of the lady Vaine-Esperance. She accords him a hospitable welcome, speaks to him of the miracles she is capable of performing, and then gives him a pear to eat from her garden. As soon as he has tasted this marvelous fruit, a change appears in l'Acteur. Henceforth, he will esteem only great deeds and believes himself capable of performing any feat he desires. Further, he is persuaded that through wishing alone he will succeed in becoming the lord of great lands, a rich soldier and powerful man having dominion over other humans, that he will be called to council by kings and emperors, and that he will be the legate to the Pope.

Again, music fills the air, and l'Acteur is informed by Vaine-Esperance that the music emanates from a dance she is giving, a dance that began with the inception of the human race, and which will never cease. Vaine-Esperance takes l'Acteur to witness this dance, and the poet sees there, on a green lawn, the crowd of dancers furiously dancing to the music of Vaine-Esperance. Saint-Gelais here recalls many names from classical antiquity: Priam, Hecuba, Hector, Paris, Helen, and Briseis, to name only a few. They are all there on the lovely green lawn dancing to the eternal music of Vaine-Esperance. The description of this dance contains some of the most effective poetry in the poem.

L'Acteur also takes part in the dance. Then, at midnight, he goes off to bed. Sleep is slow to come, however, and presently he is visited in his room by a woman whom he identifies first as "l'entité de toutes entitez," then more clearly as Grace-Divine. In a rather long speech Grace-Divine admonishes l'Acteur for the dissolute life which he has begun to lead. L'Acteur is profoundly remorseful and considers a conversion back to the ways of virtue. In the morning, however, he is visited by Sensualité, Vaine-Esperance, and Fol-Abus, who once more entice him to continue his journey by recalling the pleasures awaiting him. At this point Book Two comes to a close.

L'Acteur sets out again on his journey. Back aboard the ship of Fol-Abus on the river of Joie-Mondaine, he sees more cadavers among the waves. It is at this point that he sees the body of his father, Pierre de Saint-Gelais, and feels a sudden desire to throw himself into the water to be reunited with him. He is restrained by an inner voice which advises him not to commit suicide, and the trip continues until the boat touches land. Sensualité explains to him that they have come to la Forêt des Aventures where all is a mixture of good and ill fortune, joy, sadness, and disappointment, in short, a mixture of contrary occurrences. In walking through this forest, he may expect to witness quarrels, murders, and other tribulations. Before setting out through the forest, however, they seek out Cas Fatal, the lord of the Forêt des Aventures, in order to pay their respects.

Cas Fatal informs them that he has existed since the time of Neptune, Jupiter, and Pluto, and that he is both the husband and the brother of Fortune. Of their union were born the three Fates. He further says that he is not the primary cause of things that occur in the world. He is only the secondary cause, the primary cause being God. He, therefore, is unable to explain to the poet the inequities of life; why good fortune, longevity, talent and wealth are unequally distributed among human beings. That explanation lies in the province of God. In any event, an explanation would do the poet little good, for such things are beyond his ability to comprehend.

The three Fates are then introduced and affirm that the life of the poet will one day be ended. This affirmation causes anguish in the poet, and he spends a restless night.

The following morning he faces the Forêt des Aventures. This episode is the culminating point of the poem. It seems that in this allegory of the forest, Saint-Gelais desired to give a brief summary of the history of man, citing some of the better known facts of that history in order to demonstrate the fragility of human existence and to denounce vainglorious ambition. The resumé of history begins with Adam and Eve, and continues up to Saint-Gelais's own time. It is at best a somber and monotonous passage. Apparently to give relief from this dark portrait, Saint-Gelais inserts a description of a location filled with delights. Indeed, this supposedly happier place is as well populated with the dead, but they are there to enjoy an infinite repose. Among these more fortunate beings are Jean de Meung, who, according to Saint-Gelais, cannot be praised highly enough, Dante, Petrarch, Boccaccio, Alain Chartier, Jacques Milet, and Maitre Martin Magistri.

Following this brief respite, Saint-Gelais resumes his gloomy depiction of the Forêt des Aventures, citing the siege of the city of Nante, the battlefield of Saint-Aubin-du-Cormier and the better known victims of those conflicts: The Comte de Scales, Jacques Galiot, Yvon de Fou, Jacques de Brézé, and Gaston de Lion. Here, the poet comes to the other side of the Forêt des Aventures, and Book Three comes to an end.

Upon his exit from the Forêt des Aventures the poet sees before him a splendid palace. The vision of this palace marks the end of his voyage, for the palace is the abode of Honneur to which all ambitions aspire. This is the court of kings. Still accompanied by Sensualité, l'Acteur approaches the palace where he meets the doorkeeper, l'Huissière. This lady, beautiful in appearance and magnificently dressed, inquires of l'Acteur in what way he can serve Honneur. He is unfit as a warrior, he informs her, but has ability as a scholar. This ability gains him entrance into the palace where he is once more faced with an obstacle to overcome, for the stairway leading to the throne of Honneur is very steep and slippery. Many who try to climb the stairway end by falling headlong back to the bottom. L'Acteur, however, persists with such diligence that he finally climbs the stairway and arrives before Honneur. Honneur is surrounded by many of the notables of the court of Charles VIII, including Anne de France, Louis d'Orléans, Pierre de Bourbon and Jean de Foix. The poet prostrates himself, recites a ballad which is well received by Honneur, and is thereby accepted into the court. For a time he dreams of the benefits he hopes to derive from his life as a courtier, then is brusquely awakened by Ambition, who incites him to take part in a jousting which she is presently sponsoring. He decides to follow her suggestion in order to add to his stature at court. In the tourney he meets two champions named Les Uns and Les Autres, but upon return to the palace of Honneur he is denied entrance by a new usher, named Long-Age, who informs him that he is no longer wanted in the realm of Honneur because he has waited too long. "Jeunes oyseaulx viennent à la fin buses," Long-Age tells the poet. The proper place for aging courtiers is elsewhere than in the palace of Honneur.

Greatly disillusioned, l'Acteur returns to his home where he laments the lost days of his youth and curses deceitful Sensualité. He is near an extreme despair when he is approached by a lady dressed in white. This is Raison, who engages him in a long conversation leading to the moral truth that since happiness does not exist on earth one must seek it in heaven. The means for discovering happiness is through the personage Entendement, who resides in a small hermitage at the end of the road of Penitence. It is to this small hermitage that l'Acteur retires at the end of the poem.

IV

Sources

In considering the sources which Saint-Gelais used in the composition of *Le Séjour d'Honneur*, we may point first of all to the *Roman de la Rose*. One has only to begin reading *Le Séjour d'Honneur* to notice the similarity. It is not so much that we can point to any one passage of Jean de Meung's work that Saint-Gelais imitated. It is, rather, the method and the general aspect of the *Roman de la Rose* that Saint-Gelais used. *Le Séjour d'Honneur* is an allegory; therefore, it gives a concrete appearance, a personification, to the various faculties of the soul, to vices, virtues, and passions. When Saint-Gelais creates personages like Fol-Abus and Vaine-Esperance, he is drawing inspiration from that earlier allegory by Jean de Meung in which we see the same type of personification taking place in characters such as Nature, Malebouche, or Faux-Semblant. It is in this use of symbols and in his creation of an inner domain where good and evil are in conflict that Saint-Gelais shows himself to be a disciple of Jean de Meung. [5]

There was another allegory, one concerning man's spiritual journey from birth to death, written in the early fourteenth century by Guillaume de Deguilleville. De Deguilleville was, incidentally, a close friend of Jean de Meung and an admirer of his work. The allegory that Deguilleville wrote in 1330 was entitled *Le Pélerinage de la vie humaine*. Since it involves an

---

[5] Henry Guy, "Octavien de Saint-Gelays, Le Séjour d'Honneur," *Revue d'Histoire Littéraire de la France*, 15 (1908), p. 212.

allegorical journey through life with its central character a prey to the conflicting forces of vice and virtue, it may, along with de Deguilleville's other two similar allegories, *Le Pèlerinage de l'ame* and *Le Pèlerinage de Jesus-Christ*, be cited as a possible source for *Le Séjour d'Honneur*. It is not unlikely that Saint-Gelais was acquainted with Deguilleville's work.

Among other works that may be cited as sources is the *Æneid*. The fact that voyages were undertaken in both Saint-Gelais's work and that of Vergil would seem to indicate that the latter was a source for *Le Séjour d'Honneur*.

Even more obvious an influence than Vergil, however, is Dante's *Divine Comedy*. By tracing the circles of his Inferno and Purgatory, Dante outlined a series of domains in which he grouped individuals who had on earth similar vices, just as Saint-Gelais was concerned with categorizing each passion about which he was writing. Thus the river of Joie-Mondaine, the isle of Vaine-Esperance, and the stairway of Honneur are similar to the circles of Dante. The Forêt des Aventures recalls the wood in which the author of the *Divine Comedy* found himself lost one day because he had strayed from the way of righteousness. The agreable domain where Saint-Gelais groups the erudite souls may likewise be compared to the glorious location which Dante attributes to holy doctors and to benevolent kings (Paradise, Cantos X, XX).[6]

The personal quality in the work of Dante and of Saint-Gelais also points to a similarity between the two. Dante's work expresses the likes and dislikes of its author in addition to containing elegies for his recently deceased friends. Saint-Gelais's poetic talent is not the equal of Dante's but the same elements — the expression of personal likes and dislikes as well as elegies to those the poet esteemed — are present in the first three books of *Le Séjour d'Honneur*. The insertion of elements from Saint-Gelais's immediate surroundings, the references to individuals who were living or who had recently died, added to the extensive allusions to classical antiquity, make of *Le Séjour d'Honneur* a mixture of the contemporary and the ancient.

---

[6] Ibid., p. 215.

There is likewise a similarity between the women in Dante's *Divine Comedy* and *Le Séjour d'Honneur*. First, we may note the similarity in the roles of Sensualité and the Sibyl in that both act as guide to the poet. Then we may also consider the other woman in Dante, Beatrice, who had, during her life, achieved an ethereal quality for the poet who described her as one of the most beautiful angels in heaven. After her death, when she was removed from all humanity, she became, and in this is her similarity to Saint-Gelais's Sensualité, a pure abstraction. Saint-Gelais dedicates several lines in praise of Dante to show his gratitude (vv. 6309-6317).

Another source that may be cited for *Le Séjour d'Honneur* is Boccaccio's *De Casibus Virorum Illustrium*. When writing about the caprice of fortune Saint-Gelais refers to Boccaccio as having already treated this subject in "ample ecriture". It is the above work that Saint-Gelais had in mind when making this reference. There is in fact a definite correlation between Boccaccio's work in this instance and *Le Séjour d'Honneur*. In order to demonstrate the fragility of worldly joy both poets go back to the creation and cite the fall of Adam and Eve, then reinforce their themes by citing various and notable cases throughout history, such as Nimrod, Jocasta, Priam, Dido, and the son of Tarquin the Proud.

Saint-Gelais continues a medieval tradition by making use of the Pythagorean "Y" symbolism in that section of the poem (v. 1102 ff.) where l'Acteur, in company with Sensualité, comes to the fork in the pathway of Fleurie Jeunesse. L'Acteur is reminded of what the wise Pythagoras had said about the fork in the road of life, and of how he compared that fork with the letter "Y". The bottom bar of "Y", according to the Pythagorean tradition, represents youth. The right hand bar represents the narrow and difficult path to virtue and salvation. The left hand bar, wider and easier to follow, but filled with adventure and danger, leads to perdition. L'Acteur remarks on the lack of any footprints or impression to indicate that anyone has taken the right hand path. It is, instead, the path toward vice that attracts the traveler along the road of life, just as it now, with the persuasion of Sensualité, also attracts l'Acteur.

In citing Pythagoras, Saint-Gelais is not directly using the Samian philosopher as a source, but rather is calling upon a tradition that can be traced back to antiquity. Prodicus had described Hercules, at an age approaching manhood, standing at a crosssroads contemplating whether to take the path of vice or virtue. Prodicus' account had, for one apparent source, Hesiod's description of the path of vice as a relatively easy road to follow, whereas the path of virtue, while more difficult, offered greater rewards at its termination. Hercules' moral decision to follow the path of virtue was almost certainly known to Saint-Gelais, either from the sources just mentioned or from other classical authors such as Ausonius, Cicero, or the Latin poet Persius. The tradition was continued to the Rennaissance where such authors as Petrarch, Geofroy Tory, and Sebastian Brant could have provided Saint-Gelais with literary and iconographical examples of the symbol.

Saint-Gelais's decision to send l'Acteur down the left hand fork toward sin and perdition does not represent an actual break with the tradition if we remember that at the poem's conclusion l'Acteur has forsaken Sensualité and has, in effect, come back to the right hand, or virtuous, pathway. By taking the left hand fork, l'Acteur, not unlike Dante, is able to experience sin, and from that experience to exercise his free will to choose a life of virtue. It is under the guidance of Raison that his final, moral, decision is made. Raison here symbolizes l'Acteur's arrival at a state of reason from a state of non-reason, his return to temperance and tranquility from a state of passion, excess, and disorder.[7]

There remains the fourth book of *Le Séjour d'Honneur*, primarily dedicated to giving a picture of court life, that should be examined for influences. As a source for this fourth book we may cite Alain Chartier's *Le Curial*.[8] From this very popular work Saint-Gelais may have borrowed the hospitable welcome which he receives from Honneur once he has made his way up

---

[7] G. Mallary Masters, "Panurge at the Crossroads: A Mytho-poetic Study of the Pythagorean Y in Rabelais's Satirical Romance AL/33-34." *Romance Notes*, 15 (Winter 1973), pp. 134-154.

[8] Guy, p. 216.

the treacherous stairway leading to the throne. The allegory of the stairway itself appears to be but a development of several lines in the *Curial* relating to the difficulty and the peril involved in climbing to such a high place. Even the struggle had its origins in Chartier's work, for Chartier warns that once an individual has gained position at the court there will be envious rivals for that same position, and that the incumbent will not retain his position without a struggle.

Another similarity between Chartier's work and *Le Séjour d'Honneur* is the personification of the character of Entendement, done earlier by Chartier in a dialogue entitled "Espérance ou Consolation des Trois Vertus".

A similarity is also noticeable between *Le Séjour d'Honneur* and Homer's *Odyssey* in that l'Acteur in the Forêt des Aventures bears an analogical identity to Ulysses in the land of the Cimmerians.

Finally, there is one further French influence which should be noted, the influence of Villon on Saint-Gelais. The dominant themes of *Le Séjour d'Honneur* are the vanity attached to worldly pleasures and material possessions, the regrets that one feels at losing his youth and beauty, the image of death that constantly threatens to ruin ambitions and hopes. In expressing these themes, Saint-Gelais was no doubt drawn toward Villon's *Testament* for inspiration. Villon had, in several immortal lines, expressed the melancholy regrets of those women who, after the loss of their youth and beauty, had faded into little more than shadows. Saint-Gelais must have certainly been aware of, and an admirer of, the haunting ballad of the "Dames du temps jadis", and he must have aspired to write a similar ballad of his own creation. The results of this effort appear twice in Saint-Gelais's work. The first appearance is in the description of the path of Jeunesse where l'Acteur seeks in vain for traces of great lovers and heroines from the past (vv. 1075-1083). Here he names Dido, Lucretia, Sabba, Helen, Medea, Guinevere, and Penelope, who have disappeared without leaving a trace of themselves. The second and even more noticeable instance of Villon's influence is in the episode of the Fates, at the dwelling of Cas Fatal. The Fates pronounce the sentence of inevitable death on l'Acteur and in an effort to resign him to this fate point out that all men are subject to death: kings, warriors, and wise men alike. Then, in order to show that the female sex is not exempt from death either, the Fates recite the ballad that begins in verse 5243. Immediately, the echo of Villon's ballad strikes the reader's ear. Most of the same elements are present in Saint-Gelais's ballad; the initial rhetorical question, "ou est ya", followed by the long procession of famous women from the past, and ending with the conclusion that death has finally defeated them all. Although many of the same elements of Villon's ballad are found here in Saint-Gelais, little, if any, of the same effect is evident. There is something missing from Saint-Gelais's ballad. It is the spontaneity of Villon and the haunting refrain of "ou sont les neiges d'antan?". Where Villon's ballad is the sincere expression of a poet's profound anguish at the temporal quality of life, Saint-Gelais's is, unfortunately, little more than an exercise in rhetoric.

V

"Le Séjour d'Honneur": Evaluation

Octavien de Saint-Gelais, in writing *Le Séjour d'Honneur*, presents a moral lesson by recounting the events of his own life in poetic form. He believed that by retracing the progress of his own passions he would be depicting the normal evolution of those passions in other human beings. Saint-Gelais was careful to reveal to the reader that his poem was a philosophical treatise on human life by referring to the poem as "ce traictié de la vie humaine" (v. 8784). The poem's embellishments, such as the narrative and the allegorical personages, serve the purpose of rendering the moral nature of the poem more palatable to the reader.

It is readily apparent that the poem, to a great extent, is autobiographical, and that the poet is writing about himself under the name l'Acteur. Saint-Gelais, for example, writes in praise of his own father, Pierre de Saint-Gelais, calling his father by name (v. 4539). Further, the narrative of the poem fits Saint-Gelais's own life; his introduction to the court where he enjoyed a period of prominence, especially in his romantic pursuits, and his subsequent retirement from the court in favor of a more sedate and devout life. To the autobiographical information in the poem Saint-Gelais has added other details that do not pertain precisely to him but which he invented to satisfy the requirements of the poem's theme. When, for example, he claims to have fallen into the king's disfavor and to have been "degetté du hault palais d'Honneur", it appears that he is not speaking specifically of his own misfortunes, for he is not known to have ever incurred the enmity of Charles VIII, but rather is inventing an incident in the life of l'Acteur, the fictitious hero, in order to demonstrate a general truth: the fragility of worldly glory and the misfortunes that occur to the ambitious. The same liberty of invention is taken when Saint-Gelais regrets the passage of years and his solitary and sad old age, for Saint-Gelais was never to know that period of life and when writing the poem was still not yet twenty-five years of age. Again he is creating an event in the life of l'Acteur, this time the decline into years, in order to retrace the sad time of old age that he had witnessed in courtiers of his acquaintance.

There are defects in *Le Séjour d'Honneur*. Among the more noticeable of these is an excessive wordiness in various sections of the poem, such as in l'Acteur's dialogue with Grace-Divine (beginning at verse 3737) and again with Raison (beginning at verse 8108). Secondly, the lack of any real action may be counted as another of the poem's defects. The narrative itself moves rapidly enough, but at the same time the episodes of the poem are filled with little more than descriptions wherein l'Acteur is seemingly the object of constant persuasion from Sensualité, Grace-Divine, or Vaine-Esperance. At other times he is witness to such depressing scenes as the river of Joie-Mondaine with its multitude of cadavers or to the lugubrious Forêt des Aventures. But the poem suffers from a lack of any real action. The jousting between l'Acteur and Les Uns-Les Autres near the end of the poem offered Saint-Gelais a good opportunity to infuse some colorful action into his narrative. He did not take advantage of it, however, but seems to have been satisfied with a brief description of the encounter before returning to l'Acteur's pursuits at the court of Honneur.

Many of the defects that we find today in Saint-Gelais's poetry were, in large measure, what accounted for Le Séjour d'Honneur's popularity in its own day. The public of that time admired the various literary devices which abound in the poem; the profusion of symbols, the complex metric system prevalent among the Rhétoriqueurs, the mixture of historical and contemporary information, the combination of the sensual with the moral, and the references to contemporary and popular literary works.

The poem's beginning, reminiscent of the Roman de la Rose, provides an agreeable, if traditional, description of spring. Saint-Gelais adds essentially nothing to the traditional description of spring, but his verses nevertheless are of a smooth and fluid spontaneity. He touches briefly but gracefully and picturesquely on the amorous passion being awakened in the young by the coming of the spring season. These verses have a certain charm and relate a pleasant, even vivid, picture in a smooth and rhythmic language.

There are other passages in the poem where Saint-Gelais's originality is better demonstrated. By the use of his symbol of futility, Vaine-Esperance, Saint-Gelais tried to illustrate a universal truth, that of the motivating force behind human actions. According to Saint-Gelais, that motivating force is Esperance which, with its false inducements and deceptions, leads us on after each disappointment into further adventures. Vaine-Esperance herself provides us the list of accomplishments within her power (vv. 2586-2633).

Saint-Gelais writes his best poetry toward the end of Le Séjour d'Honneur. Describing the imagined period of his old age, he produces several pages of excellent verse. There is the remorse at his own decadence, the anguish at no longer being able to produce the tender ballads and rondeaux of his youth. Then there is the conviction that the pleasures of women and romance are over, for one who has had to begin wearing spectacles is too old for these pleasures and must flee his former acquaintance with Cupid.

Recalling his youth and physical beauty, Saint-Gelais dedicates several verses to the one who first taught him of love, hoping that God will grant her pardon if she has already died:

> J'estoye fraiz, le cuyr tendre et poly,
> Droict comme ung jonc, legier comme arondelle,
> Propre, mixte, gorgias, et joly,
> Doulx en maintien autant q'une pucelle,
> Dieu que j'ay dueil quant me souvient de celle
> Que j'aimoye tant alors parfaictement,
> Qui me donna premier enseignement
> De bonnes meurs pour acquiter sa grace,
> S'elle est morte, mon Dieu, pardon luy face
>
> (vv. 7996-8004).

A feeling of sincerity is perceived here, as also in the following verses which Saint-Gelais uses to bid farewell to the environs of his acquaintance. There is an effective communication of his poignant sadness:

> Adieu maisons nobles et ses beaulx lieux
> Où j'ay passé ma premiere jouvence,
> Ores vous pers, car je suys venu vieulx,
> Aage a receu de moy planiere rente, ...
> Adieu vous dy, le pays d'Angoulmoys,
> Le plus plaisant qui soit dessoubz la nue,
> Plaindre m'en voys ma liesse perdue.
>
> Adieu Cognac, le second paradis,
> Chasteau assis sur fleuve de Tharente,
> Où tant de foys me suys trouvé jadis,
> Mettant esbas et bonne chere en vente,
> Quant de tout me souvient et ramente
> J'en ay le dueil qui passe tout plaisir ...
>
> (vv. 8014-8028).

Finally, the poet will content himself until death with the quiet pursuits of old age, sitting by the fireside, recalling and relating the events of his earlier life, seeking comfort among his animal pets:

> Doresnavant tiendray mon raenc à part,
> Auprès du feu pour eschauffer la cire,
> Et compteray les faitz de Sallezart
> A mes voysins de Poton ou la Hyre,
> Du temps passé pourray compter et dire,
> Voyre, et servir de tesmoing ancien,
> J'auray mon chat et mon beau petit chien,

Nommé Muguet, et deux ou troys gelines,
Patenostres, et mes vieilles matines
(vv. 8050-8058).

Le Séjour d'Honneur may also be considered as a veritable encyclopedia of information on its day. Saint-Gelais discusses all the subjects which were of interest to the cultivated intellect. He presents a moral treatise in which the allegorical characters Grace-Divine and Raison are knowledgeable in theology, and Cas Fatal is learned in the astronomy of that time. He provides an historical review as well as a sort of literary history. The tableau of the court of Charles VIII is particularly precise in the names that it mentions.

VI

EDITION

The present edition of *Le Séjour d'Honneur* is based upon three different early versions of the work. Two of these are manuscripts in the *fonds* of the Bibliothèque Nationale, Ms. fr. 1196 and Ms. fr. 12, 783. The third is an early printed edition from the Réserve of the Bibliothèque Nationale (Rés. Ye 296). The *Catalogue Général des livres imprimés de la Bibliothèque Nationale*, tome 160, and the *British Museum Catalogue of Printed Books*, volume 211, both list another edition of Saint-Gelais's work, identified as having been published by "la veufve feu Jehan Trepperel et Jehan Jehannot". The British Museum gives a possible publication date of 1520, while the Bibliothèque Nationale provides further identifying information as follows: -Paris (s. d.), In - 4°, sign. a-B, car. goth. [Rés Ye 294] (Incomp. Le début et la fin mq.). Letters of inquiry sent to the principal libraries of France, Germany, Belgium, England, and the United States revealed no manuscripts of the work other than those mentioned above.

The version contained in Ms. fr. 12, 783 has been used as the base manuscript. This is the text which Saint-Gelais presented to Charles VIII. It is, therefore, probably the earliest extant copy of the work. In legibility and completeness, it is also the best of the three. It is printed on vellum and listed in the Bibliothèque Nationale's *Catalogue général des manuscrits français, Ancien supplément français*, II, N°s 9561-13090 *du Fonds français*, with the following description:

> 12783, Le Séjour d'Honneur, par Octovien de Saint-Gelais; en prose et en ver.
> Exemplaire de dédicace à Charles VIII — nombreuse miniatures. — Une note de Mouchet, en tête du volume, rapporte que "ce ms. a fait partie de la bibliothèque léguée par Camille de Neufville, Archevêque de Lyon, au collège de la Trinité" de Lyon.
> XVe siècle. Parchemin. 170 feuillets. 318 sur 218 millimètres. Rel. maroquin rouge, aux armes de Charles X. (Provient des Jésuites de Lyon. — Supplément Français 2009).

A number of the illuminations which embellish this manuscript have been included in the present text.[9]

Ms. fr. 1196 is listed in Volume I of the *Catalogue général des manuscrits français, Bibliothèque Nationale, Anciens fonds*, with the following description:

> Le Séjour d'Honneur, qui a esté nouvellement compillé par Maistre Octavien de Sainct-Gelaiz", commençant par "(A) la tres haulte, tres crestiene et tres redoubtée imperiale puissance et souveraine majesté de vous Charles..." et finissant par "Et en serez le fondateur / Sire, c'est le Séjour d'Honneur".
> Sur la garde de commencement un rondeau, ayant pour refrain, "Tous les regretz." Vélin, XVI siècle, (Ancien 74083, Colbert 633).

The 1519 edition is described in the *Catalogue général des livres imprimés de la Bibliothèque Nationale*, tome 160, as

---

[9] The exact identity of the artist responsible for the illuminations could not be ascertained. It was determined that the illuminations were done by a minor artist working in Paris near the end of the fifteenth century whose work shows much influence of the Rouen school. My appreciation is expressed to Professor John Howett of Emory University and to Mr. John Plummer, Curator of the Pierpont Morgan Library in New York City, for their kind help in making this determination.

"Le Séjour d'Honneur, composé par R. P. en Dieu messire Octavien de Sainct-Gelaiz, evesque d'Angoulesme...", à la fin, "cy finist le Séjour d'Honneur, imprimé à Paris pour Anthoyne Vérard ... le xxve jour d'aoust, mil ccccc et xix... -Paris, 1519, In. 4°, sign. A-C., goth, 164 ff., 2 ex. (Rés. ye 295 and 296).

In the section *Notes and Variants*, variants are given for Ms. fr. 1196 and the printed edition, designated by the date of its publication, 1519.

To facilitate reading of the present edition, *u* and *v*, *i* and *j* have been made to conform to modern usage, the punctuation has been modified to some degree, unnecessary capitalization has been reduced, and the ampersand has been regularly replaced by *et*.

Estant ou lictal que toufiours ie pofine
Et de mes ans l'emy au vingt et quatre
Ainfy penfif come fouuent ie fups.
A qui regret veult ferir et combatre.
Ung iour penfay mafferauy chips eſbat
Pour defmouir ma grand melencolie.
Voyant auffy que la faifon iolye.

[Tous les regretz, qui les cueurs tormentez
Venez au mien et dedans vous boutez
Pour abregier ce surplus de ma vie,
Puis que la mort à la dame ravye
Plaine de meurs et de toutes bontez.

Venez à coup et rien plus ne doubtez,
Car mes cinq sens sont du tout aprestez
Vous recuyllir, pour tout je vous convye
    Tous les regretz.

Je vous supply que de moy vous oustez
Joye et plaisirs lesqueulx m'avoit prestez,
Pour aulcun temps à Fortune suis...,
J'ay triste soing qui veult que je devie,
Pource vous pry que mon dueil escoutez,
    Tous les regretz.] *

LE SÉJOUR D'HONNEUR

[Le Prologue]

[2 ʳᵒ] A la trèshaulte, treschretienne et tresredoubtée imperiale puissance et souveraine majesté de vous, Charles, par la grace de Dieu vivant, roy victorieux et monarque de toute France, huytiesme de ce nom, soit louange perpetuelle, honneur sans fin toujours durant, vie pro[2 ᵛᵒ]spere et bien heurée. Et à vous, sire, plaise sçavoir que je, de tout mon cueur et dès le mien primerain aage, dès aussitost que la lumiere de vostre si treshault et grant renom et de vostre incomparable preeminence fut à mes yeulx notifié, et par le vent de fameuse renommée jusques à mes oreilles cheue, ne feiz que penser, et à par moy estriver comment je, de voz treshumbles subgiectz, pourtant le moindre de qui le nom taire de doiz pour ma trop grande petitesse, pourroye parvenir à si grant heur d'ymaginer ou de comprendre à sçavoir chose ediffier ou mettre en fait par laquelle je sceusse au moins ung coup avoir de vous la veue, et qui vous peust aucunement plaire ou donner ung moment d'aise. Et après que je euz longue querelle prinse contre la mienne voulenté qui de ce sort me semonnoit, et nuyt et jour me aguillonnoit par ung desir fervant et chault à mettre sus nouveau mestier. Craincte, ignorance et non sçavoir estantchoient le feu de ma force par maintesfoys. Ainsy demouroit mon oppinion deserte et mon oeuvre, ja commencée, imparfaicte sans mettre fin. Et après que je euz en celle non legiere paine par ung longtemps sillogisé, considerant que toute parfection et grace dont corps humain doué peut estre sans y

comprendre aulcunement vostre heur si grant en vous seul
est, gist et demeure, pensant aussy que avecques les victo-
rieuses conquestes et merveilleux triumphes qu'avés ja fait
en jeunes ans, qui sont pressage de chose trop plus merveilleuse pour l'advenir. Vous, trescurieusement et de couraige
franc et bon, desirez veoir licterature et repaistre voz plaisans yeulx en sejour de maintes sciences, et maintz livres
lyre et ouyr, où les grans faictz des anciens chevalereux et
nobles hommes sont àplain leuz et recitez, qui est à vous
une vertu non petite [3 ʳᵒ] mais tresgrande et admirative,
veu la sancte dignité où Dieu vous a promeu et mis. Et si
l'espée moult vous plaist pour quereller et bien deffendre
le bien publique et vostre royaulme ainsi comme ung Cezar
Auguste, et comme chief prompt et puissant, qui de ses
membres doit avoir le soing et cure, pas maintz certes à gré
n'avés le saint tresor de sapience et moult vous plaist livres
avoir et passer temps en maint volume comme ung second
Julles Cezar, ung Ptolomée, ou ung Theodose, ou comme
voz tressainctz et glorieux predecesseurs, voz ancestres, les
roys de France, Monseigneur saint Charles le grant et saint
Loys, qui tant ayma saincte escripture. Je, toutes icelles
ambigues difficultez en l'argumentation de mes pensées à
memoire reduysant, sur toute chose ayant au cueur de faire
au moins ou essayer à parfaire aulcun petit oeuvre si grant,
ne sçay duquel vous feisse, se je osasse non mye pour certain
present ne don aussi, car ce ne vault, mais seullement offre
d'aulcune chose faisant foy de mon bon vouloir. Et je, non
si tresfort craignant vostre treshaulte intelligence que encores plus, ne me confie en la doulceur dont estes plain. Ay
bien osé adventurer ma main atant de compiller oeuvre
nouveau, lequel à vous voué et presenté comme au tresplus
prince parfaict qui ores soit regnant sur terre, à qui toute
chose nouvelle doit aller et prendre voye ainsy comme en
une mer toute d'honneur plaine et garnye. Pourtant sire, je
vous supplye tant et le plus treshumblement qu'il gist certes
en mon possible que non de desdaigneuse main, ains pitoyable et gratieuse vous plaise recueillir ce present livre que
j'ay voulu baptiser, se ainsy vous plaist le Sejour d'Honneur,

à vous duement dedyé pour herberger vostre hault nom
comme seul digne entre tous roys ores regnans avoir
d'hon*[3 v°]*neur le territoire et le domaine. Et si de faultes y
a trop, et peu de bien à le long lyre, plaise vous ce non
imputer fors seullement au non sçavoir dont je suys plain
et en donner la charge et faix à jeunesse qui ne m'a pas
donné la loy de sçavoir persecuter avant en la maniere de
bien dire, comme plusieurs bons orateurs desquelz avez les
melliflux termes nouveaulx et les beaulx ditz, qui de tout
point effaceront mon gros bureau et ma champestre rethorique, si la lumiere de vertu qui en vous est reverberant ne
me comporte ou par faveur ou par excuse. Si m'est pourtant
certes assez que j'ay de vous l'asseurance de me povoir tousjours nommer ce que je vueil et desire estre. C'est en effect
vostre treshumble et tresobeissant serviteur et subgiect.

Cy finist le prologue de ce present livre.

[4 rº] Estant où dueil que tousjours je porsuys,
Et de mes ans venu au vingt et quatre,
Ainsy pensif comme souvent je suis,
A qui regret veult ferir et combatre,
Ung jour pensay m'aller aux champs esbatre, 5
Pour demolir ma grand melencolie,
Voyant aussy que la saison jolye
[4 vº] Ia commençoit ses oustilz à sortir
Pour faire fleurs, fueilles et fruict sortir.

C'estoit au temps que zephire commence 10
Vouloir complaire à Flora, sa maistresse,
Ainsy qu'amour par deue convenance,
A ce le meut d'aymer celle deesse
Dont va flairant souef et point ne cesse
De refreschir par gracieux vanter 15
Les herbettes, affin de contenter
Son bien parfait, sans luy estre rebelle,
Donc, c'est plaisir de veoyr oeuvre si belle.

Lors se passe l'impetueux yver,
Plus n'a povoir sa poignante froidure, 20
Maintenant vient l'amoureux temps de ver,
Qui convye toute chose à verdure,
Lors s'esjouist et s'efforce nature
A decorer son plaisant artiffice
Par art subtil et selon son office, 25
Donnant aux fruictz force vegetative,
Verdure au boys dessoubz courtine naÿve.

Là vont jouant en la tendre saison.
Les jouvenceaulx gardans leurs brebietes,
Prenans soulas en la verte maison, 30
Continuant leurs doulces amourettes,
Dont dire puis tel fuz comme vous estes,
O gens heureux à qui ce bien advient,
Et qui plaisir tous les jours entretient,
Sans avoir deuil ne desplaisance aulcune, 35
Dont j'en ay tant et de joye pas une.

En ce doulx temps par boscages et boys,
L'en peult ouyr la tant doulce musicque
De tous oyseaulx et leur plaisante voix,
[5 ʳᵒ] Dont nature leur donne la pratique, 40
Qui des humains est trouvée auctentique,
Quant leurs nidz font de diverses façons,
En degoysant leurs menues chançons,
Brief, c'est alors ung paradis terrestre,
A celle foys où chascun desire estre. 45

C'est en effect le plaisir des humains,
Le paragon des oeuvres de nature,
Le passetemps de maintes et de maintz,
Que regret tient en tristesse et en cure,
C'est le soulas et droicte nourriture 50
D'homme pensif et melencolieux
Querir les champs et suyvre les beaulx lieux,
A celle foys que la terre se pare
De verd manteau, et que son dueil separe.

Chascun y court fors moy, povre meschant, 55
Plain de malheur que fortune demaine
Pour escouter le melodieux chant
De toulx oyseaux et leur voix tresseraine, *
Et je, tout seul, possesseur du demaine
De desconfort en ma chambre remains, 60
Faisant regretz, larmes, et piteux plains
Mal escoutez, et cheutz en sourde oreille,
Dont ma rigueur se trouve non pareille.

Or soit celée la cause de mon dueil,
Le racompter ny vault riens pour ceste heure, 65
Car peu de gens aussy bien y ont l'oeil,
A nul n'en chault se je larmoye ou pleure,
Amy n'y a qui aujourduy sequeure,
Chascun se tient ores en sa chascune,
D'amour n'est plus, ne d'amictié aulcune, 70
Donc, me convient seul mal supporter,
Tant que pourray ce pesant faix porter.

[5 ᵛᵒ] Au plus parfont de ma melencolie, *
Où desconfort m'avoit precipité,
Ung jour d'avril en la saison jolye, 75
Que tout las cueur est à joye invité,
Voyant venir les plaisans jours d'esté,
Seul me trouvay pour une apresdignée
En ma chambre comme chose indignée,
Car à tel grief m'avait dueil adjourné, 80
Pour à jamais estre à nul bon jour né.

Ia tout pensif en chiere soucieuse,
Morne maintient, face descoulourée,
Predestiné par planette odieuse
Souffrir peine, de pou de gens plourée, 85
Comme dollente et personne esplourée,
Brassoys mon mal destrempé de rigueur,
Cuydant gaigner par fermeté de cueur,
A la longue, grace restaurative,
Là où souvent gratieux cueur arrive. 90

Ainsy prenoys le haubert et l'escu
De Bon Advis pour armer ma pensée,
Considerant comme avoient vescu *
Les anciens en la vie passée,
Mesmement ceulx dont n'est oultre passé 95
La louange, ains reduycte en memoire,
En maint escript et pardurable hystoyre,
Pour leurs haulx faictz comme se ores vesquissent,
Et que jamais leurs tiltres ne perissent.

Et ia soit or que trop feussent malades 100
Mes mouvemens, sensitifz par tristesse,
Si m'esbatoys souvent lyre aux Decades
De Tite Live, en Orose, ou Vegece, °
Qui bien monstre que c'est que de noblesse,
Louant a droit vraye chevalerie, 105
[6 ʳᵒ] Disant que point ne vient par armoirye,
Ains par vertu, de noblesse le nom,
Cela conclut l'orateur de renom.

Puis à la foys mon motif me duyscit
A recenser les hystoires Troyennes, 110
Les faictz des Grecz ainsy se conduisoit
Entendement à oeuvres souveraines,
Puys menqueroys du hault sçavoir d'Athenes,
Comme maint livre en fait ample rapport,
Aussy comment Enée vint à port, 115
Après longs jours en la noble Carthage,
Ainsy qu'on lit ès livres du quart aage.

Je manqueroys de Thebes moult souvent,
Dont Statius racompte bien au large,
Et maintesfoys je saultoys plus avant, 120
Voulant trouver le volume et la marge,
Où moult à plain est racompté l'oultrage
Pompeyan et l'esmeute civille,
Tant infan de qu'onques mais de si ville
Ne fut veue, ou Lucan est menteur, 125
Noble poëthe et parfaict inventeur.

Souvent gectois mon oeil et ma practique
Sur les haulz faictz dont la bible nous compte,
Et puis, lisons de la gent judaïque °
Les batailles que Josephe racompte, 130
Et bien sachez que ne laissoys au compte °
Le grant Justin, ne Vincent, l'escripvain, °
Qui pas ne fut en tous ses escripts vain,
Car il n'y eut oncques merveille faicte
En son vivant dont sa plume ne traicte. 135

Après cela par ung soingneur desir,
Je conduysoys mon char de souvenance
[6 vo] A visiter par droict et à loisir *
Les dictateurs des croniques de France,
Qui des Gaulles racomptent la naissance, 140
Comme Froissart et le moyne Chastel,
En les lisans je feiz ung pourchastel,
Qu'en brief je sceuz qui premier nom de roy
Obtint sur nous de la payenne loy. *

Or, pour venir à ce que j'ay emprins, 145
Et pour compter ma derniere advanture,
Lorsque je vy que j'euz du lyre prins *
Suffisament pour contempter nature,
A tant mys paille et feiz une closture
A mes livres, par fragille propos, 150
Qui me semont à prendre du repos,
Disant "amy, metz toy sur la couchecte,
Assez a leu pour en faire dyette."

J'en fus d'avis et croyre le voulus,
Si me mys hors soubz la blanche courtine, 155
Là, je trouvay d'avanture mon luthz,
Qui estoit forment tout en ruyne,
Car je n'avoys joué chançon ne hympne,
Trois moys avoit dont je soye recordz,
Si le voys prendre en querant les accords, 160
Pour congnoistre si oublyé j'avoye
Le passetemps de ma premiere joye.

Si commençay aucuns laiz, non pas tieulx
Comme j'avays acoustumé d'enfance,
Jadis furent mes chantz melodieux, 165
Ores tous plains de rude dissonance,
Plus ne me vault d'Orpheus la science,
Qui doulcement souloit cythariser,
J'ay d'autresfaitz voulu pindariser,
Plus n'en ay l'art, mon plectre est trop debile, 170
[7 ro] Car mon chant est lamentable et flebille.

J'ay oublyé les termes d'Anfion,
Et renoncé sa nouvelle musique,
Les doulx accords du parfaict Orion,
Qui de chanter sceut si bien la pratique 175
Que des poissons en mer occeanique
Fut recueilly quant dedans fut getté,
Pour ce qu'il eut si doulcement chanté,
Preservé fut par daulphin et balaine,
De l'imiter j'ay trop courte alaine. 180

Las, autresffoys en mon premier jouvent,
Que nul travail ne m'avoit assailly,
Jouer souloys et rymoyer souvent,
Je n'avoye cueur recreant ne failly,
Or, à rigueur mes belles fleurs cueilly, 185
Et desrobé ma plaisance totalle,
Par grief forfait et ruyne fatalle,
Au resister j'ay eu puissance lente,
Donc me convient que vers douloureux chante.

Comparer puis ma desfortune au cine, 190
Voyant son grief, qui piteusement chante,
Car il prenoit par ung naturel signe
Son mal futur, lors se deult et lamente,
Et se complaint comme chose dolente,
Si fais je moy, car plus certes ne vaulx 195
Qu'à recepvoir ung grant tas de travaulx,
Lesquelz je compte et souvent m'y amuse
Au chant piteux de fragille muse.

Bouche obeyst aux douleurs intrinseques,
Ce que le cueur pourpense, elle prononce, 200
En tant qu'on voit par semblans extrinseques,
Toute chose tant soit ores absconse,
[7 ᵛᵒ] Mesmement dueil dont j'ay plus que d'une once,
Qui me contraint à changer mes doulx sons,
Et commencer pytoyables chansons, 205
Vers de doulleurs et laissez chantz liriques, *
Qui font avoir aux amans leurs practiques.

Or, vous dormés, et la fleuste et le luthz,
De vous n'ay plus en mes escripts que faire,
Le temps passé vous ay quis et esleuz, *   210
Pour mes plaisirs et folz cuydiers parfaire,
Bien vous povés en vostre estuy retraire
Vos doulx accords et sons melodieux,
Doresnavant seront pour gens joyeulx,
Desquelz je suys effacé du rollet,   215
Et demourray en ma chambre seullet.

Caliope doulce, nimphe et deesse,
De bien parler qui sçavés la doctrine,
Soubz qui j'ay leu, et feustes ma maistresse,
Et m'a nourry vostre tendre tetine,   220
Helas, dame, tant vous feustes benigne,
Aux ouvraiges de mes ans primerains,
Vostre eloquence et vos motz souverains
Me soulloyent estre une manne infinie,
Et maintenant convient que je vous nye.   225

Ô d'Elicon, la tresdoulce fontaine, *
Qui distillés odeur aromatique,
Et abruvez comme la plus haultaine
Tous les climatz en deue politique,
Ô lieu sacré, vray sejour pegasicque,   230
De vous n'ay loy desormais approuchier,
Vostre tresor desormais à prou chier *
Au moins qui peult congnoistre sa value,
Mais touteffoys rigueur m'en toult la veue.

[8 ʳᵒ] Pierides, muses appollinées *   235
Des orateurs en mainte oeuvre requises,
Qu'Ovide tient toutes d'Appollin nées,
D'eloquence dothées et aprises,
Las, humblement vous ay je souvent quises,
Et vostre nom maintesfoys invoqué,   240
Mais ma douleur à mon vueil revocqué, *
Et fait renvoy pour proceder en oultre
Du bon propos que j'avoys d'estre voustre.

Sage Pallas, nommée Minerva,
Qui du tout art possedés l'heritage, 245
Voyes regret, qui ores miner va,
M'a franchisé pour me mettre en servage.
Et veult du tout inhiber le passage
Qu'avoir souloit envers vous ma memoire,
Pour Dieu, Dame, monstrés vostre inventoire, 250
Et allegués vostre prescription,
Ou autrement suys à destruction.

L'Acteur

[8 v°] Ainsy que j'estoye tout seul gisant sur ma couche, le corps au sejour, l'esperit travaillant tout à part moy, conduysant le chariot de ma souvenance au pays de diver- 255
ses pensées et speculations, là où je vy en fourme de remembrance toutes les preterites occupations de mon [9 r°] jouvant, mes loingtaines oeuvres et la pourtraicture ja forment abolye de mon feu plaisir, qui par regret estoyent en la chambre de ma fantasie, ainsy comme par ung object 260
transparant amenées et revolues, qui par advanture pour souvent y remirer ou joye prendre non mye toutesfois recreative, ains aggravante et soupissant tous mes delices. M'emeut alors comme resvant chanter telz vers et tel musique soubz la doulce consonance du barbiton qu'on nomme 265
luthz. En tant, doncques, que pour celle heure ainsy que oysif, exagitant la variation des cordes à la conformité de mon pleur, je nourrissoye en plaisant son ma grant tristesse. Et par tel douloureux moyen et attrayant affaire prenoit rigueur saisine occulte entierement de mon povoir sans nul 270
advis qui de moy vint. Ains encores de plus en plus voulant par ung desir soubdain tout de rechief lors parvenir, ce me sembloit, aux presumptueux incertaines et malleur effect sortissans de ma premiere adolescence, faisant en Espaigne chateaulx comme celluy qui plus pense que executer ne 275
peult, à ce doulx son je contemploye, quand tout acoup tournay mes yeulx pour aulcun bruit que je ouy comme de personne qui souefvement marche. Et pour ce que bien m'estoye rembarré en ma chambrette, et l'huys fermé pour

me celer si n'es ung vint en ce droit lieu, gettay ma veue, 280
lors apperceu dame ou deesse qui ja s'estoit sans porte ouvrir
au dedans mise ainsy qu'esperit ou bien fantasme, dont
me trouvay assés surprins, ja n'est merveille. Car point
n'avoye acoustumé veoir telle apparence ou tel pareure
en mon estude, dont j'euz et peur et craincte et honte. Ja 285
çoit pourtant que son maintien, apparaissant humble et
traictable, donnoit aucune asseurance à mon penser pour
mieulx rasseoir mon paoureux doubte. Si n'euz loisir pour
[9 v°] me lever, me seignant de la bonne main, dont soubz-
rire la vis comme femme qui de lourde contenance se gau- 290
dist, et qui bien pense estre autre que espovantable aux
cler voyans. Elle, pourtant lors suppliant à la soubdaine
rencontre ou pour tout dire à ma simplesse, qui tost me fist
changer couleur, la voyant près, se vint asseoir au pied
du lict sur quoy gisoye, ayant encores entre les mains 295
et luthz et fleuste que tout gettai quant je la vis non
si tresbien qu'elle, pourtant de tout mon faict ne veist l'embusche. Et pour faire l'entier devis de sa beaulté comme
de long temps sans mot sonner je y employay mon ferme
vueil; elle pour vray sembloy la plus du monde doulce, car 300
son visaige estait poly, net, et sans tache, sa cheveleure blonde au dessoubz de son cueuvrechief peu paraissant, ses
yeulx ryans, voyre, et tous plains de doulx promettre et
faisant foy de son vouloir moult femenim, son nez traictiz,
son rire doulx, bouche vermeille et sortissant soubz qui 305
gisoit ung tresor de baisiers cent mille. La gorge avoit
comblé et unie, parée de monilles precieulx et d'autres en-
richiz joyaulx. Le corps taillé par droit devis ainsi comme
si par compas feussent toutes ses parties trassées. Les brahs
longs et amesurez pour acoller les bien vueillans. Les mains 310
tendres, doulces et moistes, garnies de blandissements. Et
par dessus ce triumphant ymage estoyt mys pour toute vesture ung manteau de soye pourprine, qui du hault jusques
au bas selon son deu, et en son extremité avoit bordure de
precieuses pierres plus que aymant vertueuses et riches, car 315
tous les cueurs où la plus-part des mortelz hommes elles
tyroyent au vueil et gré de la maistresse. A quoy doncques

voy je musant à tant louer telle princesse. Certainement sa
beauté fut non pareille, son maintien très begnin, sa façon
gratieuse, son parler encores ne loue jusques à tant que l'ay   320
ouye, *[10 ʳᵒ]* mais je soubstien son lotz pour tel que c'est ung
chief l'oeuvre parfait si telle elle est au long aller comme
elle monstre à l'arrivée. En l'une de ses mains avait ung esmouchail moult bien ouvré de plumes panonicques duquel
se jouait et par souvent le demener, faisait venir ung vent   325
souef en son vyayre. En l'autre main elle tenait ung mirouer
cristalin où parfoys non mesadvenantes elle contemplait son
immense beauté. Et pour vray dire, en la voyant, je congneu
bien alors que dame estoit assés oyseuse, et que par ne fut
disposée pour grans labours tollerer, ainz mieuls aymant   330
chambre parée et jeux plaisans que autre exercice. Et plus
brief venir affin où je pretends, et que son nom ne soit celé
aux ignorans, elle Sensualité se nommait, comme je sceu
tantost après selon son dire, laquelle tost sans plus muser,   •
me voyant hors du vouloir d'ouvrir ma bouche pour parolle   335
en deux actraicts, lors commença ce qui s'ensuyt.

Sensualité

[10 ᵛᵒ] Et qu'est ce cy, amy feal, est vostre sens bestourné, vostre entendement aboly, vostre resistance amoin-
drye. Que pour l'orée d'ung moins que rien, ou pour la
repplication d'aulcun poignant regret, avez si tost advoué   340
dueil et fuy joye, mais qui vous fait ainsy gesir, mescongois-
sant non seullement *[11 ʳᵒ]* vos alliez, ains de tous pointz
voullant haÿr, helas, vous mesmes, est si à coup exterminé
le bon propos que vous baillay de mon enfance, est ma doctrine ainsy perdue et mon escolle habandonée. Ha, mon   345
enfant, que tant regrette dont vous viennent telz folz desroys
où sont allez vos doulx pensers, vostre amoureuse congnoissance, et l'esbat de voz jeunes ans. A vous change vostre
exercice en peu de temps et transmue en si briefz jours
vostre conduicte. A ceste foys que plus debvriés vivre en   350
soulas et hault lever vostre desir par ung magnanime
courage, maintenir joye et fuyr peyne, aymer deduyt, haÿr
tristesse, penser en jeux, oublier noÿse, prendre confort,

laisser grevance, suyvre haultz faitz et pusillanimité deschas-
ser pour avoir gloire à celle foys que toute entreprinse vous   355
debvroit estre possible et nulle riens difficille. Et vous, recreant, mat, et gaigné pour la supplantation d'ung dueil
soubdain, vous allitez et faictes fin à voz bons jours par tel
rosée.

        Ô cueur couvert d'une trop grande foiblesse,   360
        Par simplesse,
        Et faulte de bon sens,
        Las, tu te plains et ame ne te blesse,
        Ta noblesse, *
        Par faulte d'adresse,   365
        En tristesse,
        Finira tost ses ans,
        Et hors et ens,
        Tes esperitz sont lens,
        Donc, il convient à heure anticipée,   370
        Que joye soit par ton vueil dissipée.

        Ô recreans et affoibly courage,
        Qui sans oultrage,
        Veulx si fort lamenter,
[11 ᵛ°] Ne voys tu pas que tu as encore aage,   375
        Jeune visage,
        Pour l'amoureux passage,
        Doulx langage
        Pour bien parlamenter,
        Te tourmenter,   380
        Ne tant se guermenter,
        Ne te sera qu'abregement de vie,
        Si plus le faiz il fault que tu devye,

        Où est espoir, maistre de ton propos,
        Qui en repos,   385
        Te soulloit faire vivre,
        Te trouves tu maintenant si empos,
        Que mes supposts,
        Sans faire nulz beaulz cops,

Et fusmes venus au droit lieu
Ou le chemin fut double voye.
La eut une croix de par dieu.
Plantee a lendroit du meillieu
Qui aux passans sert de montioye.
De la voyr ieu au cueur grant ioye.
Et en eusse baisie le fust.

Pour avoir los, 390
Tu ne quiers plus ensuyvre,
Il n'est livre,
Qui jamais te delivre,
Tel bien, tel bruit, tel honneur, telle fame,
Que je seulle [qui ne suis] qu'une femme. * 395

Je voy ton cueur qui ne procure cure,
Laydure dure,
Et sa foyblesse blesse,
Regret le meut à corrompure pure,
Morsure sure, 400
Luy fait ardure dure,
Injure jure,
Tant que leesse lesse,
Apresse presse,
Et te laisse en la presse, 405
D'effort si fort qu'il a apperte perte,
Et dueil fait dueil sur la couverte verte.

[12 ʳ⁰] De quoy te peult ung si long dueil servir,
Fors d'asservir
Tout ton cueur en servaige, 410
Homme qui sert, sans nul bien desservir,
A beau suyvir, *
Car jamais assouvir
D'espoir chevir
Ne peult que sur son bon gaige, 415
C'est oultraige,
D'user comme serf aige,
Autant vouldroit vivre par les desers,
Ou bien estre privé du flair des airs.

Es tu cassé, mutillé ne viellart, 420
Est tout vieil art effacé du bon comte,
Las, je t'ay veu aux soirs si bon veillart,
Et ton vueil art
A manger du vieil lart,
Comme ung soillart, 425

Qui de riens ne tient compte,
Se sera honte
Se laidure surmonte,
Ton bon propos si tost habandonné,
Mieulx te convient estre à l'abandonné. *   430

Et les dames que je t'ay veu louer, *
Et advouer leurs loz par tes escripts, *
Où maintesfoys t'ay veu rire et jouer,
Veulx tu vouer de plus ne te louer,
A hault louer de leur bonté le pris,   435
Tes plains, tes crys, ne seront que mespris,
Brief, tu as fait trop soubdaine entreprise,
Mieulx te seroit autre voye avoir prise.

Jeunesse et dueil sont choses repugnantes,
Dissonantes, et qui mal se conviennent,   440
[12 v°] Si maintenant en secret tu lamentes
Tes meschantes fortunes et patentes,
Ce sont rentes qui à tous humains viennent,
Regretz te tiennent et ainsy t'entretiennent,
Pour devorer de joye le surplus,   445
Et te font vivre ainsy comme reclus.

Laisse ce train, il n'est pas encore heure,
Que ton cueur pleure en si jeune saison,
De prosperer la chose n'est pas seure,
On labeure, mais souvent on demeure,   450
En demeure de trop dure achoison,
Qui fuyt raison, raison fuyt sa maison,
Et à la fin se gueres on continue,
Le mal se tourne en fievre continue. *

Homme perdu, deffait, et mal allité   455
Desherité de joyeuse saisine,
Escoute à moy, c'est Sensualité,
Soys incité, oys ce qu'ay recité,
En verité, je te seray benigne,
Croy ma doctrine et à cela t'encline,   460

Fuys telz rigueurs, retourne à ton office,
Ne voys tu pas le temps qui est propice.

Lieve- dont, sus, va t'en aux champs deduyre,
Pour induyre ton cueur à tous esbas,
Ne voys tu pas tout à joye conduyre, 465
Les oyseaulx bruyre, nature les instruyre
A produyre leurs petis hault et bas,
Si tu es bas, laisse tous ces debas,
Va visiter les dames qui t'atendent,
Cela par moy toutes elles te mandent. 470

Prens fleuste et luthz, instrumens de musique,
Tost sans replicque, suys convis et bancquets,
Va t'en en court, c'est un lieu auctenticque,
[13 ʳᵒ] Magnifique selon toute praticque,
Par voye oblique faire grans acquests, 475
Puis tes caquetz et tes menus hocquestz
Te vauldront mieulx, filz, sont de bonne estoffe.
Que ne feroit pierre de philosophe.

Suys ces seigneurs, pousse toy en avant,
Metz toy devant, ayés celle maxime, 480
Soyés hardy et metz la voille au vent,
Comme sçavant, change d'habitz souvent,
Sus, ay avant, pour estre en bon extime,
D'une abisme tu viendras à la cisme
De bien d'honneur, et pour te faire court, 485
Tu pourras estre ung droit routier de court.

Sus, peigne toy, fais ta robe agencer,
De t'avancer la droicte heure s'approche,
Ne tacshe plus que à t'esbatre et dancer,
Et de penser pour toy recompenser, 490
Et d'effacer le dueil qui tant te touche,
Ouvre ta bouche, habandonen la cousche,
Vient t'en à moy hardiement soulacier,
Si garderay tresbien de te lasser. *

Quant j'euz ouy les enhortemens et doulces persuasions 495
de Sensualité que si longuement harpoit près mon oreille,
je forment à la croire enclin, à son dire fleschissant et à son
opinion donnant foy par ung taciturne consentement de
soubdaine voulenté pour responce premiere. Alors, gettay
ung grant souspir yssans du fons de ma pensée accompaigné 500
d'autres plusieurs [13 ᵛᵒ] consecutifz, ayant forment la larme à l'oeil par son beau dire et ia pour vray eusse du tout
obtemperé à son vouloir sans resister, mais j'euz tantost
et tout soubdainement ung aguillon d'apres remors par une
consciencieuse doubte, qui par une dissimulation de courte 505
durée me fist respondre en telz complaincts comment orrez
cy par après.

   Ô, Dame, jeunesse, associée aux hommes,
   Puisque voyés le travail où nous sommes,
   De noz peines les si tresgrandes sommes,   510
   Et la tristesse,
   Qui moult moleste et fatigue sans cesse,
   Et nuyt et jour dictes, las, pourquoy esse
   Que vostre vueil nous convye et nous presse
   A tout cecy.   515
   Mesmement moy qui ay vescu ainsy,
   Ja possedé de dueil et de soucy,
   Pour Dieu, dame, partez ores d'ycy,
   C'est pouvre queste.
   Ia n'aviendra pour priere ou resqueste,   520
   Que desormais me treuve en nulle feste,
   Helas, j'ay bien autre chose en ma teste,
   Qui y repugne.
   Homme subgiect ès assaulz de fortune,
   Plain de soucy qui n'a liesse aucune,   525
   La voye à luy sortable et opportune,
   A mon advis.
   C'est soy retraire et fuyr les convis,
   Mettre en oubly des dames les devis, *
   Car pour grant joye on a dueil vis à vis,   530
   Qui à l'emblée

             Assaillyra la joyeuse assemblée,
             Ainsy sera en peu d'heure troublée,
             Feste et deduyt et tristesse doublée,
             Ainsy advient.   535
[14 ʳᵒ]   Tant qu'on ne sçait que tel esbat devient,
             C'est le monde qui ainsy va et vient,
             Je me suys veu, encores m'en souvient,
             En tel berelle.
             Que pour tenir l'une ou l'autre querelle,   540
             Souvent me suys bruslé à la chandelle,
             Et n'ay pas sceu eschever la cautelle,
             Tant eusse apprins.
             Serf me suys veu, et en servant fuz prins,
             Car quant je vys de tout honneur le pris,   545
             Emprisonné ainsy que par mespris,
             En telz prisons,
             J'eu en mon cueur si grandes mesprisons,
             Disant pourquoy est ce qu'on mesprise homs,
             De tel valeur bien voy que mesprisons,   550
             Vertu pour vice,
             Donc, il convient que chascun appourisse,
             Par le pourchaz d'exhorbitant malice,
             Qui procure qu'en maintz lieux le mal ysse
             Plus grant que moindre,   555
             D'ung feu gregoys dangereux à estaindre,
             Dont les flammes ia commencent à taindre, *
             Jusques au ciel pour le hu et le plaindre
             Des lamentans.
             Qui ne m'entend, toutesffoys je m'entends,   560
             Mais tant je dy qu'il a pas longtemps,
             Que pour telz jours j'ay veu les mieulx contens,
             En telle attente,
             Qu'on eust bien dit, veés le là il regente,
             Et regira des ans plus de cinquante,   565
             Que par eschec de fortune patente,
             Plus que le pas
             Estoit fuytif, et si ne sçavoit pas
             Une heure avoit son douloureux trepas,

Brief, je ne quiers à suyvre telz apastz, 570
Bien je m'en passe.

Sensualité

[14 vo] Voz parolles me sont estranges et forment en resverye vous boutés, je ne sçay quelle. Or, pensez autrement ouvrer, mettant soubz le pied telz pensemens, et suscités voz esperitz par neusve joye. 575

L'Acteur

Helas, Dame, et que vous plaist que ores je face, ne voyés vous mon cueur lyé et detenu en desconfort, mon chief pesant, face amortie. Ne voyés vous espoir banny hors de ma veue et rembarré ès fiers lyens de mortel ire. De quoy doncques pourray servir au monde allant fors seullement d'acquerir tiltre meschant, loz deshonneste, si pour la fuyte et tost retraire j'ay eschevé la darde ague après mes pas lancée par Faulx Danger. Mieulx ayme seur se mandicquer que vivre riche en telle craincte. Las, maintesfoys en la queste mondaine me suys veu cuydant charger comme souldart adventureux de grans joyaulx et riche biens. Doz et espaulles ainsy que ayant bien besoingné, ce me sembloit. Que incontinent, à cueur tremblant, oeil effrayé, pied sans attache et prompt relay laisser failloit tout mon butin à grant regret et contre joye, fuyant tresbien comme vaillant, voulant gaigner par mon courir le seur fossé de suffisance où ores suys et me contente. 580 585 590

Sensualité

Et pensés vous cesser à tant, beau, doulx amy. Quittés vous dont desormais pour la simple menasse d'ung cas fortuit le surplus de vostre esperance, renancés vous à tout le droit et succession d'heritage de voz plaisirs pour l'attraict d'une vie contemplative qui trop mal siet à gens si jeunes, certinement quant à ce point de tout povoir je [15 ro] m'y oppose, et si vous dy, peu me plaist cette entreprise, or sçavons quoy changez propos, allons jouer et ne vous chaille. 595 600

L'Acteur

Jouer, Dame, certainement jeuz et esbas m'ont delaissé quatre ans ya, et de moy c'est joye absentée, me disant le derrenier adieu sans retourner, las, à moy comme je pense.

Sensualité

Pourquoy cela?

L'Acteur

Pourquoy, Dame, ha, le pourquoy serait trop long à racompter, et rengregé de plus grant mal ramentevoir, chose piteuse. Puis, d'autre part, les cueurs humains sont aujourd'huy tant acerez et durs si fort qu'il n'est pitié tant pitoyable qui piteux les peust rendre et marriz [ains plus aises et rians du desplaisir de leur prochain sans nulle doubte]. Dont, pour raison taire je doiz mon encombrier, car sur ma foy je tiens pour vray que homme ne femme au monde n'a à qui il en chaille.

Sensualité

Voulés vous doncques maintenir que toute femme à cueur si dur qu'il est du tout impitoyable?

L'Acteur

Nenny, dea, j'en ay excepté aucune.

Sensualité

Et toutes non?

L'Acteur

Cela je tays, car toutes n'ay je mye veues, mais tant vous dy que mains à huy n'es ung pitié que n'a d'amour et de mercy cueur affamé de pervers tygre.

Sensualité

[15 vo] Si tous suyvoient celle arriené oppinion que vous tenés quant à ce point, las, trop seroit l'honneur foullé de maints et maintes, mais peult estre regrect vous fait telz motz parlez dont l'interpretation est autre et applicquer en autre usaige en voz pensers. Or, laissons celle faincte à part, 625
ja ne seray pour tel debat à vous partie. Icy ne viens pour querrellier; ains de tous poins à vous me rens pour soullager vos pensemens, pour inciter vostre vouloir à bien meilleur que ne querés, car pour avoir sur le chenet la teste au giste ja ne pourrés remedier à vostre grief, qui tant vous fait exter- 630
miner et long courir de toute joye dont je me sens blecée au vif, voyant si tost diminuer vostre vouloir pas pusillanimité de courage auquel j'espoir remedier quoy qu'il en soit. Or, sus doncques, laissons ce lieu trop ombrageux, allons aux champs où fait bel estre, fermons noz livres, c'est assés par 635
trop leu, la teste deult, du passetemps meilleurs y a plus convenable.

   Ne voys tu pas le printemps umbroyer,
   La terre aussy plainement verdoyer,
   Oyseaulx divers doucement verdoyer   640
   Sur les branchettes.
   Et illec font leurs nidz et leurs logettes,
   Renouvellant loyalles amourettes,
   Et decoppent cent mille chansonnettes,
   Tant qu'en tous lieux   645
   On peult ouyr leur chant armonieux,
   Si bien sonnant que au monde n'y a mieux,
   Et est chacun soingneux et curieulx,
   Ainsy bien dire.
   Ne veulx tu pas courir saulter et bruyre, *   650
   Biches et serfz et entre eulx se deduyre,
   Lievres, connins, et sangliers d'une tyre
[16 ro]   Parmy les boys.
   Et puis cryer souvent à haulte voix,
   Quant les veneurs les tiennent aux abboys,   655

Dieu sçait le bien, le plaisir maintesfoys
Qu'on y peult prendre.
Ne voys tu pas aux champs jouer et rendre,
Pastours plaisans et leurs brebis espandre,
Entreeulx jouer tant qu'on ne peult comprendre   660
L'esbat qu'on maine.
L'ung du flageol, l'autre de la doulceyne,
Fera dancer auprès de la fontaine,
Les pastoures et puis de marjolaine
Ou de muguet,   665
Peronnelle bastira ung boucquet,   *
Pour recompense à son amy Huguet,
Et cependant les autres font le guet
Qu'on ne les voye.
Ha, qu'il fait bon consuyvre telle voye,   670
Où nature tous ses delicts envoye,
Nul desplaisir jamais ne les forvoye,
Ne mect au bas.
Ne voys tu pas des villes les esbas,
Les grans chieres, les bancquetz et esbas,   675
Les aubades des dances, les amas,
La congnoissance,
Le passetemps, l'amoureuse accointance,
L'accueil des dames, aussy leur bien vueillance,
Les doulx regardz, leur sage contenance,   680
Et leurs devys.
Les pannades, les joustes, les convys.
Les motz secretz qu'on y dit vis à vis,
Et les souspirs des amoureux ravis,
Fais à l'emblée.   685
Les jeux divers, la joyeuse assemblée,
Mille chansons dont la feste est doublée,
Dances et ritz, motz ditz à la vollée,   *
[16 v°] Comme font mains.
Baisiers secrets, estraignement de mains,   690
Assigner lieux pour les soulas humains,
Faire semblant d'estre cousins germains,
Pour leur approuche.

Avoir bagues tousjours de haulte touche,
Habil à main et motz à bonne bouche, 695
Estre mynuyt devant que l'en se couche.
Faire merveille.
Avoir chantres tousjours près son oreille,
Luthz, tabourins, orgues, tant qu'on reveille,
Ceulx qui dorment pour dire que l'en veille 700
Et nuyts et jours.
Avoir habits et puis longs et puis cours,
Manches larges, parpoins faictz à rebours,
Selon la mode et la façon des cours,
Poil en bataille, 705
Soulliers liegez et ronde comme une escaille,
Affin qu'on die il est de belle taille,
Brief, aujourd'huy chascun prent et detaille
Habitz nouveaulx.
Ne voys tu pas aussy ces beaulx chasteaulx, 710
Les lieux pompeux et manoirs speciaulx,
Ces haulx palais et sejours curiaulx,
Où sans doubtance,
Las, autresfoys tu as prins plaisance,
Et si j'ay veu de toute ta puissance 715
Complaire aux dames et par bonne asseurance
Leur servant estre.
Et si ay peu à ta façon congnoistre,
Que pas n'estoys tousjours de ton cueur maistre,
Ains mieulx lyè qu'à corde ne chevestre, 720
Au vueil d'icelles.
Et en tous lieux soustenoys leurs querelles,
Plutost eusses souffert peines mortelles,
Qu'ung mesdisant eust blecié l'honneur d'elles,
[17 ʳᵒ] Tant estoys l'eur. 725
Souvent t'ay veu pallir, changer couleur,
Souffrir grant peine et tresapre douleur,
Par trop cherir dame de grant valeur,
Non pourtant certes.
Toutes rigueurs, deffortunes et pertes, 730
Tant feussent or poignantes et appertes,

Soubz noir travail prenoys livrées vertes, *
Et onc ne fit.
Ton cueur semblant de rien qu'on luy meffit,
Brief, en amour je t'ay veu tout confit 735
Veulx tu dire maintenant qu'il suffit,
N'entens tu mye?
Et se ton amour primeraine endormye,
Où est celle que tant dysoys amye,
A qui jamais une heure ne demye, 740
N'as voulu faire.
A ton povoir rien qui luy deust desplaire,
Et tant de foys luy as voulu complaire,
Ores, te veulx à coup d'elle retraire,
Dont vient cela? 745
Où est le bien qu'elle te revella,
Où sont les meurs qu'ensuyvre t'enseigna,
Et les vertus de quoy t'endoctrina,
Dont elle fut pleine.
As tu quicté sa bonté souveraine, 750
Son bien parler, sa façon non soubdaine,
Et la beauté oultrepassant Helaine, *
Tant y puys mectre.
Où sont les motz d'orez qu'en mainte lectre,
T'a envoyé où tu as peu congnoistre, 755
Son hault sçavoir et par droit luy promectre
Non pleinct service?
Et ia soit or que n'eusses l'exercice,
Pour t'envoyer escripture propice,
Sa plume t'a enseigné la police, 760
[17 ᵛᵒ] Du bien que sçays.
Et maintenant tu la fuys et te tays,
Considere le pechié que tu fays,
Ia n'est besoing que te plaignes du faix,
C'est chose aisée. 765
Sa louange ne doit estre taisée,
Si te conseille y reprendre visée,
Et si du tout la veulx rendre appaisée.
Allons vers elle.

L'Acteur

Madame, si long avés mon vueil mené que forment croire 770
vous voulsisse. Mais je vieillis, parquoi je crains non parvenir
au bien passé qu'avoir souloye. Et moult regrecte neantmoins mon cueur failly et ma plaisance ainsy perdue.

Sensualité

Vieillir, mon Dieu, que veult ce dire et ceulx qui ont les
cinquante ans que diront ilz quand en l'aage d'adolescence 775
ainsy voulés ia murmurer comme homme vieil. Laissés,
laissés ce fol propos quant voz bons jours ne font que venir
et vieil vous faictes, du terme avés assés à plain pour y
penser si nature en vous oeuvre selon ses droitz.

L'Acteur

Jeune suys je, c'est chose voyre, et toutesfoys ay souvenir 780
de loing assés. Et moult y a de jours loingtains, par heures
taciturnes transvolées, qui sur mon doz ont fait corvée, mais
puisqu'ainsy est me provocqués à prendre habit de neusve
joye par le ramentevoir de mes patentes occu[18 ʳᵒ]pations
où j'avoys mys but et terme en mon penser, je neantmoins 785
puys revocquer ma douloureuse et icelle concathener en
codicille de prochain plaisir, moyennant vostre succide,
auquel je vueil obtemperer, voz blandissemens m'ont ia
surprins et de tous pointz mollifié mon cueur entier, obeys-
sant à voz desire quoy qu'il en soit. Or, me menés à vostre 790
gré, car je suis vostre, tirés avant, et resoyez guyde. Car à
vostre mercy me rendz, mettant et cueur, corps, et povoir,
voyre, et mon sens, se mestier est, en voz commandes. Si
vous supply, me charroyer selon l'espoir que j'ay de vous.

Sensualité

Beau, doulx, amy, n'y faictes doubte. 795

L'Acteur

Ainsy me prins joyeulx à cheminer
Avecq elle, cuydant à chief myner
Mon desplaisant et corrosif oultrage,
Qui ia m'avoit forment mené oultre aage
Par ung semblant d'amortie couleur, 800
Donc, je pensoye gaigner à ce coup l'eur
De bien parfait, et de joye agreante,
Comme celluy qui tousjours à gré hante
Lieux de plaisir par ung nouveau secours,
Et fuyt maisons royalles et ses cours, 805
Là où fleurit tout le mondain soulas,
Je, qui estoys lors plus que mon saoul, las,
De telz travaulx porter et maintenir,
Deliberé non plus la main tenir
A si grant faix par la doulce eloquence 810
De la dame en pensant le loz qu'en ce
Pourroys avoir et le prouffit aussy, *
Car c'est elle qui bien prouffite aussy
Des esperdus et membres languissans,
Par les beaulx motz qui de sa langue yssans, 815
[18 v°] Donnent santé et force corporelle,
Et garissent tous souffrans pour elle.
Brief, j'aplicquay alors tous mes esperitz
A la suyvre comme homme qui est pris
Et invité estre de sa sequelle, 820
Deliberant de faire tout ce qu'elle
M'ordonnera quoy qu'en doye advenir, *
En attendant le bon temps advenir,
Et renunçant à toute pacience,
Car je congnoys que ce n'est pas science 825
D'assubgettir en soy telle morsure,
Qui à la longue est bien de la mort seure,
Et fait perir souvent et foible et fort
Par son mortel et dangereux effort,
Donc je, voyant mon eschecq perilleux, 830
Considerant aussy quel perileux

Nourrir, tel dueil où jeune aage où j'estoys,
Et les souspirs que nuyt et jour gettoys,
De nul prouffit en ruyne eminente,
Voyant rigueur qui tousjours est minante, 835
De plus en plus cueur subgiect à mercy,
Je congneu lors que c'est ung amer cy,
Si revoquay par ung veil sollempnel
Mes veulx premiers que jamais soubz l'annel,
Jadis passez et soubzservy de fortune, 840
Je les fis nulz pour en amer fort une,
C'est en effect volunté sensuelle,
Je desormais ay mys mon sens sur elle,
D'autre ne vueil, seulle la serviray,
Et en tous lieux tousjours son serf yray, 845
Jeune homme doibt s'applicquer à servir,
Et seurement son povoir asservir,
Mais qu'on luy ayt bon salaire promis,
Car celluy là pour neant à prou mys
Son temps en vain et à tort si employs, 850
Quant son labeur se convertist en ploys
[19 r⁰] De desespoir qu'on ne peult estanchier,
Cuydant avoir plaisir qui est tant chier,
Ainsy advient par tristesse meschante
Aux malheureux sans que plus jamais chante, 855
Ains gemira quant devrait reposer,
Jusques à tant qu'à la terre poser
Fauldra son corps, vaincu du dart mortel,
Et demourra le pouvre homme mort tel
Au reprouche des jangleurs mesdisans, 860
Et ne seront passez jamais dix ans
Qu'on ne dye trop vouloit entreprendre,
Brief, il y a difference entre prendre,
Et j'ay cuydé, chascun scet et l'entend,
Et toutesfoys je n'en dys de l'an tant, 865
Le terre est terre et faicte au bien commun,
Tant y auront à la fin cent comme ung,
Dieu la faicte somme toute comme une,
Espere à tous advenante et commune,

Mais les ungs ont l'art et l'experiment, 870
Et autres non, parquoy l'esperit ment,
J'entens le cueur qui d'espoir se ralyé,
Dont la pensée pour ung temps sera lyé,
Cuydant avoir le bien où elle tend,
Mais pour neant son vouloir y estend, 875
Ia soit ores que raison l'admonneste,
Souventesfoys à avoir l'ame honneste,
Car Dieu nous a raison à tous donné,
Et est à chascun vivant en ce don né,
Si n'ay je pas maintenant d'elle cure, 880
Tant que seray soubz sensuelle cure,
Jeunesse point de raison ne se pare,
Ains la deffuyt et tousjours la separe,
Jusques ad ce que aage entre eulx deulx s'accorde,
Alors raison y applicque sa corde, 885
Et est entre eulx amyable accordance,
Tant que vertu aux plaisans accords dance
[19 v°] Et nourrist l'ame en telz souefz delitz,
Qui ne sont pas soubz paremens de litz,
Soubz folz baisiers, soubz charnel exercice, 890
Où tout homme pour jamais est serf fil ce
Consent à mal et demeure pechié, *
Moult longuement tenu et empeschié,
Je toutesfoys n'ay garde d'y penser,
Car jeunesse ne m'en veult dispenser, 895
Puis d'autre part ma force est foible et tendre,
Qui ne permect son vouloir y estendre,
Si j'en suys doncq ce train, pas n'est merveille,
Car il n'est rien qui tant homme esmerveille,
Selon l'instruict de charnelle menasse, 900
Qui le subgiect et vicieux maine à ce,
Mettre vertu pour vices en oubly,
Mais la raison dont il est ennobly,
Qui de Dieu vient, après luy va et crye,
Et nuyt et jour près son oreille escrye, 905
Disant, homme miserable et perdu,
Est ton bon sens maintenant esperdu,

Et ta vertu intrinseque perdue?
Las, qui estoit à si noble per deue,
Retire toy tost acoup des lyens, 910
Pour eschever ses perilleux lyens,
Fuy le monde et tous ses allyez,
Au vueil de qui tes desires as lyez,
Tant que tousjours tu quiers ton alliance,
Et pour certain trop tu crois à luy en ce, 915
Dont à la fin mauldiras la journée,
De quoy ta chair fut jamais à jour née,
Voylà comment raison au sinderese
Nous va preschant, mais l'homme saint de rese,
Et ahurté à son cruel meffait, * 920
Ne cessera qu'il n'ayt encore mais fait,
Et je, qui suys de la bende et complice
Des jouvenceaulx, bien fault que l'accomplisse *
[20 r°] Le voyage que j'ay ia proposé,
De l'acomplir, certes, bon propos lyé, 925
Or, adieu donc, me suyvent vieulx et jeunes,
Je n'espoir pas faire en chemin grant jeusnes.

L'Acteur

 Assés loing diverty de ma premiere intention, et au pro- *
pos cy devant dit, je fermay adoncques ma chambrecte et
me mis lors à cheminer comme bon pelerin, non pas pourtant 930
pour voyager droit à Sainct Jaques, ains de tous points pour
obeyr à Sensualité, ma bonne guyde, qui me promist de me *
mener en lieu dont assés mieulx pourrois valoir tout mon
vivant. Ainsy doncques elle devant et je après, commenças-
mes à passer pays à pied legier et grant couraige, et sans 935
gueres estre esloingné dont je party, elle caulte pour eschever chemins pierreulx et voyes longues incontinent pour
parvenir où elle tend me va rendre à l'entrée d'une sente
ombrageuse toute tissue d'herbe vert, menue et tendre, si
que les piedz de nulz passans garde n'eurent d'estre aggra- 940
vez par long aller qu'on y peust faire, car tant estoyt l'herbe
souefve et odorante qu'elle sembloit moult obeyr aux voyageurs et tyrans pays parmy icelle. Là prismes dont nostre

chemin, la dame et moy, et commença nostre voyage en ce
droit lieu. Et prye le nom de Dieu qui le me doint achever   *945
et parfaire. Ia çoit pourtant que ay mal àprins mon droit   *
sentier pour parvenir à seure fin par telle guyse. Après   *
doncques deux ou troys pas que j'eu là fait, estant forment
tout esmerveillé de veoyr chemin si très aspre, souef, et
tendre, de tant de fleurs jeunes et belles dyapré, encourtiné   950
de verte joye si que soleil d'aspre rigueur ne povoit là en-
dommagier les pelerins, ne fatiguer par sa [20 ᵛᵒ] chaleur,   *
le teinct poly des beaulx passans, cuydant par ce que ce
feust fantasme, ou sort, ou bien fayrie, ou que cela ainsy ne
venist comme ung songe particulier moult agreant, sophisti-   955
que et non veritable par ung object desordonné d'aspre desir
comme il advient à tous humains lors competans en leur
pensée insoporée. Me prins, alors, luy dire ainsy. Dame, pour   *
Dieu, las, dictes moy où ce chemin bel et plaisant les passans
meine. Et me nommés sans varier le lieu certain où nous   *960
tyrons. Et s'il vous plaist, ne decepvés vostre servant, car
à vous ay desja donné mon cueur et pensée. Incontinent elle,
riant prompte et joyeuse, me racompta de nostre entreprinse
tout le fait. Et par ces motz telz comme vous orrés de ce
chemin me dist le nom et amplement me donna cueur de   965
mettre à fin ce qu'elle veult par son beau dire.

Sensualité

Homme, qui veult à haultain bien venir,
Les beaulx deduitz de ce monde obtenir,   *
Et à grans biens une foys parvenir,
Ne doit avoir sa peine chere et lente,   970
De cheminer ne se doit abstenir,
Ains fault aller sans oyseux se tenir,
Car il n'est riens qui face maintenir
Homme en langueur que vie sompnolente,
Doncques, je dy qu'il fault s'entretenir   975
En exercice, et travaulx soustenir,
Aucunesfoys en joyeulx souvenir,
Entremeslé de curieuse entente,
L'on voyt souvent le malheureux finir,

En desconfort et dueil le detenir, 980
Cuydant tousjours espoir luy souvenir,
Mais son regret pour neant le tourmente.

Entrepreneur, qui veult son loz loger,
[21 ʳᵒ] En hault degré et soy advantager,
Pour sa grandeur et mieulx se solager, 985
Ne doit dormir quant l'heure veult qu'il veille,
Le beau Paris pour courir et aager,
Pour transfreter l'occeane liger,
Et nuyt et jour mist son corps en danger,
Par son abus eut dame nompareille, 990
Aussy Jason, qui pays estrangier
Alla querant, et voult son nom charger
De tel honneur qu'il vint, pour abreger,
Dedans Colcos querir thoison vermeille,
Pour nul autre ne doy son loz changer, 995
Car il conquist en ce noble verger,
Comme vaillant et hardy passager,
Chose telle que chascun s'en merveille

Tous ceulx dont les livres font feste,
Soit par hystoire ou par cronique, 1000
Qui ont voulu suyvre la queste,
Par victorieuse conqueste,
De gloire et louenge auctentique,
Ont suyvy la voye erratique
Du quartier, et de ce pays, 1005
Doncques, plus ne t'en esbahis.

C'est appellé ce sentier
Chemin de Fleurie Jeunesse,
Flairant souef, doulx, et entier,
Où espine ne esglantier, 1010
Les passans nullement ne blesse
Icy est l'entrée et l'adresse
Où tous humains creez et faitz,
Vont et viennent comme tu faitz.

L'entrer y est tant aggreable, 1015
Mais le retour est impossible,
[21 ᵛᵒ] Et n'y a ne gravier ne sable,
L'herbette y est moult delectable,
Au marché plaisant et duysible,
Et pour bien le faire entendible, 1020
Ce chemin si mayne et convye
Les gens à transsitoyre vye.

C'est le pays que nous querons,
Là j'espoir bientost te conduyre,
Dieu sçet l'esbat que nous aurons, 1025
Et les cheres que nous ferons,
Comment je te feray desduyre,
Il n'est rien qui t'y puisse nuyre,
Or, allons, avançons nous doncques,
Tu verras ce que ne fiz oncques. 1030

Icy l'Acteur monstre et declaire *
Quel chemin luy convient parfaire,
Et par lectre pitagoricque
Fait la voye du monde oblicque.

L'Acteur

[22 ʳᵒ] En ce long propos elle et moy, 1035
Passasmes Fluerie Jeunesse,
Et pour me mectre hors desmoy,
Me monstra à l'oeil et au doy
Que c'estoit la commune adresse
De povreté et de noblesse, 1040
Et que tous y estoyent passez,
[22 ᵛᵒ] Les vivants et les trespassez.

A peine croyre je le sçeu,
Car la voye estoit toute entiere,
Et qui plus est, je n'apperceu 1045
Le train de nul comme j'ay veu
Ailleurs en chemin de frontiere,
Elle me dist lors que l'ouvriere,

Qui le sentir fait ainsy eust,
Gardoit que trasse n'y parust. 1050

Fust ores de roy, prince, ou conte,
De riche galant ou povre homme,
Selon que la dame me compte,
L'erbecte a coup croist et surmonte
Les trespassez de chacun en somme 1055
Feussent or imprimez en gomme,
Les pas, tout s'en va en fumée,
Par le vent de courte durée,
Je cuydoye la trouver après. *

Les pas au moins des jouvencelles, 1060
En regardant de près à près,
Y employant l'oeil tout exprès,
Fust de dames ou damoisselles,
Mais je n'en peuz ouyr nouvelles,
Si en y a passé cent mille, 1065
Tant de champs comme de la ville,

Leur beaulté ne peu resister
A la deffaicte de leur vie,
Par fard ont voulu persister,
Et par ayde susciter 1070
Aux gens une amoureuse envye.
Maintenant aage les convye
De regretz et pleurs se parer,
[23 ʳᵒ] Et leurs feuz amans separer.

Je ne vy Dido ne Lucresse, * 1075
Ne Sabba, qui tant fut louée,
De toutes les dames de Grece,
Dont Helaine fut la princesse
D'Iseux ne vy, ne de Medée,
Genyevre, qui moult fut aymée, 1080
N'y parut, ne Penelopé,
Ia estoyt leur bruyt decoppé.

Et si de celles de ce temps
Peusse racompter la fortune,

Ja soit qu'aucuns mal soient contens, 1085
L'on trouvera que puys sept ans,
Tel sort est venu sur maint une,
Au fort n'en nommeray pas une,
Mais on peult bien appercevoir,
Si je mens ou si je dy voir. 1090

Brief, tous y vont, rien n'y appert,
Et demeure la voye apperte,
Tant soit l'allant bel et appert,
Saige sçavant et bien expert,
Si convient il, venir à perte, 1095
Helas, la voye est tendre et verte,
Mais il y a faulte dedans,
Car on la passe en bien peu d'ans.

Comment le chemin de Jeunesse
Se depart cy en double adresse, 1100
Dont l'une à bonne fin conduit,
L'autre maine au mondain deduit.

L'Acteur

[23 ᵛᵒ] Or fusmes venus au droit lieu,
Où le chemin fut double voye,
Là eut une croix de par Dieu 1105
Plantée à l'endroit du meillieu,
Qui aux passans sert de montjoye,
De la veoyr j'eu au cueur grant joye,
Et en eusse baisié le fust
[24 ʳᵒ] Si Sensualité ne fust. 1110

Ce chemin, qui plain soulloit estre, *
Illecq en deux si se depart,
Le maindre maine à la main dextre,
Et le grant à la main senestre,
Tous vont voullentiers ceste part, 1115
Lors me souvint et euz regart
Ad ce que compte le tressaige
Pitagorax de ce passaige. *

Ce philozophe tressçavant,
Faisant description planiere 1120
Du chemin que j'ay dit devant,
En parlant, certes, bien avant,
En treseloquente maniere,
Et pour resolution entiere,
Compara le train de jeunesse 1125
A y, caractere en Grece.

Il dit qu'ung grec se commence,
Au moins qui bien le veult pourtraire,
Par ung traict de seulle distance, *
Où point n'y a de difference, 1130
Ains est celle trassé angulaire,
Et puys pour du tout le parfaire,
Au meillieu le convient partir
En deux voyes pour lassortir.

La premiere qui seulle suyt, 1135
Et aux aultres vient condescendre,
Ce philozophe moult instruit,
La compare à l'humain conduyt,
Où tous humains se viennent rendre, *
C'est Jeunesse, fleurye et tendre, 1140
Qui meyne ses entrepreneurs
[24 vº] A bonnes ou mauvaises meurs. *

La voye dextre à bon port meine,
Et au port de salvation,
Mais peu y a qui mettent peine 1145
D'aller au precieux dommaine
De divine fruition,
Je ne voy nulle impression,
Ne pas de personne crée,
Qui voyse par celle contrée. 1150

L'autre chemin tant perilleux,
Qui est sur la senestre main,
Trespenible et tresmerveilleux,

Aux povres passans dangereux
De mille adventure tout plain, 1155
Et toutesfoys tout cueur humain
Y tire, las, je m'en merveille,
Sensualité les conseille. *

Le chemin qui est ample et patent, *
Rien n'y fault planter pour l'enseigne, 1160
Chascun y court et va batant,
Tel sy cuyde aller esbatant,
Qui de mauvaise main se seigne,
Et à la fin fauldra qu'il preigne
Ung tel ploy, voyre, si divers, 1165
Qu'à tousjours, mais sera pervers.

Au sentier fourchu doncques vins,
Par le secours de ma regente,
Lors triste et pensif je devins,
Si j'eusse esté des bons devins, 1170
J'eusse prins la meilleure sente,
Et brief, j'avoys mys mon entente
D'y tirer des foys plus de dix,
[25 ʳᵒ] Mais l'on me dist lors, "qu'o vadis?"

Tourne, tourne, ce me dist lors 1175
Sensualité, qui me guyde,
Prens ce chemin, car tu detors,
Je la creu et tourne alors *
De mon propos soubdain la bride,
A tout peril y a remide, 1180
Or allons, dame, où vous plaira,
Desormais mon cueur vous croyra.

Ainsy le gauche endroit ay prins,
En laissant la plus seure voye,
Sensualité m'a aprins, 1185
Suyvre cestuy et m'a reprins,
Dont, l'autre voulu prendre avoye,
Si en cestuy je me forvoye,

Helas, d'elle vient le deffault,
Mais on dit qu'au besoing elle fault.   1190

Or n'euz alors aultre penser. *
Fors acomplir le vueil d'icelle,
Parquoy taschay de m'avancer
Pour ce chemin commun passer,
Delaissant la bonne sentelle,   1195
Et tant allay avecques elle
Qu'en peu de jours, pour dire tout,
De ce chemin fusmes à bout.

Quant fuz à fin de la frontiere,
J'apperceu lors, dont m'esbahys,   1200
Le port d'une grande riviere,
Tresparfonde, large, et entiere,
Qui traversoit tout le pays,
De le veoir ne me resjouys,
Car il n'y eut ne pont ne planche,   1205
[25 vo] Fors l'eaue clere et toute blanche.

Là, nous convint pourtant venir,
Et tost feusmes sans demeure,
Ne sçay que pourray devenir,
Ne comment pourrons parvenir,   1210
A port s'aucun ne nous sequeure,
La dame, me voyant à l'eure,
Pensif et melencolieux,
Me declaira le nom des lieux.

Comment de Fleurie Jeunesse,   1215
L'Acteur par sensuel apport
Fut mené au fleuve et au port
De toute mondaine lyesse.

Sensualité

[26 ro] Ne t'esbahys, dist elle en rien,
Car tu n'as cause de ce faire,   1220
Icy est l'esbat terrien,

Le fleuve qui produyt tout bien,
Plain de plaisance voluntaire,
Le nom ne veulx celer ne taire,
Chascun l'appelle à voix haultaine, 1225
[26 ᵛᵒ] Le grant port de Joye Mondaine,

Icy vont naigant les mondains,
Qui ayment sensuelle vie,
En ceste eau sont leurs plaisans baings,
Leurs delices et jeux soubdains, 1230
Icy les amaine et convye,
Brief, c'est une chose assouvye,
Ung gué doulcereux aux passans,
Qui s'en esloingne n'a pas sens.

C'est le fleuve d'Amenité, 1235
Le torrent de toute lyesse,
La source de felicité,
Le cours d'extreme urbanité,
La mere de Fleurie Jeunesse, *
C'est la riviere de promesse, 1240
Qui arrouse et lave les cueurs
Des prodigues et gaudisseurs.

Icy vont plustost que le cours,
Pour aller aux champs ou en ville,
Ceulx qui sont gouverneurs de cours, 1245
Il y en passe tous les jours,
Voyre, et à toute heure, plus de mille,
Le nautonnier duyt et habille
N'en met jamais ung en reffus,
Et l'appelle l'on Fol Abus. 1250

Icy passent et vont souvent
Ceulx qui ont leur joye totalle,
Et vont asseurez bien avant,
Ilz y preignent à gré le vent
Sans craindre ruyne fatalle, 1255
Car l'eau est souefve et egalle,

Icy vont roys, princes, et ducz,
[27 rº] Et tous en navire d'Abus.

Icy naigent bien sans faintise,
Papes, legatz, et cardinaulx, 1260
Evesques et seigneurs d'eglise,
Abuz scet assés bien la guyse
De les conduyre en ses vaisseaulx,
Icy vont gallans fringuereaulx,
Et povres amans de karesme, 1265
Brief, tous y courent comme au cresme.

Ia n'est besoing que je les nomme,
Et qu'en face propre devis,
Car au monde n'est femme ne homme,
Et ne sera jamais en somme, 1270
Ne ne fut veu entre les vifz,
Qui n'y ait passé vis à vis,
Fors ceulx qui fortune patente *
Y a noyé quant son vent vente.

Ceulx seullement y sont perilz, 1275
Et demourez au navigaige,
Malheureusement deperitz,
Par les insufflans esperitz, *
Qui sont defortunée raige,
Ceulx y ont souffert du dommaige, 1280
On peult bien de ceulx veoyr l'istoire
Es livres de bonne memoire.

Bocace fist ample escripture
De leur cheute tresmiserable,
Et racompte leur adventure 1285
Par eloquent dictature
Qui est aux lisans aggreable,
Tout son dire n'est mye fable,
Car dès Adam, le premier homme,
[27 vº] Jusques huy, le maleureux nomme. * 1290

Or n'as tu garde du dangier,
Car de faveur le doulx vent vente,
Cestuy ne te peult dommaigier,
Et puis Abus, le passaigier,
Me conduyra par seure sente,   1295
L'emprise te sera plaisante,
Et encores te desplaira,
Dont l'aller si peu durera.

Advançons nous, donc, il est heure,
Le sejour n'est ores duysant,   1300
Icy faisons longue demeure,
En peu d'espace Dieu labeure,
Il n'est riens qui nous soit nuysant,
Le temps est beau, clair, et luysant,
Les ondes ne sont point esmeues,   1305
Ne l'air chargié d'aucunes nues.

Le vent de nort nous conduyra
En la province mondyalle
La clarté d'Esperus luyra, *
Et noz voilles embellira,   1310
Fuyant la part occidentalle,
Si Curus ycy droit devalle, *
Venant des royaulmes rabbatées,
Tost seront les vagues domptées.

Comment [Sensualité] meine *   1315
L'Acteur logier chez Peu d'Avis,
Qui leur compte par ses devis *
L'esbat de la joye mondaine.

L'Acteur

[28 ʳº] La dame ainsy me revella
Le nom de ce commun passaige,   1320
Et en doulx termes m'en palla,
Puys, tantost après, appella
Le patron de ce navigaige,

Affin qu'il nous fist l'advantaige
De nous rendre oultre, en autre part, 1325
[28 ᵛᵒ] Car ia commençoit estre tart.

Mais Abus, qui ne chommoit pas
De faire singler sa gallée,
Qui lors estoit plaine d'ung tas
De playdoieurs et d'avocasez 1330
Traversans l'eau par grant allée,
Pour ce que plaine batellée
De telz gens avoit au vent mys,
Nous dist, "attendez, mes amys".

Ainsy Abus sa nef toucha, 1335
Et nous laissa au port attendre,
Cependant la nuyt s'aprocha,
Et puys le soleil se coucha,
Qui nous fist autre propos prendre,
Car il convint au giste entendre 1340
Et nous retraire, quoy qu'il couste,
Au logis du plus prochain houste.

Là, y avoit tout prés du port,
Ung sejour d'ancienne monstre,
Où maint passant repose et dort 1345
Quand il a failly à son sort,
Et qu'il ne peult lors tirer oultre,
Sensualité le me monstre
Et me dist, ycy, vis à vis,
Est la maison de Peu d'Avis. 1350

Icy, dist elle, logerons,
Si Dieu plaist pour ceste nuytée,
Et ung pou nous reposerons,
Le bon matin nous en yrons
Parachever nostre journée, 1355
Ainsy feusmes sans demourée
Chez Peu d'Avis le bien venus, *
[29 ʳᵒ] Dieu sçait comment entretenus.

Nostre bon hoste, Peu d'Avis,
Attendant que souppper s'appreste, 1360
Nous entretint par ses devis,
Oncques jamais homme ne vis
Qui nous fist si privée feste,
Et après que j'euz fait l'enqueste
A luy du port et des passans, 1365
Il m'en parla selon son sens.

Peu d'Avis

Et me dist, bon temps vous amaine,
Meilleur vent ne povés choisir
Pour passer, car l'eaue est seraine,
Le grant port de joye mondaine 1370
Passerés sans nul desplaisir,
Et bien devés avoir desir,
Quant à vous de faire voyage,
Pour veoyr le monde en si jeune aage.

Ce vous sera louange et paix 1375
En la fleur de vostre jouvent
D'avoir celle hardiesse pris
Traverser le mondain pourpris
Et de mettre la voille au vent,
Il y en passe et va souvent, 1380
Mon gentil homme, sur mon ame,
De telz pour avoir loz et fame.

Mains hostes ont ceans logié,
Attendans la bonne marée,
Disant adieu, prenons congié 1385
Du pays et de leur contrée,
Abus y a mainte denrée,
Car il en passe, ainsy m'aist dieux,
Sans cesser tant jeunes que vieulx.

[29 v°] Et Dieu mercy, il n'y perist, 1390
Longtemps y a femme ne homme,
Si n'est ainsy que l'on me dist

Nagueres ung oraige fist,
Où s'en noya certaine somme,
Je ne sçay comment on les nomme, 1395
Mais l'on m'a dit qu'en ce meslinge,
Mourut le Conte de Comminge. *

Au sort, il eut ce grant meschief, *
Ainsy comme j'ay peu entendre,
Pour ce qu'il nageoyt sans bon chief, 1400
Et si cuydoit, tout de rechief,
Contre tous vens sa voille estendre,
Mais fortune le fist descendre,
Et getta sa nef pour tout voir
En la roche de Trop Vouloir. 1405

Ainsy fut it accravanté
Par ung foible et petit tonnerre, *
Despourveu de bonne santé,
Moult eust il esté lamenté,
S'il fust mort en la franche terre, 1410
Car selon qeu j'ay peu enquerre,
Par avant il fut reputé
Ung des saiges qui ayt esté.

Maintz autres pourroye alleguer,
Qui illec ont souffert nauffrage, 1415
Lesquelz on y a veu vaguer,
Et maleuretté les vaguer *
Par ung periclitant oultraige,
Mais trop seroit long mon langaige,
Par autres le pourrés sçavoir, 1420
Rien n'y vault le ramentevoir.

[Comment pour celle nuyt repose l'Acteur chez Peu d'Avis, et a tant fait la conclusion du premier livre de son oeuvre.] *

L'Acteur

[30 ʳᵒ] A tant se teust Peu d'Avis, el plus ne vault au long compter du perilleux mondain passage, doubtant pour le trop alleguer des gens perilz, et suffoquez en celle mer que mon propos ne variast et que pour paour d'y en [30 ᵛᵒ] courir quelque dangier, ne voulsisse retrograder, et sur mes pas faire brisée, mais ores n'ay si bon loysir d'y penser, car ia m'avoit les yeulx couvers d'ung bendeau d'obfusquent desir celle mienne maistresse, Sensualité, qui escoute tout ce devis, et par son charme trop subtil boucha alors mon sens d'ouyr si que ne peuz avoir esgard pour penser des naufragans en celle mer la mort piteuse, ains tout hardy et asseuré creut lors forment de moitié près mon vueil soubdain d'oultrepasser cestuy grant fleuve pour parvenir au tresbon pays où je desire et veulx tendre. A quoy yray longs motz disant. Tant me loua lors Peu d'Avis, celle entreprinse que plutost eu à nager mys tous mes cinq sens au peril. Or d'y recevoir mort dommaigeuse pour traverser le gué plaisant que demourer à celle fois sans tyrer oultre. Car tant avoit atysé lors le brasier de tout mon vouloir ma gouvernante que ce sembloit à mon cuyder petit ruysseau d'une fontaine assés facille et bien aisié pour tost passer. Et comme ung second Icarus ou Pheton le fol jouvencel avoye ia apresté mes esles de folle entreprinse pour transvoller, non seullement cestuy grant fleuve, ains surmonter par hault vouloir, appuyé de vaine creance la cacumineuse apparence des Mons Perriennées, transfreter, si mestier est, l'occeane tresperilleux, approchant icelles bournes qu'on dit par Hercules plantées aux mettes de la terre Esperie. En ce propos deliberay de voyager quoy que m'avint. Et pour du tout rendre assoupy mon bon remors si j'en avoye en tel devis que j'ay sus dit, me delivra lors Peu d'Avis, nostre hostellier, par maniere d'amyable recreation pour l'apres souppée ung beau bourdon fort et ferré pour me appuyer quand las seroye. Et si me dist, le me livrant, qu'à tous passans cestuy quartier en donnoit ung exquis et propre comme il affiert à pellerins qui loing cheminent. Cestuy,

doncques, paint et doré il me livra et le tyra *[31 rº]* de son
tresor ensemble une amusive escharpe, tyssue de folles
oeuvres et de mauvais pensemens, et si me dist.

Peu d'Avis

Beau doulx amy, pour esmouvoir et recueillir en la chambre de vostre cueur la souvenance de moy quant loing serés 1465
pour aussy bien plus sainement et mieulx sans paine pere-
grer et transcourir où vous tyrés, ce beau bourdon *[31 vº]*
de moi aurés, qui sera vostre, dont moins ne devés considerer de quelle bonne voulenté le vous livre que la precieuse paincture qui le rend advenant et beau, et l'avoys 1470
longs jours ia destiné à homme preux, entrepreneur tel que
vous voy. Et Folle Acoustumance le nommay quant je l'euz
fait. Or, le prenés et seurement vous appuyés sur cestuy
cy, car pour certain ia ne ployra soubz vostre charge. Et
puys du tout vous assortir ainsy que doit bon pelerin son •1475
chemin faire, de ceste escharpe precieuse et riche vous veulx
parer. Si vous dy bien que maint passant fust roy, fust
prince, fust fol ou saige de telle ou semblable armoyrie au
partir pour son cours parfaire s'est bien voulu fort decorer
et fust bureau ou riche soye son doz aorner de ceinture. 1480
Icelle donc que de bon cueur vous offre, non desdaigneuse-
ment accepterés, car en tous lieux où passerés par l'advenir
serés loué et regardé de maintz et maintes pour telle enseigne, et se nomme sans faillir ceste escharpe Oultrecuydance. Or, vous povés acheminer moult humblement quant •1485
vous plaira le jour venu, car escharpe avés et bourdon de
riche monstre et moult plaisante, desquelz seront plusieurs
parez et ont passé plus seurement tout le pays ou vous tyrés
en celle vie transitoire.

L'Acteur

Ainsy me pourveut Peu d'Avis, nostre bon hoste, de 1490
bourdon et de neufve escharpe dont moult me reputay à
luy obligié et parfoys innumerables, le voulu lors remercyer
du bel offre qu'il m'avoit fait et si mon propos estoyt ferme

ycy devant, dès aussytost que j'euz saisy cestuy bourdon et
ceint l'escharpe tant dorée à veue d'oeil, commença lors 1495
croistre à paroir mon envieux desir de traverser la mer mondaine. Toutefoys, la nuyt prochaine empeschoit [32 ʳᵒ] pour
celle foys d'executer ce que trop me tarde d'acomplir, et qui
plus sera nuysant que proffitable devant la fin de mon entreprinse. Or doncques je, estant en nouveau penser et vouillant 1500
en l'affaire d'estourdie jeunesse pour celle heure, fuz attaché
de non povoir d'illec partir jusquez au lendemain que jour
paroisse. Et cependant fut du couchier sollicité par la dame
qui me convoye, laquelle avoit en ces entrefaictes de mon
giste tresbien pensé et me mena nostre bon hoste, Peu 1505
d'Avis, jusques au lict, lequel estoit encourtiné de Vaine
Gloire, et les linceulx blancz et souefz qui par la lingiere et
meschine de leans, dicte Mauvaise Discipline, avoient deli-
cieusement esté posez en mon cubile. Là, doncques tantost
je me mys attendant l'heure matutine, et la dame qui de 1510
moy avoit soing, nomée Sensualité, eut là auprès son finitive repositoire où elle print son bon repos. Or, Dieu nous
doint bientost le jour, car c'est là rien que plus je veulx
pour parvenir où je desire. Et atant ores feray fin au premier
livre de mon oeuvre. 1515

 Cy finist le premier livre de cest oeuvre et commence
le second.

L'Acteur

[32 ᵛᵒ] Le lendemain sur la poincte du jour
  Que la dame du matutin sejour,
  Dicte Aurora, prepare sa grant salle 1520
  En region et part orientalle,
  Et qu'elle veult de rubis et ballaiz
  Enluminer son radieux pallais,
  Le decorant de couleur rubisique
[33 ʳᵒ] Pour le rendre parfaict et auctentique, 1525
  Lor s'esjouyst et euvre sa grant chambre
  Plus redollant, souef, que ne fait ambre,
  Et fait alors sumptueux appareil
  Pour recepvoir en son logis vermeil

Le Dieu Phebus donnant clarté au monde, * 1530
Que tant elle ayme et d'amour si parfonde,
Que de Titon, son mary, trop debile,
Elle habandonne et laisse le cubile
Pour recueillir en gratieux baisiers
Son doulx aymant et faire les aisiers, * 1535
Si comme ilz ont, par diuturne maniere,
Acoustumé leur amour journaliere,
Qui point ne fault, ains dure et a duré,
Car à cela est leur vueil aduré,
A ce les meut nature naturante, 1540
Et en leurs faitz parfaicte nature hante,
Dont, par icelle et deue convenance
Est en tous lieux paisible concordance,
Si que tousjours demoure la machine
Entre les mains de la bonne meschine 1545
Que nous nommons Nature naturée,
En seur estat et parfaicte durée,
Et par le cours et revolitant gire
De ce Phebus, seigneur du cler empire,
Est conferé aux choses de çà bas 1550
Ung secret que chascun ne sçait pas,
Oultre le bien et grace elementaire,
En tant qu'il n'est si saige lapidaire,
Si congnoissant l'emolument de tout,
Qui à peine en sceust trouver le bout, 1555
Sinon qu'il eust une grace divine
Pour bien bescher en su parfonde myne,
Où que tant eust son cueur aux livres mys
Que ce sçavoir lui fust de Dieu transmys,
Si est pour vray, par commune sentence, 1560
[33 ⱽᵒ] Celle vertu dicte la quinte essence,
Dont, qui au vray sçauroit ce qu'elle vault,
Jamais n'auroit en me monde deffault,
J'entens de biens adonc par maladie,
Si ne seroit sa personne enlaydie, 1565
Ains tost pourroit donner force et vigueur
Au patient de mortelle langueur,

Et qui pourroit user de celle chose,
Richesse aucune ne luy seroit enclose,
Et si n'y a chose si bien absconse, 1570
Que l'en ne vist qui en auroit une once,
Car par regards et moyens transparans
L'en pourroit veoyr par dehors et par ens.
Mais trop au fort de mon propos d'esloingne,
Et mal entens aussy ceste besoingne, 1575
Tout homme doit selon son sens ouvrer,
Et pourchasser ce qu'il peult recouvrer,
Investiguer chose de trop hault pris,
Trouble souvent mouvemens et espris,
Si que celluy qui fut tenu sçavant 1580
Sera jugé très lourd doresenavant,
Or, est raison que mon propos consuyve,
Je, desireux doncques, venir à rive,
Et droit au port de ce mondain trespas,
En celle nuyt je ne me monstray pas, 1585
Estre frappé de verge sompniale,
Mais aussytost que j'eu l'orientale
Aube du jour congneue à ce matin,
Et jouy de l'oyseau matutin,
Le chant journal qui denonce lumiere, 1590
De lict yssy et ne demoure guere, *
Que ne fusse promptement incité
Par le resveil de Sensualité,
Lors m'abillay, prenant robbe et pourpoint,
Pour desloger et si n'oubliay point 1595
Mon escharpe faicte d'outrecuydance,
[34 r°] Et le bourdon de folle acoustumance
Que Peu d'Avis me donna en pur don,
Si prins doncques et escharpe et bourdon.
Au port m'en voys affin de tyrer oultre, 1600
Sans messe ouyr ne dire patrenostre,
Sans invoquer à l'heure sainct ne saincte,
Mais aussytost qu'euz mon escharpe ceincte,
Après que j'euz dit à mon hoste adieu,
La dame et moy nous rendisme au lieu 1605

Auquel Abus, le nautonnier tressaige,
Nous actendoit à ce commun passage, *
Incontinent, entrasmes en la barque
De ce puissant et souverain tetrarque,
Nommé Abus, qui tous les pelerins 1610
Fait tranfreter parmy ses portz marins,
Et les conduyt en sa simple nasselle
Sur les ondes de la joye mortelle.

Là donc entray ung second jour de may,
Laissant tout dueil, desplaisance, et esmay, 1615
Car nostre nef ne fut point flagitée,
Ains doulcement par faveur agitée,
Bien se monstra à nostre amy au besoing,
Le roy des vens, Eolus, car le loing
De son pays et terre transmontaine 1620
Il nous tremist la gracieuse alaine
De Zephirus, le delicieux vent,
Qui si tresbien nous passa en avant,
Avec layde et bonne experience
Du nautonnier, que tost sans demourance 1625
De la terre nous fusmes elonignés,
Et seullement au fleuve embesonignez,
Pour advancer la trifreme navire,
A celle fin qu'aucun vent ne la vire
Au perilleux gouffre de Caribdis, 1630
Où maintz passant y ont souffert jadis
[34 ᵛᵒ] Piteux nauffraige et force ruyneuse,
Cruelle mort et ignominieuse.

Ainsy feusmes ensemble pour ung temps,
Mieulx qu'à souhaict sur les ondes flotans, 1635
Et à part, moy seul je m'esjouyssoye
De quoy se bien à mon gré jouyssoie, *
D'ung tel plaisir soubz la franche riviere,
Qui moult nous fut pacifique et entiere,
Le vent eusmes transquille et moult à gré 1640
Pour demourer à jamais au degré,
Ce nous sembloit de grant beatitude,

Mais ung orage impetueulx et rude,
Tost se leva de la senestre part, *
Qui nous hurta sans y prendre regard, 1645
Et fist enfler par soubdaine arrivée,
Ce fier torrent tant que l'eau desrivée
Ja sembloit estre et aux astres attaindre,
Si euz alors matiere de me plaindre,
Et bien congneu, à veoir cas si amer, 1650
Que telle estoit la fontaine de mer,
Aulcunesfoys souefve et pacifique,
Et plus souvent rebelle et lunatique,
Mesmement celle sur qui je voys nagent,
Où peu dure homme s'il n'est trop diligent, 1655
Ainsi mua nostre bonne fortune
En peu d'heure par ruyne importune,
Car je vy lors nostre nef approuchier
Du menassant et dangereux rochier,
Là où stila au ses sons glapissans, 1660
Par ses attraictz doubteux et tapissans,
Fait maint vaisseau souvent pericliter,
Et les ondes du grant fleuve inciter,
Pour devorer en abisme profonde *
Ceulx qui vont oultre investiguer le monde, 1665
Et puis jouy des seraines le chantz,
[35 ʳᵒ] Qui font noyer les abusez meschans
Par leur musicque enorme et fraudulente.
Donc, commençay faire chiere dolente,
Et ia estoys contrict et repentant 1670
D'avoir oncques obey, ne creu tant,
Aux blandimens de celle qui me guyde,
Mais tard me plains, car plus n'y a remide,
Ains fault aller quoy qu'il soit du surplus,
De remede maintenant n'y a plus, 1675
Moult me despleut d'avoir fait l'entreprinse,
Mieulx m'eust valu autre voye avoir prinse,
Mais maintenant n'y vault le repentir,
Donc, me convient telle douleur sentir,
On peult trop mielx folle chose et inepte 1680

Reprendre, helas, qu'amender quant est faicte,
L'on peult reprendre assés aiseement,
Mieulx qu'amender ung fol consentement,
Et si j'ay dont folle oeuvre consentie,
Las, de moy vient la paine qu'ay sentie, 1685
J'ouy doncques les faulx enchantemens
Des seraines et leurs enhortemens,
Pour decevoir soubz couverte pareure,
Las, nostre nef en la mondaine alleure,
Ia estions en leurs mains transgloutis, 1690
Par leurs tyrans et dangereux oustilz,
Dont, fus surprins comme homme en estasie,
Troublé de sens et hors de fantasie,
Alors Abus, qui sçavoit son trespas,
Qui telz monstres, certes, ne doubtoit pas, 1695
Voyant aussy ma paoureuse maniere,
Feist estendre sa très large banniere
Au hault du mast pour la veue tollir
De l'hydeux monstre et mon dueil abollir, *
Si fut, certes, celle banniere paincte 1700
D'amusement et de mondaine saincte,
Tant qu'en effect les diverses couleurs

[35 ᵛᵒ] Faisoient changier aux passans leurs douleurs,
Car de couleur et grise et jaune et verte,
De blanc et noir fut parée et couverte, 1705
Si m'amusay à en veoir le devis,
Tant qu'à plus riens, certes, ne prins advis,
Et puis Abus, qui bien sçait la praticque
D'entretenir les gens par sa musique,
Commença lors pour mon dueil oublier 1710
De ses chançons nouvelles ung millier,
Et entre autres en voguant la galée,
Chanta ung lay de telle ratelée.

Le Lay d'Abus

[36 ʳᵒ] Ô jeu Neptunus qui avés le regime
De l'occeane et du parfond abisme, 1715
Qui moderés par ung tridant doubtable

L'aquatique province moult infinie,
Et preserver de debat et de cisme
Le cours des eaues, qui ne soit dommageable,
Avec Thetis, vostre amye accointable, 1720
[36 ᵛᵒ] Et si vous fut, par ung sort delectable,
Distribué ce royaulme clementique,
Soyés nous huy prospere et secourable,
Et si mon chant est d'obtenir capable,
Conduysés nous au sentier viatique. 1725

Ô vous, Triton, qui faictes retentir,
Par voz doulx sons, et à paix consentir
Tous les fleuves des ondes equorées,
Et en iceulx faictes l'amour sentir,
Aux dieux marins et leur vueil assentir, 1730
Pour les nymphes nayades decorées,
Dont les maintes si sont moult esplorées,
Quant sans enfans elles sont demourées,
Mesmement vous, Naÿs, noble deesse,
Bien furent lors voz joyes devorées, 1735
Et vostre espoir souffrit maintes orées,
Lorsque Glancus vous laisse en tristesse. *

Ô, Hesperus, luciferant planette,
Lueur tresclere et apparant comette,
Qui esclairez aux navigans la mer, 1740
Blanche et pollye, entre autres la plus nette,
Que tout passant et pelerin couvoicte,
Et que chascun voyageur doit aymer,
D'aussy bon coeur que vous vueil reclamer,
Et vostre nom hault louer sans blasmer, 1745
Soyés nous huy secourable et feconde,
Par tant de foys vous ay voulu nommer
Qu'on ne pourroit à jamais estimer,
Comment Echo, pour vous louer, redonde.

Pere et seigneur du nagent excercice, * 1750
Palimirus, qui tant feustes propice,
Que de la nef troyenne et dardanide *

[37 ro] Foustes patron en su seure police,
Que leurs voyles jusques au pays de Lisse, •
Dictes Dido, vindrent par vostre guyde, 1755
Et bien leur fist besoing vostre remyde,
Comme Virgille et le poëte Ovide
Le racomptent en leurs treshaulx escripts,
Et toutesfoys Sompnus fut homicide,
Quant vous getta dedans la mer limpide, 1760
Dont en cas fist maintz doloreux crys.

Patron parfact de galée tresdigne,
De qui je vueil l'imiter la doctrine,
Pryés ores l'excellent Neptunus,
Que son sceptre nous soit doulx et benigne, 1765
Nous preservant du suffocuant ruyne,
Et que soyons en joye entretenus,
Et vous, Charon, qui n'en espargnés nulz,
Ains tost passés où climat d'Avernus,
Parmy Lethers, le fleuve d'oubliance, 1770
Ceulx qui s'en vont de cestuy monde nudz,
Là bas au val qu'on appelle Infernus,
Faictes nous par de vostre grand science. •

L'Acteur

Ainsy fina son lay fatal atant,
Et pour du tout me faire aise et contant, 1775
Fist lors sonner ses clairons et bucynes,
Ses trompettes, et fleustes argentines,
Pour corrompre la marine grevance,
De menestriers avoit à souffisance,
Entre autres eut curialle fainctise, 1780
Large promettre, aussy nouvelle guyse,
Puis Fol Delict, Espoir, et Doulx Attraict,
Ceulx cy chantoyent, certes, si à souhait,
Que bien pensay en Paradis lors estre,
Et onc n'ouy de chanter si bon maistre, 1785
Qui decoupast virelais ne chançons
[37 vo] Si doulcement ne en si plaisans sons,

Lors voys et viens au plus hault de la hune
De nostre nef, remerciant fortune,
Puys je traverse et tilhart et chasteaulx, 1790
En regardant souvent par les creneaulx, *
L'esbat plaisant de la joye mondaine,
Prenant soulas au son de la doulceyne
De Fol Delict, qui souefvement chante,
Et par son sens m'aveugle et si m'enchante, 1795
Tant que je n'ay advis ne pensement
Au grant peril où fuz prochainement,
Et si ne voy la piteuse adventure
Preste à venir que danger me procure,
Ains je m'en dors tout en vice alité, 1800
Au beau giron de Sensualité,
Qui m'apignaude et me grate la teste,
Et si me fait une privée feste,
A l'une fois me baise et si m'acole,
Comme s'elle fust pour trop me cherir folle, 1805
Aussy souvent me chatouille et me tient
Entre ses bras où elle m'entretient, *
Et ja ne craint son amy m'appeller,
Pour mieulx me taire et plusfort me celler
Mon advenir et fortuit dommage. 1810
Ainsy me tient prisonnier en la cage
De son vouloir, et fait ce qu'elle veult
De moy, helas, dont trop le cueur se deult,
Et plus fera se je n'y remedie
Quelque chose que sa bouche me dye, 1815
Mais de tel saulce elle me va brassant,
Brouet aigre que ne suys congnoissant,
Et si me fait, certes, de tel pain souppe,
Qu'à veue d'oeil il fault que je me couppe,
Et que me brusle en oyant le chant d'elle, 1820
Si comme fait papillon à chandelle,
Ainsy doncques Abus me detenoit,
En plaisans sons et si m'entretenoit
[38 ʳᵒ] Sur les ondes de la joye mondaine,
Cuydant, helas, qu'elle fust non soubdaine, 1825

Mais en plaisir durable et permanente,
Par le conseil aussy de ma regente,
Qui abolist ma reigle de bien vivre,
Et peu retins ce que dit en son livre,
L'excellent clerc et tresexpert valere, 1830
Parlant du monde et de la grant misere
De Fortune, de tous ses mouvemens,
Qui ne sont fors qu'aspres amusemens,
Et fait aulcuns pour ung temps prosperer,
Pour plus les faire après desesperer, 1835
Mais Fol Espoir d'avoir longue plaisance,
Monstra pour lors de ce la congnoissance,
Et follement au sons d'Abus trepoye,
Sans pourchasser en ce monde aultre proye.

Comment l'Acteur sur ceste mer, 1840
Veyt des corps humains moult grant nombre,
Mort et transis par grief encombre,
Qui moult luy fut dur et amer.

L'Acteur

[38 ᵛᵒ] Or, ainsy donc en telle nourriture,
Envelloppé ung jour à l'adventure, 1845
Que le temps fut serain et moult duysant,
Le soleil cler, radieux, et luysant,
Qu'Abus menoit nostre nef à sa guyse,
Au sons plaisans de mondaine faintise,
Je me mys lors sur le bort du vaisseau, 1850
[39 ʳᵒ] Pour contempler la distance de l'eau,
Et si nef une adventure verroye,
Donc, de la veoir esjouyr me pourroye,
Las, toutefoys mal exploictay mes yeulx
Pour joye avoir, car je vy en ses lieux, 1855
Sur celle mer tressaulcé et perilleuse,
Ung accident d'orreur moult merveilleuse,
Ung cas si dur qu'à peyne racompter
On le pourroit, sans bien fort lamenter,
Helas, ainsy que ma veue exploictoye, 1860

Et que tout seul sur le bort m'esbatoye,
Je vy sur l'eaue ung tas de corps humains,
Les ungs transis, autres joignans les mains,
Sur mer flotant par merveilleux encombre,
Et si estoit d'iceulx si grant le nombre, 1865
Qui bien eust sceu celluy art d'algorisme,
Qui en eust peu d'iceulx compter la disme,
Las, je les vy sur la grant mer flotans,
Puys çà, puys là, l'ung contre l'autre hurtans,
Selon que l'eaue et les ondes les mainent, 1870
Ainsy entreeulx sans ordre se demainent,
Desheritez de soulas et de vie,
Les ungs navrés, les autres par enuye
Destituez d'esperance totalle,
Les autres mors par ruyne fatalle, 1875
Et tant plus loing alors mes yeulx gettans,
Plus y en vy de noyez, voyre, tant,
Que ja n'eusse pensé qu'en tout le monde,
Eust tant de gens comme il eut en celle onde,
Ne que jamais nature en eust tant fait, 1880
Comme j'en vy de perilz en effect,
Si ne sceu lors qui fut varlet ou maistre,
Qu'à peyne j'en peu quatre congnoistre, °
Aux ungs je vy habillemens de roy,
Autres vestus à l'ancienne loy, 1885
Je vy sur l'eau floter seaulx et lectres,
[39 ᵛᵒ] Dyademes, couronnes, et grans septres,
Les ungs armés estoyent, autres tous nudz,
Et toutesfoys assés peu j'en congneuz,
Car les vagues de mondaine plaisance 1890
M'en osterent pour lors la congnoissance,
Mais en ce point que jectoye mon oeil,
Voyre, en pitié je vy près ung sercueil,
Long et pactant que les ondes pousserent
Jusques à moy, et si près l'approucherent, 1895
Que je peu, las, congnoistre la figure,
Le corps entier en vraye pourtraicture,
Mort et transy en piteuse souffrance,

Du dernier mort et du grant Roy de France,
Nommé Loys, onziesme de ce nom, 1900
Qui tant fut crainct et tant eut de regnom,
Qu'en son vivant estoit sa renommée
Par tous climatz ramenteue et nommée,
Qui tant conquist, qui tant fut plain d'honneur,
Si liberal, et tant large d'onneur, 1905
Qui tint la France en paix universelle
Et dechassa l'angulaire cautelle,
Qui tant bastit d'esglises et monstiers,
Dont son renom transvola maints cartiers,
Qui fist luyre l'estandart de justice, 1910
Sur la treshault montaigne de police,
Qui en fleur de ses tresjeunes ans,
Fist grant moleste à tous les Allemans,
Qui bien conquist à leur tresgrant vergoingne,
Tous les souldars du pays de Bourgoingne, 1915
Qui eut le cueur si tresgrant en effect,
Que rien n'emprint oncques qui ne fust fait,
Et maintenant je voy son corps transy,
Palle et deffaict floter à la mercy
Des grandes ondes et petite closture, 1920
Comme chose gectée à l'adventure,
Dont, j'euz frayeur de veoir ung si grant roy,
[40 r°] Piteusement mené en tel arroy,
Que j'avoys veu des ans n'y eut pas six,
En grant triumphe au chasteau du Plessis, 1925
Estre obey plus qu'oncques ne fut homme,
Craint et doubté, voyre, jusques à Romme,
Oultrepasser les bournes d'Hercules
Par ses gestes, qui pas ne furent laidz,
Et maintenant en la grant mer mondaine 1930
Le voy noyé par une mort soubdaine,
Ha, benoist Dieu et que cest povre attente
Mettre son cueur en mondialle tente,
Et bien est cil despourveu de bons sens,
Qui travaille pour milliers ne pour cens, 1935
Soit roy, soit duc, helas, c'est chose voyre,

Tout tend à fin et perist la memoire
Des plus louez au son des saintz et cloches, *
Et pour tout n'ont que grant fuyte de torches,
Ainsy s'en va le corps à pourriture,   1940
Et la povre ame en doubteuse advanture,
Selon qu'elle a envers Dieu perpetré,
Du mal ou bien son salut impetré,
Et aussytost que la povre charoingne
Est mise en terre, en fuyte, et en esloingne,   1945
N'en sera plus nouvelles par après,
Voylà comment la mort fait ses apprestz,
Pour suronder en la nef abusive
Tous les humans, sans trouver port ne rive.

Ainsy plaingnoys de ce bon roy le sort   1950
Que j'ay veu vif, ores deffait et mort,
Et en ce point que je le regrettoye,
Et que ma veue en pitié lui gettoye,
Je vy ung corps qui du sien s'approucha,
Et que la mer pa grandes ondes toucha   1955
Jusques à lieu où bien le peu congnoistre, *
Car à grans flotz sur le costé senestre
[40 v°] Alloit vaguant et s'arestoit parfoys,
Donc, je congneu que c'est le duc Françoys,
Jadis seigneur de toute la Bretaigne,   1960
Que mort avoit, comme ung filet d'araigne,
Rendu confus par armes dissonnantes,
Et fouldroye en sa ville de Nantes,
Où fortune luy fist ung tel deluge
Qu'experience en peut bien estre juge,   1965
Et luy, qui eut si longs jours prosperé,
De griefz assaulx fut or exasperé,
Et vit reluyre en sa foible frontiere
Son adverse et victrice banniere,
Dont mal fut il ja viel recompensé   1970
Des grans soulas que jeune eut pourchassé,
Et vit perir, par cruanté deffaicte,
Ains que mourir sa plus seure rectraicte,

Ainsy Abus, son vueil extermina,
Et en douleurs son dernier jour fina, 1975
Ainsy le vy d'avanturée eschoitte,
Illec flotant en une biere estroicte,
Envelopé pour tous royaulx honneurs,
Du sang des siens, de larmes, et de pleurs,
Dont j'ay frayeur et pitié douloureuse 1980
De veoir ainsy face seigneurieuse
Vagabonder par fortune soubdaine
Sur les ondes de la grant mer mondaine.

Et quant ainsy je complaignoye à part,
Son cas fatal je vy par l'autre part, 1985
Ung corps venir par inundation,
Qui bien sembloit d'estrange nation,
Et descendu de grande geniture,
Ne sçay quel sort, aussy quelle advanture,
Le transporta jusqu'à nostre manoir, 1990
Vestu avoit robbe d'ung veloux noir,
Et tant vint près qu'une playe je vys

[41 r°] Dessus sa face et sus son trescler vys,
Qui transperçoit tout le chief d'oultre en oultre,
Ainsy que bien la veue le me monstre, 1995
Et près de luy dont moult fuz regrettant,
Je vys le boys et la lance flotant,
Par laquelle sa vie fut estaincte,
Qui encores de son sang si est taincte,
C'estoyt pour vray le bon Duc d'Albanie, * 2000
Helas, tost fut sa plaisance bannye,
Quant en jouste pour mieulx s'exerciter,
Mort le voulut si tost desheriter,
Et fut tué toutesfoys sans malice,
Et sans advis au plus près de la lice, 2005
De grant soulas vint il à grant malheur,
Et de grant joye à plus grande douleur,
Las, en France n'eut pas longue durée,
Et moult luy fist la mort courte durée,
Dans et de jours qui en telle saison 2010

Le despouilla de sa jeune toyson,
Ainsy nageoit sur l'eaue ce piteux corps,
Dont j'euz grant dueil, car quand je fuz recordz
De l'avoir veu en joye souveraine,
Las, non pensant d'avoir mort si prochaine, 2015
Voyre, et cuydant bientost en son pays
Faire retour, assés fort m'esbahys
De la pitié mortelle et despiteuse,
Qui si acoup est faicte dommageuse,
Et bien pensay n'estre lors seurement, 2020
Voyre, et que cil, qui tant m'asseure, ment,
Quant si grans gens et de ma congnoissance,
Je vy perir en mondaine plaisance,
Où tant de peine ont souffert et senty,
Et ne les ont de ce mal garenty 2025
Leur grant avoir, ne beaulté, ne jeunesse,
Force, ne sens, ne leur grande richesse,
Et las, et moy qui ne suys de tel ranc, °
[41 v°] Comment pourray de ce mal estre franc,
Cela me semble et bien est impossible, 2030
Trop entreprendre est souvent moult nuysible,
Or, Abus au vent la voille mys,
Au sien vouloir, non au mien, suis soubzmys,
Ainsy doncques, de ce jeune seigneur,
Plaingnoys la mort, si euz cause greigneur 2035
De lamenter, car tost et en ce jour,
Je vy ung corps troter sans nul sejour,
Moult agité par la grande bouffée
Du vent soubdain, de fresche renommée,
Qui par grans flotz le gectoit contremont, 2040
Et venoit droit du cartier de Pimont,
Tirant vers nous sans ordre ne sans voye,
Helas, c'estoit le feu Duc de Savoye, °
Que mort avoit tout de frais assommé,
Luy, qui estoit de toutes gens nommé 2045
L'ung des parfaicts qui tint oncques province,
Et maintenant ce povre jeune prince
Est suffoqué ainsy que vous voyez,

Et va errant avec les forvoyez,
Son corps transy estendu soubz la lame, 2050
Je pry à Dieu au moins qu'il en ait l'ame
Bien peu me doy en mon espoir fier,
Puisque la mort a osé deffier
Ung tel seigneur de parenté royalle,
Et toutesfoys en sa pompeuse salle, 2055
Entre ses gens et ses prochains amys,
Celle Attropos oultreement a mys
Sa darde en luy par rigueur clandestine,
Oultrepassant vertu de medecine,
Las, à celle heure acoup il me souvint 2060
Comment en France, en si grant pompe vint,
N'a pas ung an et en si grans destours
Fut recueilly en la ville de Tours.

[42 ʳᵒ] Ô mort mordant, et destinée à mordre,
Qui mors à mort sans mesure et sans ordre, 2065
Comment as tu celle hardiesse pris
D'avoir deffait homme de si hault pris,
Tant regretté en son adolescence,
Cousin germain de Charles, roy de France,
Tant beau, tant doulx, plain de moeurs, sans deffault, 2070
Où de vertus pas une ne deffault,
Et toutesfoys la cruelle malice
A fait de luy son derrenier sacrifice,
Dont suis dolent, mais peu deuil y vault,
Car tu n'oys riens, tant saiche on crier hault. 2075

En cest etat et en complainctz segretz
Brassoys mon dueil et faisoys mes regretz,
Voyant les corps de tant d'hommes perdus
Sur ceste mer semez et espenduz,
Tant qu'elle en fut couverte et arrousée, 2080
Et en maints lieux de sang humain rousée,
Dont j'euz pitié et craincte tout ensemble,
Voyre, si tresque je tressue et tremble
En mauldissant ma dure destinée,
Qui à tel grief estoit presdestinée, 2085

Jeu neptunes qui aues le regime
De lontaine et du parfond abisme
Qui moderes par vng tridant doubtable
La aquatique prouince moult infime
Et preseruer de debat et de cisme
Le cours des eaues qui ne soit dommagable
Aux thetis voster ampz acoutable

Congnoiss pour certain
Que tu nes pour voyage long ʒ tain
Parachevir ne grant chose entreprendre
Quãt si souuet te voy si peur surprendre
Et effraye côme vng cueur feminin
Qui na apens de faire long chemin
Ce neantmoins recuse ta ieunesse

Et si larmes m'eussent peu riens valloir,
J'en feiz assés pour mains cueurs esmouvoir,
Mais là ne vault souspir, ne pleur, ne larme,
Car la durté des voyans est trop ferme,
Ia soit pourtant que de craincte ont assés   2090
Ceulx qui tost sont de bien aymer lassez,
Et tant usé chascun de telle chose
Qu'on ne sçait huy où loyaulté repose,
Ainsy doncques je pleuroys non à tort
Les cas soubdains des hommes sur le bort   2095
De ceste nef où Abus me charroye,
Et en ce point que seul me conqueroye,
La dame vint à qui j'euz promis foy
[42 v⁰] Premierement, et se tyra près moy,
Et quant elle eut de mon pleur congnoissance,   2100
Comme celle qui en a desplaisance,
Me dist telz motz ou parolle semblable.

Sensualité

Homme inconstant, fragille, et variable,
Ductible à peur et mal recongnoissant
Le bien, l'honneur que tu vas pourchassant,   2105
Prevaricqué par petite rencontre,
Qui de ton eur veulx aller à l'encontre,
Et veulx fuyr le bien qui t'est promis,
Or congnoys je que tu es moult remis
De ton propos et voulenté premiere,   2110
Puisque ta face est si tost coustumiere
De faire dueil pour ung pou travailler,
Et toutesfoys tu ne peulx trop veiller,
Ne trop souffrir se bien le scez entendre
Pour tel tresor acquerir et comprendre,   2115
Car il n'y a si grant au monde né,
Qui ne voulsist avoir habandonné
Cueur et vouloir à la mercy des ondes
Pour obtenir richesses si profondes,
Et n'y a jour que cent mille ne taschent   2120
D'y parvenir, et leur vueil y attachent,

Doncques, te doys plainement asseurer,
Sans plus si fort lamenter ne plourer,
Car tu n'es pas le premier, sans doubtance,
Qui a passé la mondaine plaisance, 2125
Autres y ont passé et passeront,
Autres y ont nagé et nageront,
Tant que le monde aura en soy durée,
La nef d'Abus sera moult implorée,
Et se tiendront eureux et fortunez 2130
Ceulx qui seront en icelle menez,
Laisse doncques le dueil qui te poursuyt, *
Car tu ne voys encor quel bien te suyt.

L'Acteur

[43 ʳᵒ] Helas, Dame, j'ay cause, à mon advis,
De lamenter quant je voy vis à vis 2135
Mon mal prochain en ruyne soubdaine,
Quant j'apperçoy en la grant mer mondaine
De corps humains une telle caterve,
Tous destrempez de mortelle conserve,
Que j'ay veu, las, d'autresfoys prosperer, 2140
Et maintenant en leur fin labourer,
Que j'ay veu sus, maintenant au plus bas,
Que j'ay veu suyvre et dances et esbas,
Et que j'ay veu louer et requerir,
Et maintenant piteusement mourir, 2145
A qui j'ay veu des gens si longue fuyte,
Et maintenant leur vie estre destruicte,
A qui j'ay veu sceptres et grans joyaulx,
Et maintenant souffrir tant de travaulx,
A qui j'ay veu grosses et haultes mytres, 2150
Et maintenant ont perdu tous leurs tiltres,
A qui j'ay veu gouverner les grans cours,
Et maintenant leurs plaisirs sont si cours,
A qui j'ay veu l'honneur et le credit,
Et maintenant leur espoir interdit, 2155
A qui j'ay veu cliner et supplier,
Et maintenant leur memoire oublier,

A qui j'ay veu tant d'offres et de dons,
Et maintenant vous voyés leurs guerdons,
A qui j'ay veu souvent changer d'avis, 2160
Et maintenant ont perdu leurs avis,
A qui j'ay veu ronde taille tenir,
Et maintenant tant de maulx soustenir,
Lesquelz j'ay veu en triumphe reluyre,
Et maintenant fortune les destruyre, 2165
Avec lesquelz j'ay couru et gallé,
Et maintenant leur bruyt s'en est allé,
Avec lesquelz j'ay maintenu ma vie,
[43 v°] Et maintenant leur plaisance est ravye,
Avec lesquelz j'ay souvent conversé, 2170
Et maintenant leur bruyt est renversé,
Helas, mon Dieu, n'ay je doncques raison
De lermoyer en si triste saison,
Car tant m'en pent ores à mon oreille
Dont, j'ay douleur et crainte nompareille. 2175

L'Acteur

Ainsy plaignoys ma fortune et mon sort
A la dame, comme si du grant tort
Qu'on me tenoit me deust donner remyde,
Mais c'est celle qui au travail me guyde,
Où je me suys rendu serf et subject, 2180
Au grant hasart d'ung fortuit object
Qui peut estre, m'abregea ma vie,
Si par conseil d'autruy je ne devye,
Elle, doncques, par doulx enhortemens,
Taschoit rompre mes esbahissemens, 2185
Et par son dire et melliflue langue
Me fist alors une si bonne harangue
Que du peril eminent et notoire,
Là où j'estoye, elle me fist acroire
Que ce n'estoit que plaisir et soulas, 2190
Et puisqu'ainsy j'estoye si acoup las,
Bien, ne honneur, ne louange immortelle
Ne vous est deu par Dieu, ce me dist elle,

Brief, tant me dist que du tout fu contrainct
Soubz grant labeur avoir couraige fainct, 2195
Et ja soit or que tristesse feust dame
De moy alors pour eschever le blasme
De celle à qui servant me suys voué,
Craignant estre d'elle desavoué,
Semblant faisoys de reprendre asseurance, 2200
Quelque dangier qu'en mondaine plaisance
Puisse endurer, car ma dame le veult,
Dont, mon oeil rit et mon cueur trop se deult,

[44 ʳᵒ] Et en ce point que je parlamentoye
Avecques elle, et mon cas luy comptye, 2205
Abus survint, qui me vit lermoyant,
Et luy, triste et pensif me voyant,
Bien congnoissant la cause de ma plaincte,
Voulant parer d'une ambellie faincte
Le cas piteux que j'eu veu n'avoit guere, 2210
Reprint alors une doulce maniere,
En me disant:

Abus

[44 ᵛᵒ] Je congnoys pour certain
Que tu n'es pour voyage loingtain
Parachever, ne grant chose entreprendre, 2215
Quant si souvent te voy si peur surprendre,
Et effrayé comme ung cueur feminin,
Qui n'a aprins de faire long chemin,
Ce neantmoins j'excuse ta jeunesse,

[45 ʳᵒ] Qui est subjiecte à craincte et à simplesse, 2220
Mais se tu veulx à bon port parvenir,
De telz larmes te convient abstenir,
Larmes et pleur appartiennent à femme,
Plorer n'engendre à tout homme que blasme,
Car vertueux si ne se doit troubler, 2225
Ains doit sa force et son vouloir doubler,
Quant il voyt chose estrange et merveilleuse,
Et plus luy est la chose perilleuse,
Moins doit de paour et de tristesse avoir,

Ou autrement n'aura pas grant avoir, 2230
Par cy passa le grant roy Eneas,
Et vit ces lieux ainsy comme tu as,
Et toutesfoys n'eut il craincte ne doubte,
Aussy parvint à son entente toute,
Et se bastit comme Virgille octroye, 2235
En la Ninive une seconde Troye, *
Et après luy regna Ascanius,
Son noble filz qu'on appelle Yulus,
Qui fut souche de la gent ytalique,
Qui depuis eut renommée auctenticque, 2240
Car de là vint par succession dans
Romme la grant, et tous ceulx de dedans,
Doncques, ne fist Enée fol voyage,
Quant de luy vint ung si noble lignage,
Par cy passa Brutus et son charroy, 2245
Qui depuis fut fondateur, et puis roy
De l'Angleterre, nommée grant Bretaigne,
Où il premier atacha son enseigne,
Et convainquit avec peu de gens
Le hault povoir des robustes geans, 2250
Qui de l'isle tresriche et opulente
Furent maistres, mais il, par son entente,
Les subjuga et de son propre nom,
Nomma le lieu qui encores a le nom,
[45 v°] Et de Brutus Bretaigne est appellée, 2255
Mais Angleterre on l'a depuis nommée,
Pource qu'illec y a terme final,
Et de la terre ung point periodal.

Par cy passa l'eloquent Blixés,
Qui bien souffrit en la mer griefz excés, * 2260
Et fut getté par inundation,
En maint pays et fiere nation,
Et toutesfoys parvint il à grant joye
Quant il eut veu destruicte la grant Troye,
Si que son cueur ne peut estre dompté 2265
Par bouffemens, ne son vueil surmonté,
Et bien eut il par après recompense

De son travail et dure penitence,
Car doulcement par la treschaste dame
Penelopé, son espouse et sa femme, 2270
Fut recueilly par le vouloir des dieux,
Dont, de grant peine il parvint à son mieulx.
Par cy passa le trespreux Scipion,
Qui Cartaige comme vray champion
Rendit subjiect à la cité rommaine, 2275
Par cy passa en gloire souveraine
Julles Cesar, qui si bien se maintint
Que la Gaule du tout en sa main tint,
Comme il appert selon son commentaire,
Dont, sa prouesse et son sens ne doy taire. * 2280

A quoy iray aultre exemple querant,
Il n'est si fort ne si preux conquerant,
Qui n'ayt empris cestuy mondain voyage,
Et qui n'ayt veu les dangiers du passaige,
Ne t'esbahys si par aucuns desroys 2285
Y sont noyez et prince et grans roys,
Car il n'y a riviere si plaisante,
Qui de dangier soit delivré et exempte,
[46 r°] Ains moult souvent soubz eau bien endormye
Gist ung peril que l'on n'esive mye, 2290
Doncques, ne fault aux noyez regarder, *
Fors seullement d'encombrier se garder,
Et si te dy qu'en la mer où nous sommes
Y a peril de roys, plusgrandes sommes,
Et d'autres gens par faulte de conduite * 2295
Car selon maistre est la mesgnie duyte,
Doncques, ne fault par esbahissement
Te perturber, car je sçay bien comment
Aller convient, laisse doncques ce doubte.

L'Acteur

Si feray je, mon maistre. * 2300

Abus

Or escoute,
Je congnoys bien que ta fragilité
Ne peult souffrir si prompte agilité
Sans reposer.

L'Acteur

C'est chose veritable. 2305

Abus

Je te feray propice et charitable,
Et te rendray pour ung temps au sejour
En lieu si beau que bien sera le jour
Trop tost venu selon ton jugement,
Quant de ce lieu feras departement, 2310
Et te sera si doulce la contrée,
Qu'au departir sera ta joye oultrée
D'ung dur regret si tresaspre et poingnant,
Quant de ce lieu te verras esloingnant,
Que de tes yeulx sortira mainte lerme, 2315
Car je y ay veu et conduyt maint cueur ferme,
Qui bien sembloit pour nulle fleschir, *
Et quant illec l'eu mys pour refreschir,
L'air luy sembloit si doulx, si temperé,
Qui si j'eusse à luy obtemperé, 2320
[46 vo] Encore y fust et moy par compaignie,
En brief, j'eusse de toute ma mesgnie
Laissé le soing, renunçant au mestier,
Tant ont aymé les passans ce quartier.

L'Acteur

Helas, Sire, pour Dieu sans differer, 2325
De ce beau lieu dictes sans demourer,
Quel est le nom, car assés moult me tarde
Que je n'y suys et que je ny regarde

Les plaisances telles comme elles sont *
D'ardant desir, tout mon cueur brusle et fond. 2330

Abus

Certes, amy, ce repaire est une isle,
La plus des plus habondante et fertille
En tous plaisirs et en toute liesse,
Où les souldars de Fleurie Jeunesse
Par cy passant, ainsy que nous faisons, 2335
Vont sejourner par moult longues saisons,
Et là souvent ay je ma nef ancrée,
Pour visiter à loisir la contrée,
Si est l'isle dicte Vaine Esperance,
Où jeunes cueurs vont querant leur plaisance, 2340
Car la dame du lieu scet bien le stille
De leur donner, aux champs ou à la ville,
Tel passetemps qu'ilz sçavent souhaicter,
Et de dancer, d'esbatre, ou de chanter
Elle les meult et à ce les encline, 2345
Car elle a gens propres pour telle doctrine,
Là ont saulté maintz jeunes juivenceaulx,
Portans de fleurs les amoureux chappeaulx,
Là ay je veu treper et soye et frise, *
Car la dame pas ung seul n'en desprise, 2350
Là ont passé divers entrepreneurs
Pour parvenir à triumphans honneurs,
Là ay je veu chappeaulx rouges, et mytres,
Povres truans et morfondus bellistres,
[47 r°] Là ay je veu gensarmes à cheval, 2355
Les ungs sur bout, autres jus et aval,
Là ay je veu tresoriers generaulx
Trotter, postes poursuyvans, et heraulx,
Là ay je veu religieux et moynes
Qui attendoyent à lever les avoynes, 2360
Là ay je veu et chappitre et convent
Par maintesfoys mectre la voyle au vent,
Là ay je veu regens et escolliers
Que la dame tenoit en ses colliers,

Là ay je veu dames en habondance 2365
Toutes dancer dessoubz Vaine Esperance,
Là ay je veu dancer jeunes pucelles
Au chappellet, et maintes juvencelles,
Là ay je veu maintz amoreux ravis
Perdre assés tost contenance et advis, 2370
Là ay je veu gens à mort condamnez,
Aux sons fainctifz, d'esperance menez,
Que veulx tu doncq, amy, que plus te dye,
Là, pour certain a tant de melodie,
Qu'il n'est vivant, tant ayt grant chevance, 2375
Qui n'ayme assés celle Vaine Esperance, *
Et tous y vont, car c'est l'erbergement
De ceulx de qui j'ay le gouvernement,
C'est en effect le droit lieu pour repaistre
A ceulx qui vont en la joye terrestre, 2380
Or, allons y pour y prendre soulas,
D'y demourer seras à peine las.

L'Acteur

Allons pour Dieu, dys je, mon loyal maistre,
Il n'y a lieu où tant je desire estre,
Assés avons vagué sans reposer, 2385
Je vous supply, vueillés vous disposer,
Droit y tirer, car sans nulle doubtance,
Moult ay desir dancer soubz celle dance,
Et me tarde beaucoup, pour dire voir,
[47 v°] Que je ne puys Vaine Esperance vecir, 2390
Veu les grans biens que d'elle allés disant, *
Et le plaisir qui tant y est duysant,
Veu que l'isle est moult fertille et plaisante,
Et que chascun si voulentiers y hante,
Or y allons, Abus, quant vous plaira, 2395
Jamais mon cueur ne vous contredira.

Sensualité

Haa, que moult suys et joyeuse et haictée,
Puisque je voy ta pensée aprestée,

Et ton vueil duyt au voyage achever,
Moult suys aise quant te voy eslever, 2400
Prenant confort, bon vouloir et audace,
Par ce moyen tu obtiendras ma grace,
Et de ton eur pourras venir à fin,
Comme mien prouche allyé ou affin,
Et te seray en tous lieux secourable, 2405
Familliere, et assés accointable,
Le mien amy seras et je, t'amye,
Et de baiser ne t'escondiray mye,
Mon cueur auras et du tout mon pencer,
Et si assés ne te puys compencer, 2410
De mes baisiers fay de moy le surplus,
Ce qu'il te plaist je n'y contredy plus,
Souhaicte dont tout ce que tu vouldras,
Et soyes seur que bien tost l'obtiendras,
Allons jouer en l'Isle d'Esperance, 2415
Pour y prendre soulas et allegence,
Assés avons pour ceste foys naigé,
Bien est raison que tu soyes sollaigé

Comment Abus mena l'Acteur, *
Comme bon et loyal recteur, 2420
En l'Isle de Vaine Esperance
Pour prendre soulas et plaisance.

[48 ʳᵒ] En telles plantes, parolles et doulx attraitz fut tellement ma congnoissance aveuglée, mon entendement forvoyé, mon vouloir converty au gré de luy et d'elle que 2425 tout peril me fut soulas, tout dangier asseurance, toute peine plaisir, tout travail reconfort, tout esloingnement approuché de plus hault bien que sceusse avoir pour celle foys. Et *[48 ᵛᵒ]* tant fut mon croire legier, ma voulenté gaignée, mon consentement soubdain, sans refus, que je dys lors au nau- 2430 tonnier à haulte voix. Sire, pour Dieu diligentez, allons au lieu que tant souhaicte. Et il plutost à cela prest que moy enclin, tendant à seulle fin de peremptoire destruction, fist advancer sa nef si fort qu'en peu d'heure, par grans eslans, la bonne marée nous va rendre au havre de Vaine Espe- 2435

rance, l'isle plaisante et delectable dont j'eu plaisir et joye
en cueur comme ceulx avoir seullent qui longs jours par mer
ont souffert sans reposer et à la fin, après mains tourbillons
eschivez, maintes adventures surmontées, bon vent les meine
à sauveterre. Moult fuz doncques lors esjouy quant de mon 2440
oeil peuz concevoir ce lieu fertil, là où gisoit l'espoir entier
de mon repos, et la remuneration du long travail qu'ay sup-
porté nageant en mer si perilleuse. Et ia si près feusmes
venus que clerement vy le palays sur ung coustau treshault,
assis de la dame et princesse de ce quartier, qui pour certain ✽2445
en jugement de loingtaine apparoissance me sembla non
mains louable q'un lyon, et bien monstroit estre basti par
Bon Devis, et que la main d'ouvrier parfait avoit passé sur
tel chief d'oeuvre. A quoy donc m'apliqueray pour plus
louer cestuy chasteau, certainement la comparaison en doibt ✽2450
estre preferée à chose grande. Et quant plus fort nostre nef
se tiroit près pour prendre port, plus me sembloit digne de
loz le hault manoir si bien ouvré que c'est merveille. Et
plainement j'apperceu lors les estandars et panonceaulx qui
de la cisme des tours au bas pendans voletoyent selon la 2455
conduyte du vent souef et par leur grise couleur dont furent
faitz et d'autre particulier devis. Je bien congneu que c'estoyent les judices et certaines demonstrances, voyre, et la
propre armoirie de la Dame, Vaine Esperance. Dont, je tant
[49 ʳᵒ] par l'instigation de Sensualité que par l'advertisse- 2460
ment d'Abus, et aussy par la mienne propre voulenté, à ce
gaignée. En telz pencers je bastissoye emmy mon cueur ung
logis de folles deliberations et maison d'oultrecuydance toute
pleine, et bien fut lors mon vueil tout prest d'y faire ung
sault quant aux creneaux je ouy chanter les bruyans tabours 2465
et cleres trompettes qui à mainte heure et jour et nuyt ainsy
sonnoient pour faire appeau aux aprouchans cestuy cartier.
Et tant me fut leur son plaisant, leurs tourdeons et nouveaulx bransles si bien touchées que tout par moy estant
encores en la nef alloye saultant et treppoyant au son 2470
d'iceulx comme celluy qui trop a deuil de tant estre sans
approucher celle mesgnie, et sur ces termes prismes terre, ✽
et en ce droit lieu feismes nostre nef aborder à quel grant

joye et reconfort, las, Dieu le scet. Et ja n'eusmes le pied si
prest pour sortir hors quant sur la grave et droit au bort de   2475
la marine veismes gens propres affaictez pour nous faire les
bien venans et recueillir la nostre nef comme estrangiere. Et
ia soit or que ne feusse bien congnoissant leurs manieres,
ne parfaictement ayant notice de leur langue, veu que jamais
n'avoye hanté cestuy pays, ne visité celle contrée, Abus   2480
certes estoit pour moy bon truchement, qui bien sçavoit me
racompter le bon vouloir qu'ilz eurent tous de nous retraire
en leur province. Puys, aussy Sensualité, ma bonne guyde,
assés sçavoit allumer ung ardant feu de prompt desir pour *
m'avancer à tyrer oultre, dont, sans avoir autre congie fors   2485
seullement dire, venés, yssismes hors de nostre nef, deliberez
de refreschir noz cueurs lassez, et laissasmes noz mattelotz
au gouvernail du navigaige, prenant treves de bon repos
pour aucun temps.

L'Acteur

[49 ^{v°}]   Ainsy doncques ung premier jour de may,   2490
         Que le temps est oyseux de sa nature,
         Le nautonnier, Abus, la dame et moy,
         Pour oublier desplaisance et esmoy,
         D'entrer leans meismes entente et cure,
[50 ^{r°}]   Car c'est gibier et la droicte pasture,   2495
         De quoy Abus si scet à toutes mains,
         Prendre et piper tous les povres humains.

         Et je, qui n'eu sens ne grant science,
         Par leur conseil tantost fus supplanté,
         Las, si j'eusse eu remors de conscience   2500
         Pour deffuyr telle malle meschance,
         En celle isle n'eusse jamais hanté,
         Mais Abus a si doulcement chanté,
         Et fait telz sons auprès de mon oreille, *
         Qu'il m'est advis de riens que c'est merveille. *   2505

         Ainsy fusmes les bien venans leans,
         Et recuilliz par gens de mainte sorte,

Qui nous furent humbles et supplians,
Pour mieulx nous traire aux perilleux lyens,
Desquelz souvent esperance s'assorte, 2510
L'ung me complaist, l'ung par faveur me porte,
Disant, amys, de la bende serés,
Car il fault bien qu'avec nous esperés.

En telz termes entrasmes au palais
De la dame dicte Vaine Esperance, 2515
Moult enrichy de rubiz et ballaiz,
D'autres joyaulx qui ne furent pas laictz,
Brief, ce me sembloit un oeuvre d'excellence, *
Puys, les galans, pour faire mon advance,
Me poulcerent comme nouveau venu, 2520
Pour y estre comme eulx entretenu.

L'ung me louait les murs de ce pays,
Et l'autre aussy l'honneur de leur maistresse,
En me disant, amy, ne t'esbahys,
Oncques jamais, tu ne viz ne n'oys * 2525
Tel bien, tel bruyt, tel plaisir, tel lyesse,
[50 vo] Maints perlerins y ont print leur adresse,
Et quant on veu des biens la multitude.
Ont renuncé toute autre beatitude.

Or, eusmes tant parlé et cheminé, 2530
Passant et court et salle et galerye,
Que par Abus et autres fuz mené, *
En telz termes et en ce demené,
Où la dame maintient sa seigneurie,
Qui de me veoir ne sembla pas marrye, 2535
Car son recueil ne me fut mye chier,
Ains commanda d'elles près m'aprochier.

Si je vouloys m'arester à descripre
Les paremens de sa royalle chambre,
Certainement trop seroit long l'escripre, 2540
Mais toutesfoys tant avant osé dire
Que son alaine estoit flairant comme ambre,

Son ris si doulx que je n'eu nerf ne membre,
Qui ne fust sien et hors de ma franchise,
Quant je la vy si belle en robbe grise. 2545

Or, suys doncques des loyaulx esperans,
Là, me suys mys, et là gist mon attente,
Abus me tient ores dessus les rencs, *
Serf suys lyé, voyre, et des adherens
D'Esperance, ma dame, et ma regente, 2550
Or, Dieu me doint en sa joyeuse tente
A tel plaisir une foys parvenir,
Qu'à tousjours mais m'en puisse advenir.

Dès aussytost que fus là survenu,
Et que j'eu fait aux dames reverence, 2555
Dieu scet comme je fuz entretenu
D'une baise, de l'autre bien venu,
Bien tantost eu à toutes alliance,
[51 ʳᵒ] Et bien plutost, car lors Vaine Esperance,
Priveement me prenant par la main, 2560
Va commencer langaige assés humain.

En me disant si noz terres loingtaines,
Nostre pays et les murs de nostre isle,
Sont aux vostres difformes et soubdaines,
Ja pour ce, amy, ne regretez voz peines, 2565
Ce vous sera, peult estre chose utile,
Bien trouverés l'isle riche et fertille,
Ains que partir quant aurés veu les lieux, *
Et croy pour vray que n'appeterés mieulx.

Laissés doncques tristesse et craincte et doubte, 2570
Bon port avez et seur repaire pris,
Si vous dy tant que je suys vostre toute,
Ja ne serés comme ung estrangier houste,
Icy receu ne comme de mespris,
Ains par sur tous emporterés le pris, 2575
Du mien vouloir vous feray part grace,
Pour mieulx avoir credit en toute place.

Maintz en ay veuz et plusieurs sont venus,
A qui n'ay fait offre si singuliere,
Maintz en ma court si sont entretenuz, 2580
Soubz mon guydon souldoyers retenus,
Ausquelz ma paye est aggreable et chere, *
Et ja soit or qu'elle ne soit entiere
Aucunesfoys par mes dilations,
Contens les faiz plus que de milions. 2585

Je suys celle qui mes vassaulx conduys
A appeter et vouloir mille choses,
Je leur baille les moyens et conduys,
Par les faire susceptibles et duys,
Prendre et cueillir entre espines les roses, 2590
[51 v°] Brief, je leur dy tant de textes et gloses, *
Qu'il n'est jeune ne viellart decrepit,
Qui n'attende d'avoir par moy respit.

Je donne à l'ung promesse de joye *
De la dame que tant a souhaictée, 2595
L'autre je fays tout à coup resjouyr,
Lui promectant bientost le faire ouyr
Et sa douleur chassée et deboutée,
Au malade je faiz une tostée
D'ung peu d'espoir destrempé de doulceur, 2600
Dont le souffrant est de sa santé seur.

Je pousse l'ung tout à coup en avant,
Et si luy faiz mainte entreprise faire,
Les nautonniers mectent la voyle au vent
Par mon conseil, et suys cause souvent 2605
De faire aymer tel qui soulloit desplaire,
Je foys courir, je foys saulter et brayre,
Je foys souvent ung sotart ou ung lourt,
Voyre, et humer les vapeurs de la court.

Je foys harnoys et estandars reluyre, 2610
Je foys monter gens d'armes à cheval,
Je foys chasteaulx et grosses tours construyre,

Souventesfoys aussy les faiz destruyre,
Pour parvenir à honneur triumphal,
Je foys troter maint roy, maint cardinal, 2615
L'ung à Paris, et aussy l'autre à Romme,
Voyre, et souvent pour moins que d'une pomme.

Je foys vendre la cire et plomb rommain
Pour obtenir l'abbaye en commande,
Ou pour avoir benefices en main, 2620
Ia soit pourtant que dès le lendemain,
Tel sera mort qui y aura mys l'offrande,
[52 ʳᵒ] Je foys avoir la cure et la prebende,
Par mes mandatz ou nominacions,
A gens divers de toutes nations. 2625

Brief, mon povoir est tout inextimable,
Car on ne scet où doit ma fin venir,
A tous je suys benigne et accointable,
Sinon à ceulx qui de corde ou de cable,
Se veullent prendre, ou en pitié finir, 2630
Par desespoir, qui leur fait souvenir
D'ung corrosif desplaisir qui les lye,
Dont s'occient par grant melencolye.

A ceulx ne puys ayde ne confort
Distribuer, ains fault que je les fuye, 2635
Car Desespoir, mon ennemy tresfort,
Les point et fiert si souvent et si fort
Qu'au bon besoing d'iceulx fault que deffuye,
Qui moult me poyse et maintesfoys m'ennuye,
Car myré suys de tous cueurs desolez, * 2640
Des patiens et des hommes affollez. *

Or, voyez dont qu'elle veulx que je suys, *
Quel bien povés avoir soubz mon service,
Si mien estes et par mons et par vaulx,
Pourrés jouer, non craignans nulz travaulx, 2645
Pourveu serés acoup de grant office,
Et ne croyés ce que par mallefice

Jnsy donques vng premier iour
de may.
Que le temps est oyseux de sa
nature.
Le nautonnier abusa la dame et moy.
Pour oublier desplaisance et esmoy.
Dentrer leans masmes enuyte et cure.

Y chappellet de la dince le vy .
Le tresvuillant hercules demener
D'equel sembloit homme pris et ravy
Ou forcene et de duel assouny
Ja se peu bont au nombre pourmener
Et maintesfois aussy sacrifioner
O sa mye dicte dyanira
Qui par poyson a la mort le suivra

De moy disent aulcuns sotz abestiz,
Que je ne foys que paistre les chestifz.

Payer convient les gens selon raison, 2650
Remunerer et selon sa desserte,
Homme petit quiert petite maison,
Grant couraige requiert grande achoyson,
Le malheureux ne doit avoir que perte,
[52 vo] Et l'amoureux une livrée verte, 2655
A bon marchant fault ballances et poix,
A ung coquin des febves et des poix.

Or, ne soyés doncques troublé de sens,
Beau sejourner avez en ma province,
Car voulentiers et à ce me consens, 2660
De vous livrer à milliers et à cens,
Ce que pourroit souhaicter ung grant prince,
Jamais homme n'aura le cueur si mince,
Ne tant recreu que ne face eslever,
Quant de mon eau je le vouldray laver. 2665

Dictes moy donc si mien servant serés,
Habandonnant de tout autre l'affaire,
Car pour premier serment vous me ferés,
Que loyaument tousjours me servirés,
Devant que plus de mon fait vous declaire, 2670
Et du surplus laissés à moy parfaire,
Car j'espoir bien de vous conduyre à tant,
Qu'à la parfin je vous feray contant.

L'Acteur

Certes, Dame, vostre grant courtoisie
M'oblige tant à vous remercier, 2675
Que d'Europe, d'Affrique, ne d'Asie,
Ne pourroit estre aulcune autre choysie,
A qui plus fort me voulsisse fier,
Voyre, si bien que jamais oublier,
Ne vous pourray pource qu'en vostre enclave 2680
M'avés receu, qui suys sert et esclave.

Vostre povoir je ne puys ignorer,
Bien est simple qui ne le peut entendre,
Celluy pourroit pour neant labourer,
Qui penseroit par ses dicts devorer 2685
Vostre hault nom malaisé à comprendre,
[53 ʳᵒ] A vous me viens comme obeissant rendre,
En protestant de faire mes devoirs,
Ainsy qu'ont fait et que feront mes hoirs.

Mais s'il vous plaist, tressouveraine, * 2690
Aurés regard que mien ne suys je pas,
Et qu'il convient ores à quelque peine
Passer le port de la grant mer mondaine,
Et voyager tout le mondain trespas,
J'en ay le veu, fuyr ne puys je pas, * 2695
Autre a de moy gouvernement et cure,
Tout pellerin doit suyvre s'aventure.

Abus me tient et Sensualité,
Iceulx ont prins charge de mon voyage,
Par eulx je suys semons et incité 2700
Suyvre ce train selon leur verité,
J'entens d'aller parmy leur navigage,
Je ne dy pas que ne vous face hommage,
Pour vous estre feable et secourant,
Tant que seray en l'isle demourant. 2705

En vostre terme de terre a pris
Le nautonnier, Abus, qui nous convoye,
Pour soulagier quelque pou noz esperitz,
Si ne ferés de nostre nef mespris,
Ains garderés qu'aucun ne la forvoye, 2710
Jusques à tant que nous mettons en voye,
Mais cependant à vous seulle seray,
Et telz sermens que vouldrés vous, feray.

Vaine Esperance

Vostre entreprinse est honnourable et bonne,
Je ne la veulx pour nul pris empeschier, 2715

Ne je n'entens que plantez vostre bonne
En ce cartier, ains conseille et ordonne
Que le chemin qu'avez à despecher,
[53 vo] Pour aussy fort qu'avés vostre honneur cher,
Ne delaissés et suyvés la fortune, 2720
Qui vous sera meilleure et opportune.

Tous ceulx qui ont pareil voyage empris
Icy passent cest tribut ordinaire,
Plusieurs y ont leurs ayses et soulas pris,
Ne faictes donc de ma terre mespris, 2725
Tous y viennent d'appetit voluntaire,
Car pour du tout le voyage parfaire,
Et pour venir à tout mondain deduyt,
Avoir convient de moy le saufconduyt.

Nul pelerin ne peult oultrepasser 2730
Sans que de moy ayt bullette et creance,
Icy doncques vous povés solacer,
De voz peins aussy recompenser,
Dont, vous ferés plus prompte diligence,
Et puys de moy aurés la delivrance, 2735
Telle pour vray que sçaurés souhaicter,
Cause n'avés doncques de vous haster.

Et si espoir avant le departir
De vous monstrer l'estat de mon dommaige,
Qui vous fera tel joye sentir 2740
Qu'aiseement vous fercye consentir
D'abandonner toute joye mondaine *
Pour ceste cy, ne plaingnez point la peine
Qu'avés eue de venir en ces lieux,
Car mon tresor desployer je vous veulx. 2745

Comment Esperance conduit
L'Acteur en son plaisant verger,
Et de ses fruicts luy fist mengier,
Où moult prist plaisir et deduyt.

[54 ʳᵒ] Après toutes ces choses dictes et aultres plusieurs 2750
contenans doulcereux entretenement de ma personne par la
très grande dame, Vaine Esperance, elle, voulant guaingne
en toute maniere la consentement de mon cueur pour en
user à son vouloir, desirant ausy par diver[54 ᵛᵒ]se monstre
de nouvelle mercerye à tyrer mon entendement hors 2755
d'avoir la jouissance du surplus, qui en moy est. Après que
à ce eut appellé Abus, le mien nautonnier, et Sensualité,
ma bonne guyde, et autres plusieurs pour compaignye luy
faire, devant se myst et print chemin droit à une petite
porte secrete par laquelle aux champs on yssoit et aux 2760
jardins d'icelle dame. Par celle poterne, doncques, elle devant et nous après entrasmes au lieu des delices et au
plaisant verger où la terre sembloit si fecunde de toutes
sortes d'arbres qui y portent fruict. Illec croissoit en habondance, et si tresbien estoit leur plante assaisonée qu'à tous 2765
les moys de l'an eust l'on peu veoir et fleur et fueille et
fruict ensemble si souefvement odorans que l'air sembloit
illecg naturellement respirer tant doulcement par une flaireur benigne qu'oncques jamais telle ne fut à la commistion
des plus precieuses confitures apperceue ne sentye. Brief, 2770
la dessoubz traversant tournelles et allées, Dieu sçait comment faictes. Nous faisoit deduyre Vaine Esperance soubz
le gracieux fueillage des haultes branches pour eschiver
l'ardeur sollaire à celle fin que aspre chaleur ne fatigast
les assistans. Là sont ouys cent mille oyseaux en caiges 2775
artificielles detenuz, si bien chantans que c'est merveilles.
Là vont aussy prendre sejour sur mainte fleur ou marjolaine les papillons dorez de divers painctures, baisant souvent les marguerites, les damas, et les gyrouflées. Que
pourray je plus alleguer pour hault louer ce lieu terrestre. 2780
Certainement assés appert que bien y a bon ortholain, sa
cure myse pour le rendre parfaict et beau. Et la dame, qui
devant nous alloit jouant, nous demandoit si son jardin
n'estoit assés bel et plaisant pour y prendre ayse et de
chascune chose nous faisoit particulier devis, tellement que 2785
noz responces estoyent à la sienne demande conformes,
unies, [55 ʳᵒ] et consonantes. Et bien disoit chascun pour

vray de ce beau lieu louange extreme. Lors, elle, voulant
par la doulceur des fruicts du sien jardin me appaster, et
me bailler la contrepoison au refuz que faire pourroye de 2790
non vouloir illecq à la longue demourer. Ainsy que icelle
nigromanticque enchanteresse par instigation desloyalle fait
aux passans pour caultement les decevoir et atirer en ses
lyens en chiere joyeuse et riante. Commença lors entre les
autres arbres des siens fronctiers à ung poerier hault et 2795
fueillu droit se tirer, duquel pendoient les branches bas
pour aiseement y cueillir fruict à foison. Si en prist lors en
son giron certaine quantité et d'une m'en bailla à taster,
saine et entiere, et en me disant.

Vaine Esperance

Venés aux goustes ung peu de ce doulx fruict, quel 2800
saveur porte et par exprès dictes pour vray si oncques mais
en veistes mal tant cordial ne delectable.

L'Acteur

Lors, prins le dangereux morceau, sçavoir est la poyre
qui toutesfoys estoit à la veoyr belle et vermeille, mais
morceau dangereux. L'ay je non sans cause appellé, car 2805
aussytost qu'en eu gousté et que l'eau d'icelle fut descendue
ès intimes cordialles et au parfont de mon corps, si par
avant en haultainecté de vollage propos m'estoye mys soubz
le guyde de Sensualité, certainement à ceste foys fut ren-
forcé mon fol vouloir, voyre, et chargié mon appetit de tel 2810
rengrege que moult depuis ma cher couste le goust du
fruict tant perilleux si comme orrés. Soubdainement, fuz escarté à la deliberation des infinies entreprinses. Plus n'avoye
en extime fors les grans choses, cuydant que tout à mon
intention obeist desormais et que [55 ᵛᵒ] par souhayt seu- 2815
llement pourroye venir, que sçay je, moi, estre ung seigneur
grant terrien, riche souldart, puissant homme, avoit l'honneur et le credit sur les vivans. Estre appellé au grant
conseil des plus grans roys, ambassadeurs des empereurs,
legat du pape et du Sainct Siege. Que voulés vous, brief, 2820
je pensay, tant je fus fol, avoir chevaulx et grosse bende.

En Boethe, les cent mille escus d'or, les coffres plains de
beaulx habits, et par ce point à la parfin graver du tout
jusques au bout de haulte fortune, plus ne pensay doresnavant qu'aller ès lieux où puisse veoyr dames à gré et 2825
damoiselles, pour avecq elles me desduyre et faire le transsy
d'amours, se vous voullés, suyvant leur queue. Plus ne quiers
que faire rondeaux et ballades attractives pour donner les
humbles requestes à celles qui juges sont deleguez de la
court amoureuse en ma piteuse cause. Plus ne tasche 2830
qu'avoir tousjours le barbier près pour agencer mes cheveulx
souvent et pour tenir poil en battaille. Plus ne veulx que
chantres avoir, lucz, tabourins, fleustes, rebecz, pour esmouvoir le cueur à joyε. Que pourray je plus alleguer certainement, lors tout à coup des aussytost que eu avallé la doul- 2835
ce poyre, me prindrent telles soubdaines pensées et cent
mille autres, pour certain trop merveilleuses à compter,
dont je si fort envieux gouster encores de rechief du fruict
qui tant me sembloit doulx et confortable. Et comme forment affamé de aspre desir ne me tins lors d'une content. 2840
Ains à la dame qui plain en avoit le giron autresfoys, luy en
demanday en luy disant. Certes, Dame, non sans raison
de voz poyres, faictes chierté, et les devés aseur garder,
car oncques mais ne goustay fruict de telle substance. Si
vous supply que encores au moins une en aye pour resaisir 2845
mon cueur qui art de forte enuye. Et me dictes, las, s'il
vous plaist, com[56 ʳᵒ]ment a nom l'arbre plaisant que telz
fruicts porte, car sur ma foy oncques ne vy parelz fruictiers
en lieu du monde. Lors, elle, toute plaine de neufve joye,
me voyant ia à sa pipée pris, ainsy que plusieurs autres 2850
humains, elle avoit fortraict et deceu par tel viande, ne fist
refuz de me livrer une seconde poyre de son giron, voyre,
quatre si mestier est. Si en choysit à son tallant et d'icelles
me faisant offre, ainsy parla comme s'ensuyt.

Vaine Esperance

Certes, amy, l'arbre et les fruicts ne vous feront mye 2855
espargnez si en povés prendre et user à vostre gré, car tout
est vostre. Si vous dy tant que maintz en ont parfoys gousté

qui en tout essay et bonne esperance l'ont trouvé savoureux
et delectable, et de maincte et forte maladie se sont trouvez allegiez par la vertu dont il est plain. 2860

       Arbre portans fruictz odorans,
       Arbre de vertu souveraine,
       Arbre pour tous mes adherans,
       Arbre pour loyaulx esperans,
       Arbre de toute bonté plaine, 2865
       Arbre qui porte telle graine,
       Arbre sur toutes esprouvée,
       Doit bien par tout estre louée.

       Arbre qui fait cueur soulagier,
       Arbre qui jusques ès cieulx flaire, 2870
       Arbre qu'on ne peut dommager,
       Arbre qu'on doit advantager,
       Arbre qui fait les hommes plaire,
       Arbre souefve et debonnaire,
       Arbre dont yst fruict à foyson, 2875
       Doit estre aymé par raison. *

[56 ᵛᵒ]   Arbre fertille et gracieuse,
       Arbre qui plaist à toutes gens,
       Arbre de tous biens plantureuse,
       Arbre de vertu merveilleuse, 2880
       Arbre pour princes et regens,
       Arbre qui rend fruict diligens, *
       Et affin que son nom ramente,
       C'est l'arbre de joyeuse attente.

       Joyeuse Attente est appellé, 2885
       L'arbre et les fruictz que cestuy porte,
       Maint cueur d'homme à cy vollé,
       Maint passant couru et allé,
       Pour en cueillir de telle sorte,
       Brief, Joyeuse Attente supporte 2890
       Maintz povres hommes attendans,
       Qui ont eu souvent froit aux dens.

D'arbres y a souvent assés
D'autre espece et d'autre substance,
Lesquelz j'ay ycy compassez, 2895
Et par bonne cure entassez
Selon leur deue convenance,
Mais selon ma vraye sentence,
Joyeuse Attente, ainsy m'aist dieux,
Sur tous autres vous vault le mieulx. 2900

Or, en povés doncques user,
L'arbre et les fruictz vous habandonne,
De riens ne vous vueil refuser,
Ne voz pensemens amuser,
Car tout est vostre, ainsy l'ordonne, 2905
Et devant que le midy sonne, *
Tel passetemps de moy aurés,
Qu'à jamais vous en louerés.

L'Acteur

[57 ʳᵒ] Ainsy doncques, sans nul dangier,
Prins des fruictz de Joyeuse Attente, 2910
Et si bon trouvay le mangier
Que plus ne me veulx estrangier
De l'arbre si belle et si patente,
Je saulte et riz, je me contente,
Je gaudis, je trepe et folloye, 2915
Tout autrement que ne souloye.

Je prens une nouvelle mode,
Nouveau train, nouvelles façons,
Marchant fier comme ung roy Herode,
Plus ne veulx digeste ne code, 2920
J'ay bien apprins autres leçons,
Voylà comment nous tracassons
Soubz Esperance, qui nous haste
A faire grant pain de peu de paste.

Quelque chose que j'entrepreigne, 2925
Bien m'est advis qu'il sera fait,

Et feusse pour planter l'enseigne
Sur la tresplushaulte montaigne
Qui soit sur la terre en effect,
Car je pense estre assés parfait,   2930
Puis qu'ay mangé du fruict d'Attente,
Pour combatre seul contre trente.

Je sçay assés, ce m'est advis,
Pour du tout gouverner le monde,
Nouveax termes et beaulx devis,   2935
Suyvre les bancquetz et convis,
C'est le point où du tout me fonde,
Tenir à tous la table ronde,
Affin que l'on dye de moy,
Cest home est digne d'estre roy.   2940

[57 v⁰] Prodigue suys et liberal,
Donnant plus que mon bien ne monte,
Tousjours prest à pied, à cheval, *
Courir ou mont ou à val,
Affin qu'enuy ne me surmonte,   2945
Et s'il advient qu'au rendre compte,
La mise passe la recepte,
Je sçay assés bien ma deffaicte.

Dix pour cent ne me peult faillir,
Ou d'ung beau ni si d'aventure,   2950
Reculler fault pour mieulx saillir,
Qui veult vaincre, il faut assaillir,
Non pas tousjours selon mesure,
Ung obligié soubz belle usure,
Fait souvent grant bien aux affins,   2955
Et fait venir l'homme à ses fins.

Voylà la propos où je suys,
Où Vaine Esperance me mayne,
Qui m'a apasté de ses fruicts,
Si feray doncques tant si je puys,   2960

Que j'auray ma joye prochaine,
Ou bien je mourray en la paine,
Ne me chault de seillon ne gerbe,
Plustost vendray mes bleds en herbe.

Comment l'Acteur suyt la dance *   2965
De la dame, Vaine Esperance,
Et à ce fut il incité
D'Abus et Sensualité.

L'Acteur

[58 r°] Or, ainsy que par le vergier,
Nous esbastions soubz la treille,   2970
Pour nous desduyre, soullagier,
Ung vent souef, doulx, et legier,
Vint frapper jusqu'à mon oreille,
Par lequel lors j'ouy merveille
D'instrumens et de menestriers,   2975
[58 v°] Sonnans bien pres de mes cartiers.

Et brief, si doulx estoit le son,
Que ce sembloit une fayerie,
Dont j'eu tout acoup souppçon
D'aller dire une chançon,   2980
Et d'estre de la confrairie,
Si dis alors, Vierge Marie,
Que ce chant est melodieux,
Pour Dieu, allons dessus les lieux.

Allons y, je vous en supply,   2985
Dys je lors à Vaine Esperance,
Mon cueur est de joye remply
D'ouyr ung son tant accomply,
S'il vous plaist, allons veoyr la dance,
Et me dictes sans demourance,   2990
Que c'est ne qui fait ceste feste,
Je vous pry, ouyez ma requeste.

Vaine Esperance

Amy, dist elle, voulentiers,
Puysque d'y aller avez joie,
Vous conduray en ces cartiers, 2995
Car je vueil voz plaisirs entiers
Parachever où que je soye,
Aussy de ma part je pensoye
Prochainement vous y mener,
Pour ung pou vous y demener. 3000

Ceulx qui ont par ycy passé,
Dès le commencement du monde,
Du jourdhuy et du temps passé,
Y ont moult voulentiers dancé,
Et prins leur plaisance parfonde, 3005
Là, tiennent tousjours table ronde,
Les bons et louables danceurs,
[59 ʳᵒ] Leurs hoirs et leurs predecesseurs.

Les menestriers ne chomment pas,
Bien ont l'art de chançons nouvelles, 3010
Et par melodieux compas,
Illec en l'amoureux trespas,
Dancent dames et damoiselles,
Puis à torches, puis à chandelles,
Brief, c'est ung plaisir tout parfait, 3015
Que chascun desire en effect.

C'est le soulas des gens mondains,
Le sabat ecclesiasticque,
La confrairye des humains,
La voste de tous cueurs humains, 3020
Le rallias d'ung sens oblicque,
C'est la dance tresauctenticque,
Où tout le peuple d'Israel
Dança jadis, près du torel.

C'est la dance où tous les Troyans 3025
Dancerent en faisant grant joye,
Le soir qu'ilz furent voyans,
Les eschauguectes non orans •
Des Grecz, et de leur grant montjoye,
Dont, celle nuyt la povre Troye 3030
Fut submise à destruction,
Et tout le chasteau d'Ylion.

En telles ou pareilles dances
Les Rommains jadis si dancerent,
Quant pour fuyr les pestilences 3035
Ordonnerent les jeux circenses,
Qui depuy longuement durerent,
Toutesfoys, grans bruitz s'en leverent,
Car là, par charnelles enuyes,
[59 ᵛᵒ] Furent les Sabines ravyes. 3040

Brief, en la dance maintz suppostz
Out passé jeunesse et vieil aage,
Et ia n'ont esté si empostz,
Qu'à maint heure et à tous propos
N'ayent à ce mis leur couraige, 3045
Et tant ont aprins par usaige,
Qu'à la fin je les ay rendus
Maistres parfaictz et entendus.

Boyteux si sont faictz droictz allans,
Aveugles avoir clere veue, 3050
Povres et malheureux gallans,
Ont de dancer tenu les raencz,
Et tantost la danse congneue,
Gens simples de peu de value,
S'ilz sont trouvez promptz à la fin, 3055
Et maint sot cautelleux et fin.

Or y allons, c'est trop tardé,
En parlant, le jour se decline,
Moult plaindrés d'estre retardé,

Quant aurés l'esbat regardé, 3060
Et la dance si tresbenigne,
Sensualité determine,
Qu'aller y devés sans deffuz,
Aussy fait, certe, Fol Abus.

Comment l'Acteur alla jouer 3065
Pour aller veyor celle pompeuse dance, *
Et dança soubz Vaine Esperance,
Où bien commença forvoyer.

L'Acteur

[60 r°] Je consenty la soubdaine entreprise,
Et tost feusmes en ce droit lieu venus, 3070
Là où je vy une grant tente mise,
Acourtinée toute de soye grise,
Où les danceurs si sont entretenus,
Dieu sçait quelz saulx, quelz petitz pas menus,
Chacun faisoit soubz la verte fueillé, 3075
[60 v°] Tant que la terre en fut toute foullée. *

Là vy sonner cornades et cornards,
Si bien cornarns que tous je m'en merveille,
Femmes et hommes dancer de toutes pars,
Les unes ont leurs cheveulx tous espars, 3080
Pour demonstrer leur beaulté nompareille,
L'ung chante hault, et l'autre se reveille,
Ainsy vy là dancer à millions,
D'Esperance les povres champions.

Brief, je fuz lors esbahy et surprins, 3085
Voyre, et forment remply d'une grant craincte,
Quant j'apperceu en ce mondain pourpris
Tant de monde et gens de si hault prix,
Illec dançans soubz Esperance faincte,
Ne sçay si c'est à gré ou par contraincte, 3090
Mais j'en vy tant soubz ce gratieux ombre,
Qu'il n'est vivant qui en sceust dire le nombre.

Et qui plusfort me fist esmerveiller,
Non seullement y vy ceulx de ce temps,
Mais des autres anciens travaillier, 3095
Et aux dances soingneusement veiller,
Maintz roys, maintz ducz, antiques combatans,
Là, je les vy tournoyans et saultans,
Ainsy que font jouvenceaulx à l'estude,
Qui n'ont ne sens, ne grant sollicitude. 3100

En ce point, doncques, je consideroye
Les meurs de tous et qui faisoit le mieulx,
J'apperceu là Pryam, le roy de Troye,
O sa barbe trop plus blanche que croye,
Qui bien dançoit nonobstant s'il fust vieulx, 3105
Et si tenoit par la main, si m'aist dieux,
Celle Hecuba, qui perdit patience,
[61 rº] Tous deux dançoyent dessoubz Vaine Esperance

Là, vy aussy sa mesgnye et son train,
Hector, le preux, et l'excellent Paris, 3110
Lequel tenoit en dance par la main
S'amye Helaine, par qui le sang humain
Fut respandu, et maintz nobles perilz,
Là, vy aussy la belle Briseis *
Que Troylus en dance reffusa 3115
Pour ce qu'à tort pour ung Grec l'abusa.

Après je vy le conquerant Jason,
Ayant près luy la tresbelle Medée,
Par qui conquist d'or la riche toyson,
Et delaissa son pere et sa maison 3120
Pour le suyvir en estrange contrée,
Si fut pourtant leur amour separée,
Ce neantmoins Esperance à sa voix,
Les fist dancer tous deux à celle foys.

[61 vº] Au chappellet de la dance je vy 3125
Le tresvaillant Hercules demener,
Lequel sembloit homme pris et ravy,

          Ou forcené et de dueil assouvy,
          Là, le peu veoir au nombre pourmener,
          Et maintesfoys aussy s'arraisonner   3130
          O sa mye, dicte Dyanira, *
          Qui par poyson à la mort le livra. *

[62 ro]   Là, vy aussy le tresbeau Narcisus,
          Duquel Echo fut si fort embrasée,
          Aussy fis je loyal Piramus,   3135
          Lequel au son de la fleuste et du luths
          Menoit dancer son amye Tisbée,
          Ceulx par amours s'occirent d'une espée,
          Comme Ovide le met en ses escripts,
[62 vo]   Vaine Esperance à ce les a appris.   3140

          Là, vy Philis en la dance troter, *
          Qui encores sembloit estre dolente,
          Mais Demophon le venoit conforter,
          Et par ses motz doulcement supporter,
          Si que parfoys il la rendoit contente,   3145
          Esperance la tenoit en sa tente,
          Cuydant avoir pardurable secours
          De son amant dont elle eut le rebours.

          Là, vy Dydo, la royne couronnée,
          En la dance des povres esperans,   3150
          Qui sembloit bien du tout en courroux née,
          Se complaingnant du faulx parjure Enée,
          Et de sa nef et de ses adherens,
          Dancer la vy et maintenir les rancz,
          Soubz les tabours de trop Vaine Esperance,   3155
          Las, moult remaint de ce que femme pense.

          En la dance vy Tarquin, l'orgueilleux,
          Et avecq luy des Rommains moult grant presse,
          Lequel commist ung crisme merveilleux,
          Qui fut à luy et aux siens perilleux,   3160
          Quant par ardeur il viola Lucresse,
          Qui, par après, d'excecrable tristesse,

Se mist à mort, dont par iceulx desroys
A Romme n'eut depuis luy aucuns roys.

Là, vy aussy Apius Claudius, * 3165
Et Virginée, la blonde jouvencelle,
[63 ʳᵒ] Aussy fis je le duc Pompeyus,
Qui fut vaincu par Cesar Julius,
Si eut entre eulx mainte guerre mortelle,
Tous je les vy à la dance nouvelle, 3170
Sans mescompter le trespreux champion,
Dit Hanibal, vaincu par Scipion.

[63 ᵛᵒ] Tous ceulx y vy, leus gens et leurs souldars,
Et les princes des battailles civiles,
Par leurs guydons, bannieres, estendars, 3175
Par leurs armes, leurs picques, et leurs dars,
Je congneu lors leurs modes inciviles,
Je y vy Scilla, qui conquist maintes villes,
Mais à la fin fut par Vaine Esperance
Precipité, et le vy en la dance. 3180

Là fut Anthoyne, le Rommain, *
Qui espousa d'Octavien la seur,
Et toutesfoys moult fut il inhumain,
Quant allier se voult en autre main,
Repudiant dame de tel valeur, 3185
Mais moult luy fut cher vendu sa rigueur,
Et les baisiers qu'eut de Cleopatra,
Car elle après sa mort luy perpetra.

Mon benoist Dieu à quoy yray disant
Les noms de ceulx que vy en l'assemblée, 3190
Brief, ce mestier à chacun est duysant,
Tous y courent, tous y vont deduysant,
Tousjours la feste est acreue et doublée,
De tous pays, et de toute contrée,
Gens viennent là dancer au chappellet, 3195
Nul ne s'en part estourdy, beau, ne let.

Là vy dancer le grant roy Alexandre,
Qui du monde fut seigneur souverain,
Qui bien cuydoit tousjours son loz estendre,
Mais à trente ans fut converty en cendre, 3200
De prosperer eut il espoir trop vain,
Icy vy aussy dancer dessoubz sa main,
Son ennemy subgiect et adversaire,
Par luy vaincu, appellé le roy Daïre.

[64 ʳᵒ] Là, vy Tristan, le trespreux combatant, 3205
Avec yseux, sa mye belle et blonde,
Qui là alloyt trepoyant et saultant,
Dont pas n'estoit le roy Marc trop contant,
Car contre luy eut hayne trop profonde,
Là, vy aussy de la grant table ronde, 3210
[64 ᵛᵒ] Le per des pers, Lancelot, le tresfort,
Que la royne, Genievre, ayma si fort,

Là, vy aussy, de plus prochain records,
Ung duc d'Autriche, Albert, preux et puissant,
Qui en ce parc exercitoit son corps, 3215
Et bien suyvoit les gratieux accords,
Gueres n'y eut homme si bien dançant,
Mais mal fut il sa fin recongnoissant,
Car ia çoit or qu'il fut grant personnaige,
Ung sien nepveu luy fist mortel oultraige. 3220

Près luy je vy en la dance courir
Ung Adulphe, dit conte d'Anaxonne,
Que celluy duc d'Autriche fist mourir
En la battaille, et tous ses gens perir
Sans excepter une seulle personne, 3225
Vaine Esperance à ses tabours les sonne,
Et là les fait ensemble convenir,
Heureux seroit qui sçauroit l'advenir,

Là, vy Henry, partout victorieux, *
Qui de Zemburg fut conte et possesseur, 3230
En tous ses faictz obtint loz glorieux,

Dont moult fut cil pervers religieux,
Qui machina sa mort par grant rigueur,
Car en prenant le corps nostre seigneur,
Que nous nommons la vraye eucharistie, 3235
Fut la poison pour le tuer bastie.

Ainsy le viz au Tordeon dancer,
De Vain Espoir comme les autres font,
Dont je ne sceuz bonnement que penser,
Mais j'en vy ung tout à coup avancer, 3240
A qui fortune avoit baillié le bont *
Car luy, cuydant entrer au plus parfont,
[65 ʳᵒ] De son cheval tomba mort en arriere,
Helas, c'estoit Loys, duc de Baviere.

Cy, vy aussy aucuns de nostre temps, 3245
Et entre autres, Henry, roy d'Angleterre,
Qui par trop, las, luy, et ses combatans,
Mist le royaume de France en griefz contens,
Et trop voulut surprendre en nostre terre,
Mais on luy fist une si bonne guerre, 3250
Qu'à la parfin mourut, et ses souldars,
Là, le congneu à ses troys liepars.

Aussy, fis je le Duc, Jehan de Bourgoingne, *
Mal congnoissant le roy, son souverain,
Trop entreprint cestuy sotte besoingne, 3255
Quant à Paris, à sa grande vergoingne,
Il fist tuer au soir, sur le serain,
Le duc Loys d'Orleans, tresprochain
Frere et amy du noble roy de France,
Dont par après sourdit grant difference, 3260

Car celluy duc, qui tel mal eut commis
Contre si grande et discrete personne,
Fut espyé et puis à la mort mys
Par gens trespreux estans ses ennemys,
Et fut tué à Montreul Faultyonne, 3265
Si fut la mort de luy tresjuste et bonne

Au jugement de tous les assistans,
Car là fina la guerre pour ung temps.

Ainsy dançoyent ces deux duez separez,
L'ung de l'autre par moult longue distance, 3270
D'habillemens royaulx ou d'or parez,
Mais qui bien eust leurs travaulx comparez,
Trouvez les eust desgalé consonance, *
Tous deux dançoyent dessoubz Vaine Esperance,
[65 v°] Et maints aultres de leur prosperité, 3275
Que Fol Abuz si a desherité.

Et en ce point que ces deux regardoye,
D'oeil curieux et de propos rassis,
Je vys venir une grande montjoye
De gens barbares, qui sans ordre et sans voye, 3280
Qui sans avoir de leurs ames mercys,
Et si estoient des mille plus de six
Illec dançans, bien deussent estre tristes,
Car tous furent desloyaulx Macomistes. *

Abus les fist en la dance venir, 3285
Dont le grant Turc fut chief et cappitaine,
Qui tant voulut son erreur maintenir,
Son fol propos accroistre et soustenir
Qu'il declina de sa puissance haultaine,
Vaine Esperance, au son de sa doulceyne, 3290
Le meut alors venir en ces quartiers,
Acompaigné d'ung grant tas de Templiers.

Qui pourray je plus dire ne nommer,
Qui là dancent dessoubz celle Esperance,
Certainement on me devroit blasmer 3295
De tant muser, car en toute la mer
N'a de gravier en si grant habondance
Comme je vy de gens en celle dance,
Tant du nouveau que du viel testament,
Illec dançans trestous, Dieu sçait comment. 3300

Brief, roys et ducz, papes et cardinaulx,
Saulve l'honneur des ecclesiastiques,
Officiers, regens, et mareschaulx,
Prevostz, baillifz, presidens, generaulx,
De bien dancer sçavent tous les praticques, 3305
Povres amans et garces erraticques, *
[66 r°] Y vont souvent visiter celle feste,
Offrant au saint pour guerir de la teste.

Là, vy pour vray dances de tous estatz,
De longs vestuz et d'habillez de court, 3310
D'abbez, aussy de prieurs, tout ung tas,
Laissant cameil et froc de taffetas
Pour mieulx dancer, selon le temps qui court,
Et pour certain g'y vy des gens de court,
Entre autres deux tant de bont que vollée, 3315
Là, se fourrer tout droit en la meslée.

Or, va si bien la dance, Dieu mercy,
Que c'est plaisir de veoir si belle chose,
Les menestrielz ne chomment pas aussy,
Pour abreger quant je vy tout cecy, 3320
Tresvoulentiers m'y meisse, mais je n'ose
Certes, dis je, troplonguement repose,
Je danceray, deusse je estre deffait,
Si ma dame ne m'en garde, en effect,

Lors, m'approchay de Sensualité, 3325
Luy demandant congié pour mon affaire,
Qui voulentiers sans troplong recité,
Le m'octroya et bien fuz incité
Par elle fort de saigement le faire,
Aussy, Abus, pour du tout satisfaire 3330
A la dame dicte Vaine Esperance,
Me conseilla de suyvir celle dance. *

Dont, sans viser à perte ne à gaing,
Au beau meilleu de la dance me boute,
Prenant quelq'une entre autres par la main, 3335

Qui bien sembloit avoir l'accueil humain,
Et de beaulté estre la passeroute, *
Là mys mon sens et mon entente toute,
[66 v°] Cuydant avoir la louange et le pris,
La chose est faicte et conseil en est pris. * 3340

Serf me rendy de la belle aux beaulx yeulx,
Fol jouvenceau et nice que j'estoye,
Son rire doulx, son maintien gratieux,
M'a cher cousté depuis, ainsy m'aist Dieux,
Pour elle ay en long dueil et courte joye, 3345
Au fort n'y a si bon qui ne folloye,
Si j'ay mal fait, on me doit excuser,
Vaine Esperance ainsy m'a fait user.

Trop foible fut le haubert de mon cueur
Pour resister à si forte maistresse, 3350
Dont, je n'ay peu estre d'elle vainqueur,
Demouré suys son povre serviteur,
Subgiect à peine, à dangier et tristesse,
Sans posseder ung seul jour de leesse
En la servant, or en soit Dieu loué, 3355
J'ay autresfoys à plus beaulx jeux joué.

Doncques, me mys en dance tout expers, *
Soubz la belle dont vueil taire le nom,
Car son honneur me touche de si près,
Qu'on congnoistra au moins que par après, 3360
J'ay aydé à garder son renom,
Ia soit pourtant que souvent m'a dit non,
En lieu d'ouy, et n'a eu le service,
Que luy ay fait aggreant ne propice.

Ainsy doncques, comme j'ay dit dessus, 3365
Trop despourveu de clere congnoissance,
Las, non pensant à l'octroy ne au refuz,
Mais seullement par le conseil d'Abus,
A celle foys je me mys en la dance,
Prest à crier, vive, Vaine Esperance, 3370

[67 ʳᵒ] Prenant heaulme du tout timbré de gris,
Telle couleur, tel devise ay je pris.

Si me monstray expert et bien sçavant,
Ia çoit pourtant que jeune encore estoye,
Et pour certain m'y boutay si avant 3375
Qu'on me jugea l'ung des bons du convent,
Pour bien dancer et pour relever joye
Piedz vont au bransle et de l'oeil travailloye,
Pensant avoir pour faire tous ces tours,
Et pourquoy j'ay depuis fait maints destours. 3380

Las, je pensoys qu'ung regard seulement
De la partie à qui tant j'eu fiance,
Fust promesse d'ung doulx allegement,
Et que j'auroys einsy soubdainement
Tresor ouvert sans nulle deffiance, 3385
Mais j'ay trouvé dont je prens pacience,
Soubz le tapis de compensation,
Ung beau plain sac de malle pension.

Pour rire, pleur, et pour joye, tristesse,
Pour bon espoir, attente de rigueur, 3390
Pour amytié, inhumaine destresse,
En lieu d'espoir une terrible presse,
Qui tint mon cueur en mortelle langueur,
Dont fuz longs temps sans force ne vigueur,
Car pour souffrir ung mal ardant et chault, 3395
Je fuz payé d'ung beau seul, ne m'en chault.

C'est le premier bransle que lors j'apris,
Mettre mon cueur sur chose transitoire,
Là, j'applicquay mouvemens et espris,
Mon jeune sens comme homme qui est pris 3400
En nouveau reths, cuydant acquerir gloire,
Pensant aussy que ce fust chose voyre
[67 ᵛᵒ] De mon espoir, qui moult me fut oblique,
Car tout ce fut neant et sophistique.

Ainsy branlay en la dance amoureuse, 3405
Et autres maintz comme moy esperans
A cueur legier et maniere joyeuse,
Faisant la figue à craincte dangereuse,
Prest à courir et de tenir les rancs,
Et faire ainsy que chevaliers errans 3410
Firent jadis pour l'amour de leurs dames,
Et de porter sur foible doz leurs armes.

Prest à ferir au moins, ce me sembloit,
Et de fuyr si je puis, n'ay je garde,
En ce propos mon couraige doubloit, 3415
Par Fol Abus, qui caultement embloit,
Ce Peu d'Advis que raison si me garde,
Mais à cela pour l'heure ne regarde,
Fors d'accomplir mes desirs tous entiers,
Octroyant tout qu'Abus veult voulentiers. 3420

Or, ay si bien bransle estudié,
Et tant aprins à follement aymer,
Que desormais j'ay tout repudié
Autre plaisir pour estre desdié,
Suyvre la dance et ceste reclamer, 3425
Et ne m'en chault qui m'en doye blasmer,
Vaine Esperance à cela me convoye,
Cuydant trouver à tous mes pensers voye.

Brief, s'en est fait, adviengne qui pourra,
Miré me suys ia longtemps à mon ombre, 3430
Jamais mon cueur ce propos ne lairra,
Plustost certes, à mon advis, mourra,
Que d'esloingner des vrays amans le nombre,
Esgard ne prens à perte ne encombre,
[68 ʳᵒ] Fors coupper soye et prendre habitz divers, 3435
Fraitz pour l'esté et chaulx pour les yvers.

Que voulés vous que plus compte en effect,
J'ay si bien mys à dancer ma praticque,
Que d'aprentis je suys maistre parfait,

Les assistans dient que j'ay bien fait, 3440
Et que je suys ung danceur autenctique
A bransle, à jart, tordeon, et morisque,
J'en sçay assés pour en aprendre l'art,
Ce m'est advis à ung gros papelart.

Quant la dame me vit si bien apris, 3445
Et que ce m'est chose belle et plaisante,
Pour refreschir de plus fort mes espris,
Fist lors sonner note de si hault pris,
Selon le temps congrue et consonnante,
Les menestrelz subgietz à son entente, 3450
Sonnerent lors à son oppinion,
Dances d'orgueil de dissolution.

Dances aussy, certes, de temps perdu,
De vanité, et de folle plaisance,
De grant myse, de temporel vendu, 3455
D'esloingnement de povre residu,
De mençonge et de indeue jactance,
Dances aussy d'amytié sans avance,
Dances de ouy, de nenny, d'attendez,
Tous telz bransles furent là commandez. 3460

Dances aussy de fainctes, de dangiers,
De reproches, de machinations,
De beau semblant pour rire aux estrangiers,
De gourmandise et d'excessifz mangiers,
De ris, de pleur, de mille passions, 3465
De discordes et de divisions,
Que sçay je, moy, dances de toutes sortes,
Où tous dancent droitz allans, tors et tortes.

J'y vy chanter les chançons de la court, *
Dont les pages vont tous à la moustarde 3470
De ce brouillas, et de ce temps qui court,
Tant en effect que pour le faire court,
A tous ne peu bonnement prendre garde,
Mais maint couplet fut dit qui point et larde

Les plus gorriers et les plus haulx huppez, 3475
Dieu sçait comment ilz furent decouppez.

Or, pour venir à la conclusion,
Dont le propos tient trop longue durée,
Je, estant lors en celle region,
Soubz le povoir et domination 3480
D'Esperance, dame tant honorée,
Ce me sembloit estant de sa livrée,
Je m'applicquay alors à ses doulx sons
Dancer illec à toutes ses façons.

Et de tromper et de dissimuler, 3485
Dire parolle aussy pernicieuse,
Vouloir le foible et le povre fouller,
Souventesfoys par courroux affoller
Ung innocent soubz couleur odieuse,
Brief, je suyvi la voye dangereuse, 3490
Non congnoissant la fin de mon trespas,
Helas, mon Dieu, je n'y pensoye pas.

Tout mon penser estoit en folz aisiers,
En delices de toute jouyssance,
En regards, libidineux baisiers, * 3495
Cuydant planter les florissans rosiers
De mon desir en mondaine plaisance,
Ailleurs n'avoys pensement ne fiance,
[69 ʳᵒ] Fors d'applicquer mes occupations
Aux ouvraiges d'humaines passions. 3500

Bastir chasteaulx en mon entendement,
Ediffier massonne voulentaire,
A tout vice donner consentement,
Executer mon vueil soubdainement,
Sans adviser au proffit salutaire, 3505
Mal tesmoingner et la verité taire,
Voylà comment mectoys la voile au vent,
Ainsy passoys les jours de mon jouvent.

Brief, je fuz lors disciple de pechié,
Habandonnant toute vertu pour vice, 3510
Cuydant avoir au plus parfont pesché,
Comme celluy qui trop est alleché,
Mectre à effect son pervers malefice,
Las, non craingnant la rigueur de justice,
Qui commande les delinquans pugnir, 3515
Et aux simples innocens subvenir.

Certainement ja fust le rethz tendu
Pour m'ataper soubz fleurie verdure,
Et ja estoys au train d'estre perdu,
Car Fol Abus m'avoit desja vendu 3520
A l'ancien ennemy de nature,
Qui avoit mys son entente et sa cure,
Pour me ravoir en ce mondain pourpris,
Dont, à peu tint que je ne feusse pris.

Mais le soleil de clarté infinie, 3525
Le vray Tyton, qui tout le monde voyt,
Dont la bonté est parfaicte et unye,
De clemence toute pleine et garnie,
Qui à tous cas distinctement pourvoit,
Et par povoir infallible prevoit 3530
[69 vº] Toute cause, tant soit elle ores close,
Remedia pour lors à telle chose.

Cestuy soleil autre que merveilleux,
Et que celluy qui nuyt et jour charroye,
Gecta alors son ray moult radieux 3535
Sur moy, helas, au cartier et aux lieux
Où je, meschant, si mal me gouvernoye,
Et ia çoit or que garde n'y prenoye,
Comme ahurté, ayans les yeulx couvers,
Me furent lors tous mes dangiers ouvers. 3540

Or, escoutés le moyen et comment
Je fuz gardé du piege satanicque,
Comme j'ay dit, doncques, premierement,

En celle isle demouray longuement,
Enfant perdu suyvant la vie oblique, 3545
Me confiant en la tendre relicque
De jeunesse et de Vaine Esperance,
Qui de mon cueur avoit la jouyssance.

Vaine Esperance en propos me boutoit
Mille choses grandes et difficilles, 3550
Dont voulentiers mon cueur si l'escoutoit,
Et tant fut fol que rien il ne doubtoit,
Prenant patron sur oeuvres mal utiles,
Puis mes regards furent trop inbecilles
Pour veoir le guet que Sensualité 3555
Contre bon temps m'avoit ia suscité. *

Brief, je fuz tel et ainsy demouray,
Contaminé par mauvaise coustume,
Où champ d'erreur follement labouray,
A peu d'acquest longuement travaillay, 3560
Laissant croistre le mortel apostume *
D'ambition, qui autrement alume
[70 r°] Ung ardant feu de malice obstinée,
Qui en mon cueur estoit enracinée.

Ainsy sembloys ung enfant dissolu, 3565
Habandonné à tout oeuvre lubrique,
De tout vice ordoyé et pollu,
A qui Abus a ravy et tollu
Entendement et raison deifique,
Tout bien fuyant, à rien plus ne m'applique 3570
Qu'à dissiper, par excès et par jeux,
L'innocence que du baptesme j'euz.

Or, vueil venir au remede prochain *
De ma fievre trop pestilencieuse,
Après que j'eu de bien faire malsain, * 3575
Longtemps prins aise au delicieux baing
De la vie fragille et annormale,
Ayant ung soir assés gaudi en salle

De Folle Amour, pour y prendre deduyt,
Me retiray sur le point de mynuyt. 3580

Et m'en allay pour celle foys coucher
En la chambre de Pensée Soubdaine,
Chargé d'ung faix que ne puis despescher,
Qui me sembloit moult precieux et chier,
Painct et doré d'une joye mondaine, 3585
Mais je congneu que ce n'est que fredaine,
Or, advisés s'il vous plaist, que je vy,
Estant au lict ainsy prins et ravy.

Dès aussytost que fuz au premier somme,
Prenant alors mon naturel repos, 3590
Ayant au cueur une moult grande somme
De pensemens, qui sollicitent l'homme
A mettre sus million de propos,
Comme souvent sont les mondains suppostz

[70 v°] Ainsy gisant, je vy telle merveille, 3595
Qu'oncques ne fut ouye la pareille.

Ne sçay si c'est chose certaine ou songe,
Ou fantasme, qui les dormans deçoit,
Si suys je seur que ce n'est pas mensonge,
Plus fort y pense, plus fort mon cueur se plonge 3600
Où merveilleux rencontre qu'il reçoyt,
Moult suys aisé quant mon oeil apperçoit
Chose telle prochaine de ma veue,
Dont nul pourtant si ne sçet la value.

L'Acteur

[71 r°] Je doncques lors en ce point endormy * 3605
Où lict souef de sensuelle vie,
De bonne meurs fuytif et ennemy,
Et de vices coustumier et amy,
Gisant illec comme chose ravye,
J'entendy lors ung son près mon ouye, 3610
D'ung tonnerre soubdain et vertueux,
Donc, m'esveillay pour la craincte que j'euz.

[71 v°] Et quant après j'eu mes deux yeulx ouvers,
Ma chambre vy plaine de grant lumiere,
J'eusse pour lors voulu estre convers, 3615
Ou cordelier chantant hympnes et vers
De paour que j'eu, car parmy la verriere
Entra ung ray de vertu singuliere,
Jusques à moy soufflant et respirant,
De grant bonté et doulceur inspirant. 3620

Et ia çoit or que nuyt parfonde estoit,
Et que je feusse en l'obscurté de vice,
Ce ray plaisant telle lueur gettoit
Qu'en tous endroitz sa clarté deboutoit
Les tenebres de pervers malefice, 3625
Si vy alors gente dame et propice,
De qui m'orrés ycy après toucher,
Qui commença près de moy s'approcher.

Ceste dame je ne puis comparer
A vilité d'humaine creature, 3630
Car de beaulté se veult si bien parer,
Qu'il n'est langue tant se sceust preparer,
Qui peust suffire à louer sa figure,
Car c'est elle qui surmonte nature,
Qui tient closes en secrettes ydées, 3635
Les especes qui sont çà bas vuydées.

C'est l'entité de toutes entités,
L'espere aussy qui n'a fin ne principe,
Dont nul ne peult sçavoir les quantitez,
Tant sont obscurs ses faitz, ses qualitez, 3640
Que le pencer, le sens humain discipe,
Las, ia ne fault qu'à l'esguillon regipe,
Voulant parler soubz tiltre d'arrogance,
Oultre mon sceu d'une si haulte essence.

[72 r°] C'est celle là que David loua tant 3645
En son psaultier, et en ses beaulx cantiques,
C'est celle là de qui va debatant

Sainct Augustin, comme bon combatant
De vraye foy, par ses dictz auctentiques,
C'est celle là qui des cieulx seraphicques 3650
Fist descendre soubz humaine armoyrie,
Le filz de Dieu en la Vierge Marie.

C'est celle là qui fait les champs verdoyer, *
Et le monde demourer en son estre,
Qui fait tenir la mer sans forvoyer, * 3655
Le soleil luyre, et les cieulx tournoyer,
L'air temperé pour l'usaige terrestre,
C'est celle là qui fait florir et naistre
Herbes et fleurs, et augmenter les boys,
Et des oyseaulx ouyr les doulces voix. 3660

C'est celle là qui les quatre elemens *
A distinguez en diverse habitude,
Dont leurs subgiectz ont leurs commencemens,
Et par elle ont leurs entretenemens
Sans exceder, tant soit difforme ou rude, 3665
C'est celle là qui donne multitude
De biens à tous sans moindrir son estat,
Qui tout crea par ung simple fiat.

C'est celle là qui l'homme decora
Du bel escu de raison naturelle, 3670
Et des autres bestes le separa,
En le creant aussy delibera
De le faire voller de plus haulte aelle,
Luy promectant une vie eternelle,
Ce qu'atre n'a, ô nom Dieu, quel guerdon, * 3675
Moult sera vil qui perdera ce don.

[72 v°] C'est en effect le puys et la fontaine,
Où vint jadis sa grant soif allegier,
Celle saincte qu'on nomme Magdaleine,
Qui par avant eut cueur plus mol que layne, 3680
Mais par après bien fuyt ce dangier,
C'est le pourpris et le plaisant vergier,

Où yst et croist la vraye medicine,
Et se nomme pour vray Grace Divine.

Ceste dame, doncques, que là je vy, * 3685
Grace Divine estoit dicte et nommée,
Moult fut surprins, estonné et ravy,
De pensemens tout mon cueur assouvy,
Quant j'apperceu dame tant honnourée,
Tant humble, helas, et de moy si privée, 3690
Qui sans desdaing de mon lict s'approcha,
Et en la main doulcement me toucha.

Belle pour vray fut elle entierement, *
Ia ne convient dire le plus du monde,
Car sa valleur transcende entendement, 3695
D'homme mortel, et ne peut nullement
Apprecier sa puissance parfonde,
Dessus son chief avoit couronne ronde,
En laquelle eut douze estoilles posées,
Toutes à bien et vertu disposées. 3700

Ung afficquet je vy sur le devant,
Duquel y eut troys pierres precieuses,
Si m'amusay à regarder souvent
Ce beau joyau et plus me mys avant
Moins peuz sçavoir les vertus plantureuses 3705
Dont il est plain, car tant advantageuses
Sont ses pierres qu'il n'est nul dyamant,
Qui de leur pris approuche aucunement.

[73 ro] Toutes troys sont semblables sans devis,
Et d'ung povoir sans nulle difference, 3710
Les troys n'est que ung, tant sont près vis à vis,
L'une est le tout et toutes ung, advis,
Ung seul vouloir, une extresme puissance,
Une eternelle et pardurable essence,
Et toutesfoys troys sont et une ensemble, 3715
Ainsy le croy et ainsy le me semble.

Ce beau fermail sur le front eut posé,
Rendant clarté plus que soleil vermeille,
Ung manteau eut sur elle composé
D'eternité, si n'ay pas bien visé, 3720
Ne peu sçavoir sa couleur nompareille,
Si ne sçay plus qu'à dire m'appareille
De la dame si ce n'est en effect,
Que c'est elle seulle qui tout a fait.

Quant je la vy en ce point decorée 3725
D'autre maintien que n'eu acoustumé,
Regard persant, face tant honnourée,
Lors fut de peur ma joye devorée,
Et en mon cueur ung desir alumé,
Elle, voyant mon espoir consumé, 3730
Et que j'avoye suyvy mauvaise escolle,
Commença lors ungre telle parolle.

Comment Grace Divine exhorte
L'Acteur à prendre autre propos,
Et par ses proffitables motz 3735
Gracieusement le conforte.

Grace Divine

[73 vo] Ô serf, fragile et muable vouloir,
Cueur obstiné, trop plain de non chaloir,
Sens destourné de sa maison premiere,
Oeil sans advis et privé de lumiere, 3740
Abastardy par grande forfaicture,
Et forligné de bonne geniture,
[74 ro] Homme escarté en perilleux affaire,
Helas, chetif, et que penses tu faire.
Que cuydes tu desormais devenir, 3745
Ne te peult il maintenant souvenir
Dont es yssu, et la fin où tu tens,
Resveille toy, miserable, et entens,
Filz de pechié et de perdition,
Fuyant ton bien et ta salvation, 3750

Escoute à moy si trop n'as sourde oreille,
Fol est celluy qui sur son mal ne veille,
As tu perdu sentement et advis,
Sont maintenant tes mouvemens ravis,
Où est ton sens, où est ta congnoissance, 3755
Que te donnay en l'estat d'innocence,
Où sont les meurs et les belles vertuz,
Dont tous humains sont parez et vestus,
Quant l'ame vient qui du hault est ravye,
Et en corps gist pour y adjouster vie, 3760
Car c'est elle qui blanche et nette yst,
Bon est l'ouvrier et saige qui la fist,
Au corps la met, agencée et pollye,
Sans que par tache elle soit abolye,
En faisant foy du lieu dont elle vient, 3765
Et dont procedé, helas, mais il advient
Que la prison de chair mortifiée
La rend infecte et maleficiée,
Et la nourrist en boue de pechié,
Dont le desir d'icelle est empeschié, 3770
Et ia çoit or que souvent ay remort,
Le corps pourtant si la meine à la mort,
Oultre le gré de la povre chetive,
Au corps ne chault, mais qu'à son plaisir vive,
Et va rouant après ses voluptez, 3775
Desordonnées et folles voulentez,
Et ia ne craint que peril luy adviengne,
Car Vain Espoir toult qu'il ne luy souviengne
[74 v°] De son salut dont le povre meschant
Souventesfoys si s'en va trebuschant 3780
En tel dangier dont ne peult relever,
Or, se pourra assés après lever,
Ja ne fera si bonne penitence
Que jamais ait necte sa conscience,
Car tousjours a attente de venir 3785
Au premier ploy et jamais parvenir,
Il ne pourra, ains plus fort se reculle
De sa santé et sa guerison nulle,

Ia ne sera jamais saine la playe,
Et pourneant le mire si employe, 3790
Si tout à plain ne vuyde l'apostume,
Qui tel langueur au pacient alume,
Mais quant la playe est agencée et close,
Le patient en sa santé repose,
Et recouvre force et convalescence, 3795
Par l'excercice et bonne diligence,
Du medecin qui telle peine a pris
A le guerir, dont il a loz et pris
D'esgaré cueur, vollaige et haulsaire,
Homme escarté au plus de son affaire, 3800
Fuyant l'espoir qui à bien te convie,
Ô pelerin de transitoire vie,
Veulx tu laisser le chemin et l'adresse
De bonne fin pour croyre ta simplesse,
Et en dangier tu te va amusant, 3805
Tes ans premiers et ta jeunesse usant,
Selon ton vueil qui est desordonné,
Et autrement qu'il ne t'est ordonné,
Par les edictz de raison catholique,
Dont tu te pers et en la voye oblicque 3810
D'erreur te voy ja perdu et deffait,
Si autrement n'advises à ton fait,
Ô despourveu de clere congnoissance,
N'es tu records, n'as tu point souvenance,

[75 ʳᵒ] Ne l'usaige de ton entendement, 3815
Pour parcevoir comme premierement,
Las, je te fis en cestuy monde naistre,
Et te donnay vie, sçavoir, et estre,
Et pour plus fort ta louange augmenter
En toy voulu soigneusement hanter, 3820
Par especial et digne privilege,
Ame immortelle, aussy blanche que nege,
Laquelle fis susceptible et capable
De toutes meurs et de biens accointable,
En qui je mys mon entente et ma cure, 3825
Pour la rendre de parfaicte nature,

Et luy donnay raison, intelligence,
Force, vertu, conseil, et attrempence,
Subtilité, et clere invencion,
Exterminant à son intencion 3830
Povoir esgal et ung plus parfait tiltre,
Car je luy feiz octroy d'ung franc arbitre,
Pour soy regir au gré de son vouloir,
Affin qu'il n'eust cause de soy douloir,
Si par contraincte elle commectoit vice, 3835
Ou qu'à bien faire elle eust esté propice,
Car jamais elle n'eust esté digne,
Si seullement elle eust esté encline
A bien faire sans povoir mal commectre,
Ainsy voulu doncques sur elle mettre, 3840
Pour sa vesture, une blanche chemise
Que je nommay Raisonnable Franchise,
Or s'est faicte la maleureuse serve,
Plus n'ay espoir qu'elle jamais me serve,
Dont, je la plains et trop certes meffis, 3845
Si dire affiert quant certes je la fis,
Car depuis a si malement forfaict,
Que je seulle de son cruel meffait,
Ay eu le faix et sattisfait l'amande,
Et toutesfoys elle point ne s'amende, * 3850
[75 ᵛᵒ] Ains est ingrate et mal congnoissant *
Le bien, l'honneur que luy voys pourchassant,
Et tant est fort en son dict obstinée,
Qu'oultre mon vueil elle est predestinée
Tenir prison comme faulse et rebelle, 3855
Et puis souffrir la grant mort eternelle,
Au lieu tout plain de peine sans repos,
Tormentée des infernaulx suppotz,
Executeurs de justice divine,
Qui à tous cas saigement determine 3860
Ô homme indigne.
Entens tu point la parolle de Dieu,
Es tu si fort aveugle en ce lieu,
Contaminé d'ambition humaine,

Où Fol Abuz, à ton plaisir, te maine, 3865
La corde au col, au gibet de dangier,
Et toutesfoys ne te veulx estrangier
De ses lyens, et de sa grant fallace,
Je m'esbahys si ton vueil ne s'en lasse,
Considere si trop n'as le sens rude, 3870
La fin heureuse et la beatitude,
La patrimoine et part hereditaire,
L'emolument et proffit salutaire,
Qui est par moy octroyé et promis,
A ceulx justes qui ont tout leur cueur mis, 3875
Par vraye foy en vertu cheminer,
Et aux vices saigement dominer,
Usant à droit de liberté virile,
Qui moult leur est proffitable et utile,
Et je, qui suys des cieulx la tresoriere, 3880
Leur feray part et porcion entiere
De l'eternel plaisir et infiny,
T'en souvient il, homme serf et banny?
Helas, nenny.
Trop as le cueur fisché en vaines choses, 3885
Et ia ne peulx en ces mondaines roses

[76 r°] Apparcevoir les poingnantes espines,
Les esguillons et ameres racines,
Dessoubz gisans plus poingnantes qu'orties,
Que Vain Espoir a illec assorties 3890
Pour t'attrapper soubz oyseuse courtine,
Si te deçoit et sans advis t'affine,
Et bon marché te fait de ses denrées,
Qui tost par toy seront desemparées,
Car la mort fait ses diligens apprestz, 3895
Et va suyvant ton ombre près à près,
Ce que pour vray elle faulche et detrenche
Ta verdure, qui tost deviendra blanche
Par les assaulx d'ancienne vieillesse,
Et plus n'auras la boetté de jeunesse 3900
Pour toy farder de ses doulx oignemens,
Ainsy feras piteux esloignemens

De ce sejour mondain où tant t'abuses,
Or, voy comment ta vie doncques uses,
Et quel chemin tu as or entreprins, 3905
Mieulx t'eust valu le sentier avoir prins
Du droit quartier quant Sensualité
Te tint propos aultre que verité,
Et qu'elle print de te mener la charge
Par le costé senestre grant et large, 3910
Là, où tu es et te vas deduysant,
Mais à la fin moult te sera nuysant,
Voyre, et cuysant.
Car une foys congnoistras ton dommaige,
Et repentir te vouldras de l'ommaige 3915
Que tu as fait à celle qui convoye
Ton fol vouloir en la mondaine voye,
Et par elle as ton salut esloingné,
Congnoys, doncques, que mal as besoingné,
Et ne croy pas celle Vaine Esperance, 3920
Qui te promect une longue distance,
Dans et de jours et de te faire vivre,
[76 vo] Car son promectre est faulx et si t'en jure,
Retire toy quant tu as le loisir,
Et ne metz tant en ce lieu ton desir, 3925
Qu'à tousjours mais encombrier t'en adviengne,
De cecy dont amplement te souviengne,
Ne te laisse du tout aneantir
En ce travail, car tart au repentir
Pourras venir se bientost ne t'advises, 3930
Et quant viendra rendre compte des mises
Du temps perdu en ce mondain deluge
Devant le hault et tressouverain juge,
Là, n'aura lieu, excuse, ne mercy,
Considere que c'es tung amer cy, 3935
Car lors sera justice à tous ouverte
Et la rigueur divine descouverte,
Plus n'y aura temps de remission,
Ne de grace, ne d'abolition,
Comme ores est, or y pren garde doncques, 3940

Et tant ne soyes enclin à bien quelconques
Transitoires que pour ceulx perdre vueilles
Les haulx plaisirs et joyes nompareilles,
Ne paye pas de bran, mais de farine,
Et de la fleur de ta jeunesse fine, 3945
Cil qui reçoyt de tous humains l'offrande,
Telle qu'elle est, ou bien petite ou grande,
Et par après de semblable mesure
Qu'on a usé, les paye sans usure,
Pense à mes ditz, homme serf, or y pense, 3950
Et saillir de ces destroitz, t'avance, *
Craings mon offence.

L'Acteur

Après que la glorieuse dame me eut de sa celeste manne ainsy repeu, et doulcement alimenté ma povre ame flagitée par les doulces parolles de sa bouche souefve yssans, je, en 3955 cueur [77 ʳᵒ] contrict, en couraige molifié, en esperit de raison suscité par l'efficace et vertu de sa presence voulu alors aucunement après ung desireux souspir, faisant foy de mon repentir, dresser vers elle ma voix tremblant, non pour replicque presumptueuse, ains pour d'icelle recevoir plus amplement 3960 chastiement et discipline. Et ia avoys à mon penser fait ouverture et mes balievres separées l'une de l'autre pour proferer ce que me vint en intencion, mais à ce coup s'esvanouyst, si ne sçay comment celle deesse et tost voulut desemparer ce lieu non saint et celle terre ainsy pollue. Donc je, voyant celle 3965 esloingner de moy, helas, qui tant sembloit, voyre, et estoit doulce et benigne, ne sceu à qui recours avoir pour celle foys, fors d'espuyser larmes et pleur en la fontaine de mon cueur, et par les conduictz de mes yeulx leur faire voye, pour demonstrer comment regret m'a desconfit pour son absence. Et 3970 je, gisant ainsy au lict où par maintz jours m'avoit tenu entre ses brahs Vaine Esperance, commençay lors me conquerir tout à par moy et faire exclamations douloureuses pour l'esloingné de celle de qui tant fort me pleut la veue qui si acoup ne sçay pourquoy de mes deux yeulx s'est estrangée. 3975 Ô souveraine princesse où toutes les bontez et parfections qu'on peult penser sont recueillies, en quoy vous ay si tost despleu, ne si acoup avés voullu laisser celluy qui tant vous ayme, qui vous voulsist de si bon cueur, dame, clamer et à jamais vostre servant soy reputer s'il en feust digne. Ô Dame 3980 transcendant les haulx rochiers de tout humain entendement pour voz valleurs, belle sans fin, encore meilleur, clere en vertu, de loz parée, saige en tous cas, d'amour pourveue, de pitié pleine, à paix encliné, preste à ouyr, à venger lente, et trop mieulx, aymant obeissance que sacrifice. Ô vraye 3985 amante des humains, pourquoy avez a nonchalle cil qui ne se feust [77 v°] oncques lassé de vostre veue, mais j'apperçoy et sçay de vray que à moy, meschant trop despourveu de logis digne pour heberger, dame si haulte ne affiert, helas, si grant honneur de vous veoir près ung seul quart d'heure 3990 et d'ung tantet qu'il vous a pleu cy vous tenir, ce neantmoins • entierement vous remercye, ia çoit qu'avés mon cueur navré si tresacertes par le regart de voz doulx qu'en luy je voy dueil encourir, desir le prendre, regret troubler son intendit, doubtant, helas, plus ne vous veoir, donc ne seroit la mort pro- 3995 chaine et joye arriere. Ô lumiere donnant clarté aux tenebreux, estoille matutine aux pelerins trop forvoyez, soleil du hault empire regardant, baston des membres egrotans, medicine des cueurs malades, relaxation des couraiges ydropiques, restaurant de santé perdue, eaue chaulde, fievre 4000 adoulcissant, licorne approuvée tout venin dechassant, chastellaine de grace et tresoriere de tous biens. Tournez, tournez, revenez tost, considerez que je languis en vostre amour et que sans vous, certes ne puis avoir mon ayse, acourez cy, Dame honorée, et ne laissés en telz perilz, helas, finir 4005 vostre servant. Si j'ay erré, c'est ignorance qui simplement m'a fait ouvrer et sans trop grande cautelle tost a peu estre ma jeunesse supplantée par les instigations de celle Sensualité, qui m'a fortraict en la contemplation de bonnes meurs, et si a fait tant chalenger mon bon propos que nous hu- •4010 mains, las, trop avons dictible à croyre, doncques, Dame, mercy criant, je vous supply, venez acoup prendre et saisir mon cueur entier et me enseigner le droit chemin pour parvenir à celle grande beatitude que vous dictes nous avoir

appareillé se à nous ne tient. Soyés seure que je suys prest 4015
nous plus tyrer desormais oultre en cest endroit, car j'apperçoy que c'est la marche perilleuse, destructive *[78 r°]*
des voyageurs par cy passans. A quoy doncques faictes
reffus de moy ouyr quant vous souhaicte, ne voyés vous
mes pensées qui nuyt et jour tendent les bras pour accoller 4020
vostre excellence, ne voyés vous les feux nouveaux qu'avoit
ia fait mon cueur en foy pour la grant joye qu'eut receue
quant or vous veyt tant accomplye. Pour Dieu, madame,
au bon besoing, n'abandonnés cil qui le vostre est et veult
estre. 4025

L'Acteur

En telz souspirs et autres maintz regrettoye la soubdaine
departie d'icelle dame celeste, gisant au lict de Vaine Esperance, auquel d'ung costé sur autre me alloye tournoyant
comme homme oultré de desplaisir qui tant se voyt d'ennuy
pressé que impossible est que dormir puisse. Et ia soit or 4030
que jeune estoye et mal encores ayant experimenté toutes
les calamitez et passions humaines. Si apperceu lors toutesfoys que grandement non pas de peu m'estoye escarté en ce
mondain voyage de l'adresse de bonne fin par le conseil de
la dame, Sensualité, qui ia me avoit bien avant en sa berelle, 4035
voyre, si tresque moult sera l'affaire grant de mon povoir
seur departir et retourner au point de vraye congnoissance,
si celle saige tuterresse, Grace Divine, par son suppellatif
entendement n'y remedie, mais tant y a en ce point m'a delaissé en greigneur doubte, dont le rencheoir est dangereux. 4040
Et je, pensant à tout cecy selon l'exigence de mon mal et
jouxte la force de ma foible intelligence me prins alors à
lamenter de plus en plus, passant la nuyt en telz complainctz, lesquelz en moy ne cesserent jusques à ce que
j'eusse ouy le chant journal des coqs chanter, et que le jour 4045
fut paroissant emmy ma chambre. Et encores estoye en tel
affaire, ayant *[79 v°]* les yeulx enflez et plains de grosse
larmes, la face moyste, voyre, et pallye, la bouche blesme,
le sens esmeu, la voix tremblant et par sanglotz souvent
brisée, quant tout à coup j'ouy entrer illec dedans Vaine 4050

Esperance, mon hostesse, Dieu sçait en quelle riante maniere, qui selon sa bonne coustume me venoit aux matins resveiller, et m'apportoit son plain giron de belles fleurs d'annuelle rente que sur ma couche elle respendoit pour embasmer de ses senteurs toute raison qui en moy gist, si j'en 4055 ay gousté. *[79 ro]* Elle doncques, si comme paravant faire soulloit, dedans entra avec elle semblablement Abus, patron de nostre nef et celle Sensualité, ma gouvernante, qui là tous troys cuydant alors me faire feste comme le plus matin, s'approcherent du *[79 vo]* lict tresprès auquel gisoye. Et 4060 après le bon tour donné commercerent à eulx jouer autour de moy, me reprochant le long dormir duquel pourtant peu prins avoye. Et tant prindrent de privauté sur moy que ia me commençoyent à chastouiller et d'autres petis esbas oyseux me faire presse, mais je, qui d'autres soucy avoye, 4065 le chief pesant plus qu'il ne leur semble, ne prenoye garde à leurs deduits comme souloye paravant avec eulx faire, ains soubz les draps comme homme honteux vouloye tenir mon dueil couvert dont l'embusche fut toutesfoys descellée par plains et pleurs, et par semblans tristes, car ilz virent les 4070 linceux couvers de larmes moistes, ma face triste et amortie, ma contenance assés estrange et autre que paravant ne l'eurent veue, dont tous troys furent esbahys de me veoir tel et atourné d'autre visaige que ne souloye. Eulx doncques, tout tel me voyant, commencerent en doulx parlers 4075 moy exhorter pour mieulx sçavoir cause pourquoy tant me douloye, et pour aussy remedier à cestuy dueil, s'il est possible. Et premiere me va getter telz motz au nez Vaine Esperance pour adoulcir et decevoir soubz beau semblant, voyre, et du tout pour desmollir le tabernacle du sinderesse, 4080 consciencieux que Grace Divine, la bonne dame, avoit basty et massonné dedans mon cueur, si va ainsy donc commencer celle meschante chays, son beau langaige et tel rondeau me va chantant à ceste foys.

Vaine Esperance

Plaisir vault mieulx qu'une amere complaincte, 4085
Car pour long pleur et pour vie contraincte

L'on ne se fait que perdre et dommaiger,
Peu en y a qu'on voit advantager,
Pour telz regretz ne pourtant faire plaincte.

Soit la personne assés devote et saincte, 4090
[80 ʳᵒ] Pour son salut souffrant angoisse mainte,
Qu'en advient il, certes, pour abreiger,
 Plaisir vault mieulx.
Il n'est si bon que s'il avoit emprainte
Dedans son cueur, et la figure paincte 4095
Du bien mondain qu'on ne vit chalenger,
Brief, qui se veult à mon propos renger,
Je dis et tiens ceste reigle sans faincte,
 Plaisir vault mieulx.

Abus

[80 ᵛᵒ] Les plaisirs des gens sont divers, 4100
Les ungs veullent les habitz vers,
Les autres noirs et à dueil tendre,
Mais qui veult son desir estendre,
Par moy tous biens sont recouvers.

[81 ʳᵒ] L'en peult chanter hymnes et vers, 4105
Si fault il passer maints yvers,
Devant que l'en les puisse prendre
 Les plaisirs
Aucuns sont chices et avers,
Les autres larges et ouvers, 4110
Les ungs craignent le trop despendre,
Aucuns se vont sans propos rendre,
Et mettent souvent à l'envers.
 Les plaisirs *

Sensualité

Plaisir ou dueil, deffortune, ou leesse, 4115
Craincte ou seureté, franc vouloir ou destresse,
Pitié, rigueur, travail, ou long repos

Sont accidens de tous humains suppostz,
Qui viennent tost, et bientost on les laisse.
Et ia soit or que fortune ne cesse 4120
Tenir les cueurs des vivans en sa lesse,
Avoir convient neantmoints ung propos,
 Plaisir ou dueil
Qui trop se deult, c'est follye ou simplesse,
Qui prent de joye aussy trop grant largesse, 4125
Et veult ruer sans cause les grans coups,
Brief, je les tiens du nombrement des folz,
Et n'est pas seur s'il obtiendra sans cesse
 Plaisir ou dueil.

L'Acteur

Plaisirs sont bons, mais qu'ilz n'empeschent l'ame 4130
De son salut et que tousjours soit dame
Du meschant corps, qui ne tend qu'à peché,
Mais quant son bien par une est empesché,
Tout tel plaisir ne luy sert que de blasme.

Aymant autruy non faisant tort à ame, 4135
De son prochain gardant l'honneur et fame,
[81 v°] En ce cas là quant l'en est entaché.

 Plaisirs sont bons
Mais qui se met en l'amoureuse game,
Et veult aymer ou damoiselle ou dame, 4140
Par folle amour où il est aleché,
Son fait est mal, brief, c'est ung point trenché,
Quant l'en a point reproche ou diffame, *
 Plaisirs sont bons.

L'Acteur

De telles oyseuses armonies et aux sons plaisans de leurs *4145
instrumens de vaine musicque me donnerent à ce matin *
l'aubade ces troys mondains entrepreneurs, sçavoir est Sensualité, Vaine Esperance, et Fol Abus, et bien pensoient par
tel moyen incité ma fragilité à l'excercice acoustumé, mais

je, qui encores avoye en fraiz record l'exhortation salutaire 4150
d'icelle souveraine princesse, Grace Divine, qui doulcement
avoit estante ycy devant auprès de moy ce que par une inspiration vertueuse avoit aucunement retiré en moy le tyson
de vraye charité, je forment dedans mon cueur estaincte et
auffoquée, tournay alors la cheville de l'instrument orga- 4155
nicque de mon sens tellement que la repplicque de ma corde
fut dissonante aux orbes de leurs symphonies, et fiz responce
d'ung rondeau contrariant à leurs plaisirs, si comme avez
peu appercevoir ycy devant, dont la dame, Vaine Esperance,
me voyant ia delirant et escarté de son desir, forger alors 4160
soubdainement de termes nouveaux et de beaulx motz, se
voult armer pour bataillier contre mon vueil et de tous
points sien le tenir par foy promise. Si commença dont sa
demarche et va ferir au plus parfont mon cueur entier par
une sayettë de doulce remembrance en me disant. 4165

[82 r°] *Sensualité*

Ô le mien enfant et alumpne que j'ay tant chier, à qui je
vueil de si bon cueur obtemperer, pour te faire aise et pour
jouyr de tous plaisirs delicieux, de qui j'avoye fait ung sin-
gulier repositoire pour herberger tout mon soulas, à qui
j'avoye de tous delices la chambre preparée. Pour assouvir 4170
tes pensemens. Pour qui je taschoys amasser le tresor de pardurable louange pour obtenir de tout honneur le dyademe.
Et comme le mien plus prochain amy et heritier te faire
part et porcion legittime de ma chevance. Et maintenant je
te voy hors du bon propos où hyer au soir fuz. Et que est 4175
cecy ne dont procedé en si brief temps ce dueil soubdain
dont larmoyer, ores te voy sans cause juste.

L'Acteur

Certes, Dame, cause juste de larmoyer à cil pour vray à
mon advis, qui tousjours va et plus s'escarte, car tant pourra
au loing aller que le retour forain de son salut doit faire 4180
doubte. Dont, Fol Voyage a entreprise le pelerin qui sçait
le droit, veult pourtant par trop cuyder s'advantager en

autre voye. Moult est nice celluy qui peu voyt et par aultruy
privé des yeulx veult son chemin oultrepasser. Ia n'yront
loing telz voyageurs quelque baston qui les appuye qu'on 4185
ne les trouve accramentez en bien peu d'heure. Las, moult
heureux est reputé celluy qui clerement peult cheminer et
qui de vraye lumiere est emparé, eschevant les tenebreuses
advantures et les nocturnes dangiers. Certainement, moult
peut cestuy asseur aller, mais peu en a du tel livrée dont 4190
les dommaiges en adviennent aux chetifz, et la faulte aux
couraiges endurcys, qui par oppinastre [82 ^{vo}] vouloir cuy-
dent tyrer le droit quartier, et vont moult loing de bonne
adresse, ainsy m'est prins. Et tel me voyt dont je faiz dueil
et en ay aussy cause. *4195

Vaine Esperance

Ha, Je congnoys dont ce mal vient, et si jeunesse ne te
faisoit si souvent varier à l'excecution de tes pensées plus
fort blasmeroye ton inconstance que çà et là induit ton
cueur, puys à faire, puis à deffaire, à consentir, à revocquer, à vouloir, puis à non vouloir. Certainement, tant de 4200
propos mal conseilliez font cheoir les proposans en romp-
ture desesperée, et demoura leur voulenté sans nul effect
en commun vituperé et particuliere souffrance. Suy doncq-
ques ta bonne fortune, amy treschier. Car ores as selon ton
gré vent et marée. Et je, qui sçay bien conseillier mes bien 4205
vueillans, tousjours seray à toy propice. Ne voys tu pas cy
devant tes yeulx tous biens mondains te consuyvir? Ne voys
tu mais la haultesse où es advenir se à toy ne tient, et toy,
qui es jeune et entier parfait et beau, où nature à son
plaisir pris à te parer selon ton deu et si de bonne propor- 4210
tion tes qualités moderées, nulle superfluité de maladie ne
convainct ta complection, ains as lustre nect et polly, langaige doulx, souef maintien. Veulx tu doncques ores espargner pour toy tout seul sans desployer ce beau tresor et
tenir cloz ce qui pourroit estre extimé a si hault pris de 4215
gens mondains. Veulx tu desja estuyer le glayve de ta renommée comme homme mact et recreant sans estriver entre
les preux, et acquerir tiltre d'honneur par ton bien faire.

Ô celluy qui ia homme ne deveroye appeller, ains cueur
fragille et feminin, es tu si nice ainsy vouloir à tort aller 4220
contre ton heur et battailler comme meschant contre le
povoir de la planette, *[83 ʳº]* qui gracieusement te fait
offre par vray regard de parvenir à quelque bien que tu
vouldras. Si par ta paresse ou nonchalloir n'es attaché au
posteau de ta misere. Advise toy ains qu'il soit tard. Encores 4225
n'est le mydi de ton aage venu. Dont, assés as temps et
loisir de executer tous tes desirs. Car, si tu viens à decliner
et que le vespre te surprengne, dès lors te pourras moult
doulourer en vain, helas, car plus n'aura ton cueur povoir
de parvenir à son entente. 4230

L'Acteur

Ô Dame, voz parolles sont melliflues, mais l'effect d'icelle doubteux.

Vaine Esperance

Pourquoy cela?

L'Acteur

Pource qu'avez maints attendans soubz vostre main ainsy
traictez et peuz de vent comme je suys. Et si je ose bien 4235
m'arrester à ce que sapience dit de voz exploicts, certainement c'est vanité des vanitez, et toutes choses temporelles
vanité. N'ay je doncques cause et raison de me douloir en
la balance de ce monde où je me voy, las, si ay tant, si saige
feusse. Mais voz engins sont si subtilz que les plus caulx 4240
sont attrappez au riant gouffre de voz peines, ia ne les
sceut assés fouyr Sanson, le fort, ne Salomon, plain de sçavoir, ne fist Aristote pour vray, non fist Virgile, et cent mille
aultres.

Vaine Esperance

C'est trop parlé à jeune sens, mal as encor senty pour 4245
en jugier ainsy à l'aise. Et si bien as ès livres leu trouveras
que tout humain suyt son plaisir, et qu'en tous cueurs sont

attirez à volupté qui les domine. Ne te faiz doncques plus
fort souldart qu'autres ne sont. Ou de tous pointz *[83 v°]*
retire toy, quittant les armes. Et si du monde ne te chault, 4250
rends toy cloistrier, et prens la hayre. Ainsy pourras appercevoir lequel vault mieulx. Et si pain blanc te fait ennuy,
faiz du bis souppe. Ha, Fol Vouloir desordonné, qui veulx
estre reformateur du commun stille, et la maniere de vivre
veulx de tous points adnichiler, ce fait semblant. Cuyde tu 4255
plus avoir apprins que autres n'ont fait? Es tu consul ne
senateur pour mettre sus nouvelle loy abolissant l'estat
mondain comme Appocriffe? Seuffre, seuffre le temps courir
et viz en paix si tu me croix, au lez vivans à tous n'affiert
la politicque moderer, et si n'es pas assés expert pour tel 4260
machine.

L'Acteur

Certes, Dame, Vaincu m'avez assés, voyés qu'ay foible
escu pour resister à voz sayettes, dont, me povés les mains
lyer et çà et là me pourmener où vous plaira, ia n'y desdis,
mais je crains tant. 4265

Vaine Esperance

Que peulz tu craindre?

L'Acteur

Grace Divine, qui de persuasion saincte, m'a exhorté
prochainement. Et si je veulx or transgreder le convenant
qu'à elle j'ay forclus, seray à tout jamais du service et sans
rachat desherité du bien promis. Dictes doncques, las, que 4270
feray. Car trop auroit celluy mesprins qui à son sceu auroit
perdu telle maistresse, mais d'ung cousté voulés avoir consentement du mien vouloir. Mais sur ma foy j'ay ung remors
qui m'en retire. Or appaisez, donc, c'est estrif qui tient mon
cueur en mortel doubte. 4275

Vaine Esperance

Si d'adventure au long aller plaisir mon*[84 r°]*dain
t'avoit si fort couvers les yeulx, si de celle Grace Divine

feusses banny par aulcun temps, le remede est assés commun pour y retourner.

L'Acteur

Et quel, Madame? 4280

Vaine Esperance

Ne te chaille quant vieil seras, je y penseray. Mais cependant, quant tu as lieu, temps et matiere. Metz toy avant sans plus gueres muser.

L'Acteur

Et voyre, mais si par meschief suys prevenu et que la garde d'Atropos, qui n'a respit tant petit, soit soubdainement 4285 me court sus comme elle fait à tous vivans, sans adviser à vieulx ne à jeunes, à foibles ou fors, à bel ou à laid, et que du boys mortel me fiere comme j'en voy tant advenir à maintz et mainctes, et telz surprins piteusement qui en parfonde joye se baignerent, las, bien pensans non encourir 4290 ainsy acoup leur derniere heure, et non si tost clorre en effect l'huys de leur vie. Je, qui ne suys non plus exempt, ains tout ytel, encores plus subgiect et ne pour recepvoir ce pesant henot. Las, que feray? Et si la vie temporelle à moins de seuretté que fil d'araignes, et que le corps 4295 d'homme mortel soit receptable de plus de mille passions sans mettre au compte les fortuitz accidens tant perilleux où il, chetif, est destiné par adventure. Helas, mon Dieu, mon pere createur, pourquoy fera Dieu appareil de beau sejour pour y loger estrangier hoste, et bastira maison nou- 4300 velle, herbergement de loingtains hoirs. Ainsy aura planté le boys dont jamais il ne cueillira ne fruict ne fueille, et tost aura son plaisir ou en long travail *[84 v0]* et courte joye. Ô Dame Esperance, ces choses sont à digerer si tresameres qu'il n'est douleur que je ne sente à recorder ce piteux et 4305 douloreux metz. Car du tout ce dit ne monte rien quant au peril du compte rendre après l'execution des cas aisiez à faire et fort à souldre.

A vy tristan le trespreux cõbatant.
Auec yseuv sa mye belle et blonde.
Qui la asseit trepount et saultãt.
Dont pas nestoit le roy marc trop
　　　contant.
Car contre luy eut hayne trop profonde.
La vy aussy de la grant table ronde.

Vaine Esperance

Homme, qui veult à fin venir où il pretend, ne doit dresser telz scrupuleux doubtes de causes futures et contin- 4310 gentes, et si ne doit en ses espreuves applicquer les inconveniens du siecle advenir. Car telz pensers amoindrissent force et vigueur à tout humain qui les pourchasse et font souvent les sens troubler aux plus estables. Laisse doncques, homme, escarté tout tel propos et ton doubte faiz espuyer 4315 sur l'asseurance de la foy que tu maintiens, car penitence abolira quant vieil seras tous les meffais si faulte y a durant ton vivre par ung souspir de repentine doleance.

L'Acteur

Or, prie à Dieu que ainsy soit il et qu'il me doint si bien ouvrer au long aller en mon voyage que quant viendra 4320 celluy grant jour tant redoubté, puisse apparoir franc et delivré de tous ignominieux cas et que ne soye par mon erreur, las, effacé, et mis à part du saint volume des vivans. Car trop mal seroit mon bien party perdre, non plus pour ⁕ le mien suyvre. Or sus, Dame, puisque aller fault plus ne 4325 m'est le sejour duysant de vous. Doncques, de bon matin prens congé à la poursuyte de ma queste premiere, travailleray suyvant mon oeuvre tel en effect comme par sort devera venir au mien encontre.

L'Acteur

Atant fina d'elle et de moy le plaidoye celle foys, qui 4330 pas ne fut aisé de peu, me voyant [85 ʳᵒ] tost obtemperée à la haultainetté de ses emprises, si me laissa blanche chemise d'oyseaux penser, qui tost me fist changer propos, j'entens le bien et la doctrine que j'apprins la nuyt devant de la dame celestielle. Et pour mon compte faire brief, je donc- 4335 ques lors du tout rencheu à plus grant vice. Propose lors, ⁕ prenant l'arrest de ma soubdaine voulenté, pour desloger le lendemain quoy qu'il en soit, et de passer les haulx dangiers de temporelle vie à plus grans fraiz de moins d'advis qu'onc-

ques jamais, si comme orrés cy par après à la consuyte de 4340
mon livre. Et je, doncques, atant feray au second fin pour
le tiers après commencer, aydant Dieu, sans qui ne peult
aucun vivant parachever oeuvre condigne.

Cy finist le second livre de ce volume et commence le
tiers. 4345

L'Acteur

[85 vo] Après le ver de ma jeune saison, *
Qu'on dit printemps en commune eloquence,
Ja commençant à laisser la toyson,
Voyre, et la fleur de mon adolescence,
Je, qui longtemps au pays d'Esperance 4350
[86 ro] Avoye hanté pour y prendre repos,
Pour consuyvre la fin de mon propos,
Conclu alors me mettre au navigaige,
Accomplissant mon bon pellerinaige.

Si prins doncques de la dame congié, 4355
Qui me donna de son gris pour livrée,
Longs jours me suys où elle soullaigé,
Sa grace ma permise et delivrée,
Et plus m'a fait, car elle a ennyvrée
Toute raison que Dieu m'avoit donnée, 4360
Ainsy m'en voys d'elle bien guerdonné,
Ce me sembloit, pouvre sot que j'estoye,
Et maints souspirs sans cause, las, gettoye.

J'euz saufconduyt pour mieulx oultrepasser,
Et voulentiers le m'octroya sans faincte, 4365
Au despartir je cuyday trespasser,
Car en mon cueur stoit ia si empraincte,
Qu'en le baisant je pleure larme maincte,
Tant fort m'avoit à ses plaisirs lyé,
Qu'il me sembloit que je feusse allyé, 4370
Pour ung jamais en paisible demeure,
Avec elle sans la laisser une heure.

Mais ce n'est pas mon dernier periode,
Aillieurs convient prendre fin et limite,
Le commun train et l'ancienne mode, 4375
De tous vivans me convye et incite
A desloger, dont, les ungs ont merite,
Et autres non, ains croissent leurs travaulx,
Tant aillent loing et par mons et par vaulx,
Car trop ont mis vouloir, cueur et creance, 4380
Comme j'ay fait en leur Vaine Esperance.

Pour abreigier sur ung dernier adieu,
[86 v°] Acompaigné de lermoyant langaige,
Je, fort dolent, party lors de ce lieu,
Tyrant au port où est le navigaige, 4385
Là, Fol Abus apprestoit son barnaige,
Et commençoit ses voilles assortir,
Pour nous faire de ce quartier sortir,
Singlant la mer mondaine perilleuse,
Si se monstroit pour l'eure gracieuse. 4390

Si entray donc, et Sensualité,
Qui en tous lieux me fut bonne compaigne,
En ce vaisseau qu'Abus eut appresté,
Et laissasmes la terre et la champaigne,
Dont je porte la livrée et l'enseigne, 4395
Et tant feismes pour bien diligenter,
Que le bon vent, qui print lors à venter,
Nous mist en mer planctureuse et haultaine,
Et tost nous fut l'Isle d'Espoir loingtaine.

L'Acteur

[87 r°] Or, nous soit Dieu propice et secourant, * 4400
Car plus n'avons actente ne refuge,
Pour tout confort dangier nous est grant,
Tel est le cours de ce mondain deluge,
Le grant peril où nous sommes nous juge,
En l'eau n'y a ne source ne mercy 4405
[87 v°] Si pry è Dieu, le createur aussy,

Par sa bonté, qui est tant infinye,
Que sa grace ne soit de nou bannye.

En ce propos à part moy entrivant,
Ja congnoissant nostre futur encombre, 4410
J'apperceu lors devers soleil levant,
De corps humains floter ung moult grant nombre,
Dont le rechief voyant ung mortel ombre,
Considerant que pas n'estoye à fin,
De mes labeurs comme prouche et affin 4415
De desconfort, qui tant près de moy veille,
Recommençay complaincte non pareille.

Et en ce point que brassoys mon regret,
Tout destrempé de mortelle souffrance,
Cuydant tenir mon grief clos et secret, 4420
Soubz le tapis de bonne pacience,
Je congneu là ung des princes de France,
Tant fort loué et tant prisé jadis,
Que sa maison sembloit ung paradis,
Png vray sejour de triumphant gloire, 4425
Pour à jamais demourer en memoire.

De tous vivans fust il reputé bon,
Justicier, liberal, et paisible,
Helas, c'estoit feu Jehan, Duc de Bourbon, *
Dont je fiz dueil et plaincte moult terrible, 4430
Car moult fut le cuyder impossible
Le veoir floter sur ces fleuves marins,
Qui l'avoys veu autrefoys à moulins
Relever sus cent mille bonnes chieres,
Ha, que moult sont telz advantures chieres. 4435

Là, vy son corps de veloux cramoysi,
Tout atourné en coffre de vieil aage,
[88 ʳᵒ] Et près de luy tout à coup je choysy *
A veue d'oeil ung femenin corsaige,
Helas, c'estoit la figure et ymaige, 4440
De a feue femme, yssue de Nemours, *

Peu durerent leurs loyalles amours,
La mort en fist piteuse departie,
Donc, moult je plains l'une et l'autre partie.

A bien peu tint que tout mon cueur ne fend, 4445
Quant je la vy en deffaicte figure,
Entre ses mains tenir son jeune enfant,
Qui succeder devoit par geniture,
La mort le print en tendre nourriture,
Et ia soit or que tous des fleurs de lys, 4450
Fussent yssus les a ensevelys,
Comme elle fait toute pouvre personne,
Sans adviser lesquelz appelle ou sonne.

Après ceulx là je vy deulx cardinaulx
En la tumbe des mondains miserables, 4455
Que je congneu à leurs rouges manteaulx, *
Lesquelz furent jadis tant honnourables,
L'ung par poysons venimeux et doutables
Fina ses jours en son premier honneur,
Helas, c'estoit ung honneste seigneur, 4460
Prelat d'eglise et de Fouez eut nom, *
Et l'autre fut Cardinal de Bourbon.

Près eulx je vy tant d'ecclesiasticques,
Palles, deffaiz, mors, et deffigurez,
Lesquelz furent par voyes tant oblicques 4465
En celle mer piteuse devorez,
Tous y sont cheuz et tous sont demourez, *
De les nommer ne gist en mon possible,
Si prye à Dieu qu'il leur soit remissible, *
Et que la foy crestienne les preserve 4470
[88 vo] De l'infernalle et mortelle lousserve.

Lors, leur donnay à tous De Profundis,
Or plaise à Dieu qui leur soit meritoire,
Et qu'à la fin ne soyent interdits
De l'eternelle et pardurable gloire, 4475
Là où nous tous comme nous devons croyre,

Se à nous ne tiens une foys parviendrons,
Et la doulceur angelicque obtiendrons,
Sans que jamais celle richesse faille,
Dieu vueille donc que tout vivant y aille. 4480

Je, rutillant en piteuse oroison
Pour tant de gens que je vy mors à celle heure
Ayant craincte, meslée de raison,
Peur sans seureté, qui tousjours me court seure,
Tourne mon oeil qui tant larmoye et pleure, 4485
En autrepart cuydant bien l'employer,
Mais souvenir me va tost desployer
Une embusche de plus de cent mille hommes,
Là, tous periz et noyez à grans sommes.

Bien y congneu le Conte Damp Martin, * 4490
Que mort avoit par dureté inciville, *
Ia assemblé à son derrier butin,
Si fist elle le seigneur Dancarville,
Lequel laissa par trespas mainte ville,
Maints beaulx, chasteaulx, et sumptueux manoirs, 4495
Qui sont escheuz en mains de lointains hoirs,
Car sa fille naturelle heritiere,
Tost trespassa et là la vy en biere.

Après y vy le gentil mareschal,
De boyre plain, de si grant couraige, 4500
Qui jeune aprint à dompter maint cheval
Portant harnoys, luy estant en bas aage,
[89 ro] Mais des armes ne sceut si bien l'usaige
Qu'à la par fin ne demourast vaincu,
Et trop eut lors foible targe et escu, 4505
Quant par eschec de forte maladie
Fut rué jus sans ressource de vie.

Après celluy je peuz choisir à l'oeil
Flotant en mer homme de riche monstre,
Helas, ce fut le sire de Bueil * 4510
Ainsy que bien verité le me monstre,

Mort l'avoit prins et transpercé tout oultre,
Par son mortel et tresrigoreux dard,
Aussy je vy bien près en celle part
Ung de grant sens plain de sollicitude, 4515
C'estoit pour vray le feu Seigneur du Lude. *

Entr'eulx je vy monseigneur de Precigne,
Jadis natif en l'angevine terre,
Aussy fiz je le Seigneur de Maigne,
Qui paravant fut hardy chief de guerre, 4520
La mort l'avoit par ung petit caterre
Jecté au renc des pouvres trespassez,
Dont j'eu regret, pitié et dueil assez,
Car bien servit de France la couronne,
Je prye à Dieu qu'ès sains cieulx le guerdonne. 4525

Ainsy prenoys mon piteux reconfort,
Son cueur contrict et morne contenance
A regarder d'iceulx humains le sort,
Mesmement ceulx de qui j'euz congnoissance,
Et en ce point que mettoys diligence, 4530
Et tristesse, soing, et regard larmoyant,
Je vy le corps près de moy tournoyant,
D'ung chevalier ressemblant homme digne,
Ainsy que bien la façon le designe.

[89 v°] Entre ses brahs ung grant tableau tenoit, 4535
Dont assés plus m'esbahys qu'oncques mais,
L'epitaphe mot à mot contenoit,
Tous telz escriptz qui pas ne furent laidz,
Cy gist Pierre, nommé de Saint Gelais,
En son vivant chevalier treshonneste, 4540
Qui s'est trouvé en maint noble conqueste, *
Servant les roys, seigneur fut de Montlieu,
Son ame soit posée devant Dieu.

Là, que moult fut mon cueur plain de douleur, *
Et transpercé du glaive de tristesse, 4545
Tost eu perdu mouvement et couleur,

Tost fuz surprins d'excessive destresse,
A bien peu tint que de mortelle angoisse,
Ne trespassasse en ces piteux effors,
Quant j'advisay ce chevalereux corps, 4550
Car pour certain c'estoit mon treschier pere,
Que vy noyé en mondaine misere.

Lors, tout à coup j'euz amour paternelle,
Et puys regret, qui me vint assaillir,
Helas, ces deux me disrent tel nouvelle, * 4555
Qu'au bon besoing cuyda mon sens faillir,
Car je voulu dedans la mer saillir,
Non advisant à ma mort ou ma vie,
Pour embrasser comme chose ravye,
Le corps transy de mon pere notable, 4560
Par ung desir filial charitable.

Et ja pour vray avoye mon bransle pris,
Pour me jecter en ce piteux affaire,
Mais tout à coup fuz saulvé et repris
Par ung remors divin et salutaire, 4565
Qui lors me dist, chetif, que veulx tu faire?
Ne soyes pas de toy mesmes homicide,
[90 ^{ro}] Veu que tu sces qu'il n'y a nul remide,
Et qu'il convient par cestuy pas passer,
A tous vivans sans plus oultrepasser. 4570

Si fuz doncques de mon vueil retiré,
Et preservé par divine clemence,
Par laquelle je fuz lors inspiré
Ne m'occire, las, par desesperance,
Si euz pourtant si grande impatience, 4575
Que mille foys je fuz entalenté,
Tant fuz de dueil et de soucy tempté,
De m'y gecter pour suyvre en l'autre monde,
Celluy pour qui en moy tristesse habonde.

Mais Dieu, qui à tous terme prefix, 4580
Ne consentit mon trespas pour celle heure,
Ô quelz regretz et quelz plainctes je fiz,

Combien de foys pour luy larmoye et pleure,
Quant j'apperceu que derriere il demeure,
Et que la nef où nous sommes s'esloigne, 4585
Par Fol Abus, qui bien scet la besoingne,
J'en euz tel dueil, certes, et sans mentir,
Qui n'est homme qui plus en sceust sentir.

Adieu, diz je, mon pere et mon seigneur,
Adieu, homme vertueux et sans tache, 4590
Adieu, trespreux et saige entrepreneur,
Qui oncq ne fuz en tous ses oeuvres lasche,
Adieu celluy, qui de lance et de hache,
As en maint lieu ta prouesse esprouvée,
Et ta prudence et valleur approuvée, 4595
Feust temps de guerre ou de paix, si m'aist Dieux,
L'on t'a trouvé tressaige, jeune et vieulx.

L'on doit les bons après leurs mort louer,
Non pas pour vray tant que leur vie dure,
[90 vº] Et leurs haulx faictz pour tout jamais donner, 4600
De remembrance et de digne escripture,
Affin que ceulx ensuyvent leur nature,
Qui par après seront au monde nez,
Pour estre plus par exemple adonnez
A consuyvre les meurs de leurs ancestres, 4605
Comme tous bons disciples font leurs maistres.

Doncques, seigneurs, qui ferés cest honneur
A mon meschant et mal advenant oeuvre,
A regarder de mes motz la teneur,
Dont ignorance assés mon fait descueuvre, 4610
Si naturelle amour si avant euvre,
Qu'elle m'ait fait de mon pere coucher,
En cest endroit et son nom attoucher,
Pardonne moy si orcs luy faiz place
Au renc des bons, raison veult que le face. 4615

Or, veulx laisser à plus parler de luy,
C'est ung penser partrop melencolicque,
Dire n'en puis sans ung moult grant ennuy,

Car ce m'estoit une chiere relicque,
Or, l'ay perdu, plus n'y a de replicque, * 4620
Dieu luy pardont amen, je l'en supply,
Et quant j'auray mon voyage accomply
En ceste vie instable et transitoire,
Veoyr le puisse en l'eternelle gloire.

Pour consuyvre, doncques, le mien propos, 4625
Dont j'ay appris la fin et le principe,
Desherité de soulas et repos
Pour souvenir, que ma joye anticipe,
Abus, voyant le dueil qui me discipe,
Si bien à point mist ses voilles au vent, 4630
Et tant eusmes de mer passé avant,
Qu'en peu de jours et non sans fort peine,
[91 ʳᵒ] Feusmes au bout de la grant mer mondaine.

Ainsy feusmes au bout du cours marin,
Et prinsmes terre en estrange contrée, 4635
Lors du travail, las, comme ung pellerin,
Qui longuement n'a la marine hantée,
De la nef saulx et me mys en la prée,
Pour prende l'air serain et temperé,
Si fist celle à qui j'obtemperé, * 4640
Dès au premier que jeune enfant estoye,
Ainsy chascun de nous là se festoye.

Mais Fol Abus, qui autre affaire avoit,
Et qui perdoit le treheu de son passaige,
Qui des humains les deniers recevoit, 4645
Par mer passans dedans son navigaige,
Me dist, amy, tu as fait ton voyaige
Jusques ycy par mon diligenter,
Pense doncques de bien me contenter,
Ou toy ne puys faire autre residence, 4650
Ores, convient qu'en mon affaire pense.

Quant je le vy soingneux de retourner,
Pour excercer son ancien office,
Je le voulu amplement guerdonner,

Comme patron diligent et propice, 4655
Car raison veult et l'ordonne justice,
Qu'on paye tous sans les remettre arriere,
Si mis la main dedans ma gybeciere,
Dont je tyray douze beaulz cas nouveaulx,
Que luy donne pour ses fraiz et travaulx. * 4660

L'Acteur

[91 vo] Ainsy fut il de monnoye nouvelle *
Recompencé, dont bien se contenta,
Puis dist adieu et pousse sa carnelle
Au vent soubdain, qui tost loing le getta,
Mon cueur, certes, bien fort le regretta, 4665
Mais il convient que despartie face,
[92 ro] Car il y a d'attendans qu'on les passe,
Au port susdit pour vray maintes et maints,
Ainsy s'en va doncques et je remains.

Après le peu que feusmes sejournez 4670
Sur le gravier de plaisance mondaine,
Comme il advient que tous sont adjournez
Suyvre le sort où fortune les maine,
Celle qui a l'usuffruict du demaine
De mon vouloir, c'est Sensualité, 4675
A qui je suys dès ma nativité,
Me dist, mon filz, le temps veult et nous monstre,
Qu'il nous convient à ce coup tirer oultre.

Qui plus va loing et mieulx scet racompter
Les merveilles estranges qu'il a veues, 4680
Par usaige l'on peult assés dompter
Choses qui sont fortes et incongneues,
Saige n'est pas qui combat les mains nues,
Premier convient qu'entreprendre y penser,
Or, cheminons, car de nous avancer, 4685
L'heure le veult pour prendre reposée
En quelque lieu ou maison disposée.

De replicquer contre sa voulenté
Ia n'est besoing, car ce seroit simplesse,
Considerant qu'elle m'a supplanté 4690
Et que de moy est dame et tuterresse,
Je, confiant, doncques, en son adresse,
Obtemperant à elle entierement,
Luy dis, dame je tiens commandement,
Voz prieres et telles les accepte, 4695
Toutes autres, pour vous, suyvre j'excepte.

L'Acteur

Lors, elle toute de moy contente, me voyant prest et non retif pour la consuyvre au [92 vo] val du monde, congnoissant que assés long chemin avions erré en celluy jour pour prendre herberge. Et que ia les chevaulx treslegiers du Dieu 4700 clarifiant avoyent forment leur cours parfait pour celluy jour •aux champs celestes, si que descendus estoyent par precepitante sterilité en l'occident pour y avoir loy de repos en la maison marine de Thetis, ainsy que faire seullent par pourveance du superieur pour esclairer aux tenebreux cas de çà 4705 bas. Et pour aussy mieulx vegeter et faire croistre soubz chaleur, meslée en l'humeur radicable les semences, cultivées, ainsy que distinctement l'influence le veult et si accorde. Toutes ces choses à memoire reduysant celle qui à de moy que si souvent l'ay ia nommée, laquelle me con- 4710 voyant par le chemin ample et patent où tous vivans vont et viendront comme je foiz en ceste vie, à pas legier, et brief propos lors me semont de nous haster pour tost gaingner le bon logis qui près estoit de la frontiere. Et pour mon compte si je puys clorre de petite parolle fuyant ennuy et long 4715 procès. En peu d'heure tant feusmes loing. Nonobstant les fatigues et molestes en mer receues que tost après de l'oeil de mon entendement apperceu en directe veue une longue et grande forest qui bien sembloit par jugement de cler voyant, fort tenebreuse, et moult doubtable. Donc, tout à 4720 coup fut en mon cueur renouvellé nouveau penser. Et si conceu soubdainement une grant craincte doubtant, helas, qu'il nous fauldroit par là passer en quelz dangiers: las, Dieu

le scet: et en quel peine. Et pour certain si j'eu frayeur,
c'est non à tort. Car oncques mais telle forest n'oultrepassay. 4725
Et si ne vit homme mortel oncques jamais telles merveilles
que en cestuy boys de desolation. Je, pelerin, lors y trouve
si comme espoir le racompte pour desmou[93 ʳᵒ]voir les
jouvenceaulx entrepreneurs, dont il est tant. A celle fin que
trop grande legieretté de croyre ne deçoyve leurs voulentez 4730
et qu'ilz puissent eulx retirer ains qu'essayer. Iceulx travaulx
des longues mondaines calamitez par vraye et seure senté
de bonnes meurs et de bien vivre. Et je, qui toutes telles
fortunes ay par espreuve d'oeil et de pied passées ou veues
de tout mon cueur, les en supplye. Et si avant ne prennent, 4735
las, le gauche endroit comme j'ay fait que les tressaulces
chausses trappes de dangier, ne les enclouent sans advis,
dont il pourroyent tard venir au repentir et moins avoir de
leur santé Bonne Esperance. Or, pour venir au peremptioire
du mien propos. Quant ainsy doncques euz ung peu lors 4740
cheminé en ung doubte trop merveilleux enveloppé, la dame
ambigieuse et caulte, congnoissant par mes exteriores signa-
cles l'intrinceque passion de mon cueur, voulant aussy par
beaulx motz et fresches parolles jusques au giste entretenir
[ma voulenté], desploya lors sens et sçavoir pour me compter * 4745
de la forest que se peult estre, et si me dist.

Sensualité

[93 ᵛᵒ] Affin que temps et labeur ne t'ennuye,
Beau doulx amy, pour le long cheminer,
Et que sans peine au logis te conduye,
Las, où pourrons noz travaulx terminer, 4750
Affin qu'ennuy ne te puisse miner,
Et pour aussy t'advertir du voyaige
[94 ʳᵒ] Qu'avons à faire en bien peu de langaige,
Compter te vueil de ce pays que c'est,
Le nom des lieux et de celle forest. * 4755

Là, Dieu mercy, maintz perilz et dangiers *
Avons vaincu par ferme resistence,
En divers lieux et pays estrangiers

Souffert avons mainte male meschance,
Mais pour avoir l'entiere jouyssance 4760
Du bien mondain ainsy que tu pretends,
Encores fault souffrir ung peu de temps,
Cil de doulceur n'est pas capable et digne,
Qui n'a gousté quelque amere racine.

Celle forest nous fault oultrepasser, 4765
C'est le chemin et l'ancienne voye,
Tyrer y fault affin de pourchasser,
Après long dueil nostre prochaine joye,
Mais garde bien que ton cueur ne forvoye,
Quelque chose que tu voyes dedans, 4770
Veoyr y pourras merveilleux accidens,
Monstres divers, et choses moult obscures,
On la nomme Forest des Advantures.

Par la Forest des Advantures, doncques,
Nous fault passer, c'est chose neccessaire, 4775
Tu y verras ce que tu ne viz oncques,
Or, soyés doncques soingneux de ton affaire,
Et delibere à la fin de bien faire,
Car esprouver te fauldra en maintz lieux,
Je le te dy affin que saiches mieulx, 4780
Par le glaive de Bonne Remembrance,
Vaincre et tollir toute desesperance.

Tu y auras souvent et froyt et chault,
Et fain et soif, santé, et maladie,
[94 vo] Eur et maleur, repos, soubdain assault, 4785
Joye, tristeur, destresse, et melodie,
Perte d'amys, et actente qu'on die,
Tel est huy mort, tel a fait son prouffit,
Tel est tombé, et tel est desconfit,
Tel fait cecy, et tel fait le contraire, 4790
Autre chose tu n'orras leans braire.

Ores seras au train de parvenir
Où tu pretendz et ores en esloingne,

Aucunesfoys cuyderas obtenir
Ce que jamais ne viendra en besoingne, 4795
Longtemps seras ung cadet de Gascoingne,
Sans posseder terres si bien, peu non,
Et tout à coup ystra de toy renom,
Puys tost, puis tard, ce sont les conjectures
De la forest d'icelles advantures. 4800

Souvent pouvre, puis riche aucunesfoys,
Ades joyeulx, ades plains de tristesse, *
Perdre en ung jour ce qu'auras en troys moys
Tost amassé, c'est ung grant destresse,
Subgect à guerre, à famine et foiblesse, 4805
Et puis vieillir sans qu'on y preigne advis,
Ce sont rentes de tous les humains vifz,
Tu trouveras assés de telles choses
En lieu de fleurs et d'odorantes roses.

Tu trouveras noïses, divisions, 4810
Rapportz et bruitz, et bouffemens d'enuye,
Entreprinses et machinations,
Imposer cas pour amendrir la vie,
Tu trouveras mainte femme ravye,
Par desespoir ou faulte de bon sens, 4815
Pareillement à milliers et à cens
De gens meurtris par grans desconfitures,
Tel est le sort d'humaines advantures.

Que veulx tu plus que te die en effect,
Tu y verras maint chevalier en queste, 4820
L'ung prins, l'ung mort, l'autre du tout deffait,
L'ung mal ouy de sa juste requeste,
Brief, tu feras moult heureuse conqueste,
Si sain et sauf tu la peux surmonter,
Plus n'ay loysir d'icelle te compter, 4825
Mais je te pry, mon filz, en brief langaige,
Monstre toy tel que n'y ayes dommaige.

L'Acteur

[95 ᵛᵒ] C'est le doulx entretiennement et plaisant reconfort de quoy alors me convoya ma dame, Sensualité, depuis l'issuye de la nef de Fol Abus par le chemin jusques auprès 4830
de la forest dont elle m'a descript le nom, la consequence, et les dangiers. Et tant eusse [96 ʳᵒ] lors voulentiers examiné peu plus avant sa voulenté pour m'enquerir si possible est leans passer sans si grant peine, mais je n'euz loy, lieu, ne loysir, car aussytost qu'au dernier mot de sa parolle eut cloz 4835
la main tout droit, vint à la porte heurter d'ung gros logis moult ancien, hault et divers, assis sur la poincte d'ung rochier dur et penible. Là doncques, nous convint monter, car pour certain c'estoit le but et la couchée des passans qui vont et viennent nuytz et jours en la frontiere où je vueil tendre. 4840
Et sans muser trop longuement à la topografie ou declaration de la maison là sus nommée, je, pour tout vray la regardant d'oeil soingneux et de ferme entente, la jugeay et pour vray estoit d'autre forme et matiere composée, ains estoit la massonne faicte de commixtion elementicque, clere 4845
en sa substance et tenebreuse a vie humaine par regars solaires et siderées conjunctions que quant à nostre jugement la rendoyent incongneue, difficile et mal aisée à comprendre, ia soit que ses effectz feussent conceuz en miniere d'astronomicque congnoissance dont plus en dire je me taiz, car 4850
ce transcede entendement, voyre le mien, et de maint autre à mon advis comme je pense: si estoit celle maison bastie et non fischée, car maintesfoys, elle tournoit selon les mouvemens de Zodiaque en l'orizon oblique, qui en son centre regardoit et selon aussy l'accroissement ou appetissement 4855
des signes ou des degrez où le seigneur cristallin prent repaire et habitude de discourante, dont moult souvent la cheville secrette estoit tournée. Et par ainsy prenoit regart bon ou mauvais en divers lieux, donnant asseurance ou menasse, habondance ou restrinction, paix ou travail, à la 4860
finitive region ou sur les climatz de voisine province, ou sur les membres parciaulx en icelle, lors demourans. Or m'est [97 ᵛᵒ] assés d'en avoir dit ce que j'en sçay. Et pour du tout

A nous soit dieu propice et secourable
Car plus n'avons actente ne refuge
Pour tout cöfort dägier n[ous] est grät
Tel est le cours de ce mondain deluge
Le grant peril ou nous sommes nous iuge
En leau n'y a ne source ne mercy

mieulx dire et declarer mon intention quant doncques feusmes là montez pour parvenir à ce logis, tost feusmes veuz 4865
et apperceuz et par troys dames recueilliz, dont cy après
m'orrés parler et racompter et tout à plain leurs noms toucher comme par elles je le sceu, et leur vertu admirative par
parolles doncques autres que merveilleuses et entretenemens, Dieu sçait quelz feusmes en la chambre toute d'estoil- 4870
les et commetes cymentée du Seingneur hoste les bien venus. Lequel après que de toutes choses aisées à taire nous
eut au long interroguez, me voyant en doubte et paoureux
jouvenceau, me declaira son nom, ses meurs, et sa puissance
en me disant. 4875

Cas Fatal

[97 r°] Depuis le temps que le grant roy Saturne
Eust delaissé, par craincte taciturne,
A sestroys filz la machine du monde,
Dont l'ung d'iceulx eut la terre profonde,
Ce fut Pluton, qui par son droit partaige, 4880
Eut la terrestre empire et heritaige,
[97 v°] Et à celluy fut le lieu d'Avernus
Distribué, l'autre fut Neptunus,
Le second filz, qui par sortable signe,
Fut gouverneur de toute la marine, 4885
Et tint les eaux, les fleuves, et rivieres
Soubz nouveaux droits, et soubz autres manieres,
Qu'elles n'eurent acoustumé devant,
Et les garda de tyrer en avant,
Si n'est en tant que leurs ruysseaulx prouffitent 4890
A tous vivans, qui en la terre habitent,
Le tiers enfant, pour son devoir obtint,
Le hault du ciel et lors en sa main tint
Le cler, luysant, et souverain empire,
Dont il tousjours en est demouré sire, 4895
Selon les ditz des saintes poethiques,
Ainsy doncques en tripples politiques
Fut le monde regy et herité,
Et les vivans et leur posterité,

Et dès alors que homme print nom et estre, 4900
Dès celle foys je commençay à naistre,
Et fuz conceu ainsy que par miracle
En ung celeste aerin habitacle,
En la chambre des secrettes ydées,
Qui par vouloir divin sont ordonnées, 4905
Dont nul ne sçait au vray les consequences,
Ne leurs effectz, ne leurs preeminences,
Ainsy doncques fuz engendré sans faincte,
Par incongneue et temporelle empraincte,
Comme on distille en moule le metal, 4910
Et fus nommé des saiges Cas Fatal,
Tel nom, certes, les premiers me donnerent,
Et pour regime amplement ordonnerent
Que je, Seigneur, seroyes des advantures
De la forest, voyre, et des creatures 4915
Par cy passans ainsy comme tu fais,
Dont les ungs ont pesant et legier faix,
[98 ʳᵒ] Pleur ou plaisir, povreté ou richesse,
Mal ou santé, patience ou destresse,
Longs jours ou brief, malaise ou seigneurie, 4920
Selon que mal ou bien je les charie,
Et que par sort ou cause contingente
Ma voulenté les gouverne et regente,
Qui la blancheur de leur franche couverte,
Faiz devenir souvent ou noire ou verte, 4925
Qui la rondeur des tresclers dyadesmes,
Faiz triangler par dangereux problesmes,
Et esblouys humaine congnoissance
Par variant et contraire apparence,
Si comme fait Protheus, l'enchanteur, 4930
Qui maint oeil fait juger faulx et menteur,
Car il souvent se change et se difforme
Par art subtil en dispareille forme,
Doncques, fuz je des anciens magistres
Dit Cas Fatal, et maintz en leurs registres 4935
Ont appliqué ma force et ma valleur,
Considerant moult souvent où va l'heur,

Où le travail qui distille et degouste
De ma fontaine où n'es ung, ne voyt goute,
Tant ayt apprins ou bien estudié, 4940
Et Tulles, or, qui tant fut desdié
A s'enquerir soubz doulce rethorique,
Ne sceut oncques de mes faitz la practique,
Car il fut homme, et comme homme mourut
Piteusement, et mal le secourut 4945
Son hault sçavoir, et mal congneut le sort
Des troys tirans, qui le misrent à mort,
Il longuement de mon fait estriva,
Mail il pour tant oncques mais n'arriva
A congnoistre la force de ma main, 4950
Non fist certes Boece, le Rommain,
Qui maintz assaulx eut de ma seur fortune,
Tousjours n'eut pas congrue et opportune

[98 vo] Prosperité, ains eut assaulx divers,
Comme il mesme afferme par ses vers, 4955
Dont proposa soubz amere complaincte
Le pesant faix qui sa joye eut estaincte,
Et attoucha par hault entendement
Les puissances de tout le firmament,
Et si n'y a estoille ne planette, 4960
Dont la vertu et la force ne traicte,
Et les signaulx, voyre, et leurs mouvemens,
Les qualitez de tous les elemens,
Et si volla par tresclere industrie,
Jusques aux piedz de divine maistrie, 4965
Moult perscruta ma pensée et mon nom
Cest orateur digne de grant renom,
Aussy ont maintz qui par leur longue peine
N'ont sceu pour tant ma force souveraine,
Car tous vivans sont enclins et subgietz 4970
A recepvoir par incongneuz objiectz
Les accidens fortuitz que leur donne,
Telz en effect comme je les ordonne,
Ne te pense dont d'iceulx exempter,
Car je faiz riz et pleur, douloir, chanter, 4975

Heur, malheur, tout destrempé ensemble, *
Soubdainement ainsy comme il me semble,
Et pour ung peu te compter plus à plain,
A celle fin que tu saches ton pain,
Mieulx pourchasser tout le long de ta vie, 4980
Et puis aussy que tu as bonne envie
D'oultrepasser comme bon pelerin
Ainsy que fist Sanson, le Senforin,
Qui voyagea maints jours et nuytz obscures
En la forest d'humaines advantures, 4985
Là où tu vas tyrer prochainement, *
Compter te vueil par entretiennement,
De mon estat et genealogie,
Laissant termes obscurs d'astrologie,
[Car tu es jeune et n'as encores l'art 4990
Pour atoucher si souveraine part.] *

[99 r°] Sachez doncques, que Cas Fatal fuz dict,
Frere et mary par naturel edict
De Fortune oultre humaine licence,
Tous deux feismes ung cubille et ung lict, 4995
[99 v°] Pour accomplir nostre secret delict,
En la chambre de sortable influence,
Et en la nuyt premiere, sans doubtance,
De noz nopces troys filles engendray,
Desquelles or auras la congnoissance, 5000
Et de leurs noms certain je te rendray.

Cloto, pour vray, fut dicte la premiere,
Subtillité en faitz, en doubte coustumiere,
Participante entre paine et plaisir,
La seconde soigneuse mesnagiere, 5005
De doulx maintiene et d'actrayant maniere,
C'est la Thetis, que tous veullent saisir,
Mais la tierce ne donne le loisir *
Aux pretendans d'avoir longue durée,
Et convertist espoir en desplaisir, 5010
C'est Attropos, qui fait courte durée.

Ces troys, doncques, de Fortune et de moy,
Par geniture et d'ymenée loy,
Yssirent lors en saison primeraine,
Il n'est vivant, soit empereur ou roy, 5015
De pouvre ou riche, ou de moyen aloy,
Qui ne passe par leurt court souveraine,
En mon palais je les tiens et pourmaine
Par embasmer par doulceurs non egalles,
Tous ceulx qui sont passans par mon dommaine, 5020
On les nomme les Deesses Fatalles.

Ce sont celles dont Senecque en effect
A maint escript, maint volume fait, *
Parlant d'elles dedans sa tragedie,
Ce sont celles qui tiennent à prix fait * 5025
L'estat humain et rendent imparfait *
Le hault cuyder de pensée estourdie,
Que veulx tu plus, jouvenceau, que te die,
Ce sont celles qui ont le gariment,
[100 ro] Où nuyt et jour chacune s'estudie 5030
Deffaire et faire fin et commencement.

Ce sont celles de corruption,
Après l'effect de generation,
Taschent mettre le sort en consequence,
Qui desirent nouvelle impression 5035
Pour alumer une destruction
Soubz le lambic de leur perseverence,
Ce sont, celles qui n'ont nulle distance,
Terme ne foy, promesse, secours,
Qui tost changent de meurs, de contenance, 5040
Dont les plaisirs sont moint seurs que bien cours.

Or, te suffise et à tant te contente,
Tempté seras et mis dedans leur tente,
Tant te sera leur parler doulcereux,
Personne n'est qui d'elles soit exempte, 5045
Hanter les fault quelque mal qu'on y sente,
Heureux seras et moult advantureux,

Si d'elles as respit ou delivrance,
Vivre ne puis, ne toy, ne trestous ceulx,
Qui sont vivans, sans leur obeissance. * 5050

L'Acteur

Ainsy me comptoit Cas Fatal, Seigneur, direct de la Forest des Advantures de ce monde en termes à la foys obscurs, souvent aussy clers et notoires de sa naissance, force et povoir, et l'occupation en quoy destiné estoit par prescription d'office à moy forment incongneu et hors de 5055 mon intelligence, dont je, en greigneur doubte que oncques mais cheu, et en difficulteuse consideration precipité, voyant ses meurs et sa maniere, son piteux reconfort et sa mortelle remembrance, qui ia m'avoit de luy et de Fortune l'estrange conjonction denoncée, et de ses troys filles [*100 vo*] la nais- 5060 sance communiquée, qui, merveilleuses et doubtables par son dire, mesmes estoyent affermées et, qui plus est, qu'il convenoit par necessité tributaire estre subgiect à leurs dangiers. Je, tous ces pointz, lors remirant en la chambre memorative de mon entendement, pensant pour vray puis- 5065 que ainsy est que tant avant m'a declaré de ses secrets sans que par moy de ce faire fust interpellé aucunement, que moult y a d'obscur dangier et de perilz et de travaulx en leurs latebres et cavernes, et que son dire tresamer n'estoit encores que le miel dont la poison estoit dessoubz forte et 5070 mauvaise, si m'est prins lors par maniere de doubte de plus en plus l'interroguer affin qu'à plain soye adverty de tout le fait et que saiche mon maintenir selon le mal où suys en- * voyé, ainsy doncques va disant.

L'Acteur

Ha, Sire, je pour certain cuydant venir du tout à bout 5075 de mes travaulx par long aller et peine prendre, me suys au laberinthe mys de tous dangiers, et si ay fait cuydant bien faire une deffaicte de mon fait par forfaicture, mais puisque ainsy est ordonné et qu'il convient le pas passer des advantures pour Dieu, Sire, declairez moy tout amplement 5080

mon advenir, voyre, et la fin où cheoyr je doi, je vous en
prye, affin que je sache obvier si possible est à tous hazars.

Cas Fatal

Certes, amy, ta requeste est inciville, oncques homme
n'eut pour certain telle asseurance, et ia çoit or que moult
souvent ont employé sçavoir et peine à persecuter iceulx 5085
effectz ia ne l'ont sceu distinguer en forme deue, car c'est
ung point retrenché à tous vivans où oeil humain *[101 ʳᵒ]* ne
peut attaindre, doncques, pense toy desister de l'enquerir,
car ce jamais tu ne sçauras, tant saches vivre.

L'Acteur

Helas, Mon Dieu, veu que dictes tenir lyé l'estat mon- 5090
dain à voz plaisirs et destinées, et aux vivans faire sentir ou
mal ou bien, comme il vous plaist, pourquoy taisez à nous
chetifz nostre encombrier, je m'en merveille.

Cas Fatal

Merveillier de ce ne te fault, car je, qui suis executeur
du plus voyant qui n'ayt notice des idées par son vueil, à 5095
qui m'affiert la congnoissance de sa juste et provulguée
diffinitive si non en tant que cause moyenne me donne loy
pour attoucher la grande cause immediate qui luy vient,
certainement, je fois et fiers, mais quoy et où ne sçai je pas
fors après l'inignotive ordonnance du tresgrant. Et tout 5100
acoup en cest instant, Fortune et moy bastissons lors ung
soudain tonnoirre d'execution merveilleuse, faisant cheute
dommageuse ou prospere selon le fait au corps entier ou
à ses membres et ce par doubles accidens ou bien congneuz
ou invisibles dont les parties se sentent, voyre, et se deullent 5105
moult souvent quant par les pointes de mes darts sont ja-
cullées et vaincues.

L'Acteur

Et fault il doncques innuer que tous sommes ainsy subgietz à tant de maulx que vous comptez sans estre exemps de tel servaige. 5110

Cas Fatal

Il est vray tous y sommes comprins, mais les aulcuns plus et les autres moins.

L'Acteur

Pourquoy cela ne dont procede icelle faulte, [101 *vo*] veu que tous sont faictz et formez d'une mesme espece et que le moule et la matiere sont d'une proportion sans riens 5115 accroistre ou faire moindre quant au fait de la creation. Je vous supply, Sire, pour Dieu, declairez moy raison pourquoy les ungs ont trop et autres peu, les ungs vielz durent, et les autres jeunes deffaillent, les ungs sont povres, et autres riches. Les ungs ont bien, les aultres mal, les ungs 5120 ont dueil, les aultres joye, les ungs ont heur, aultres malheur, les ungs souffrent, aultres dominent, les ungs pleurent, et autres rient, les ungs sont folz, et aultres saiges, les ungs sont bons, les autres sont mauvais, les ungs hardiz, les aultres couars, les ungs vaincqueurs, les aultres vaincuz, 5125 les ung foibles, les aultres fors. Que sçay je moy, les ungs pourveuz et aultres non, et souvent se fait semblant par ung eschange desordonné si comme l'ung pour l'autre, l'on prevoit, je m'esbahys dont cela vient ne qui telz sors fait advenir de jour en jour, que dis je, las, voyre, à toute heure. 5130

Cas Fatal

Ha, jouvenceau, à toy n'affiert avoir la clef pour deffermer si chier secret. Maintz plus que toy expers et dignes ont travaillié et nuytz et jours pour enquerir et deslier ce subtil doubte, mais pour certain la peine ont eue, le sçavoir non. Si te vueil bien pourtant narrer sans y comprendre au 5135 mien propos celle divine prescience, qui tout prevoit sans

varier et qui dispose esgallement du tout à tous sans forfaicture, ainsy qu'elle de tous bins plaire ne pense, ouvrer
se en bien non, ia soit ores que ses assaulx par jugemens à
vous obscurs engendrent doubte et scrupulle en voz cou- 5140
raiges. Ce point excepté de ma reigle, car jusques là toucher
ne veulx [102 ʳº] et sans aussy vouloir tollir ou denier de
vous humains le franc arbitre qui du Seigneur Superieur
vous fut baillié si comme haulbert ou fort escu pour debeller
voz opposites, dont mal usez le plus souvent. Je tant te dy 5145
qu'entre ces deux, Fortune et moy avons moyen, lieu et
assietté, prenant vigueur, force, et effect le plus de foys en
la chambre des conmunctions des planettes et des signaulx,
qui par regars et par empraínctes font obliger les voulentez
au point de naissance et de vie à divers inconveniens, sur 5150
tous les corps grans et petiz dont les indices sont doubteux,
et moult souvent se determinent en fin aultre non esperée.
Si te contente de ce peu, car plus en dire ne te puis sans
enfraindre mon privilege, mais tant me croy qu'à tous passans convient passer par ce passaige et rendre fault, voyre, 5155
et payer le grant tribut sans que nul soit franc et delivré de
ce faix. Doncques, ne fais scrupulle et doubte en ce où le
remede est nul et où chacun, non pas toy seul, est obligé
de comparoistre.

L'Acteur

Vous me bouttez du blanc et noir et moins entens voz 5160
conclusions que voz premices, dont sur ma foy je suys dollent, mais si voz ditz engendrent doubte et peur et craincte
en mon penser, j'ay le refuge de ma paix, de reconfort, et
d'esperance ailleurs que ycy, et ia n'avés le povoir tel tant
soyés cault que voz parolles intrinsequées en desespoir me 5165
facent cheoir quelque travail qui me court seure. Car j'apperçoy que moult taschez à supplanter mon bon propos,
mais ne s'ensuit si humain, si fragille et foible que de tous
pointz vostre rigueur à vous m'asseure. Et si par vous me
fault passer, je eschapperay de voz dangiers, et de Fortune 5170
la muable à quelque foys.

[102 vo] En ce propos plain d'estranges reppliques,
Je viz entrer en sale fortunée
Les troys dames fatalles moult oblicques,
En ung instant d'adverse destinée, 5175
Dont celle fut moult triste et estonnée,
Qui me conduict, c'est Sensualité,
[103 ro] Et si me dist trop piteuse journée
A contre toy, Cas Fatal, suscité.

 Lors, j'euz frayeur adroit, à mon advis, 5180
Quant j'apperceu femmes de telle monstre,
Desquelles tost environné me viz,
Dont mon cueur fut percié tout oultre,
L'une d'elles me presente et me monstre
Une quenoille estrange entre ses mains, 5185
Ce fut Cloto, qui d'icelle s'acoustre,
Où gist et pend la vie des humains.

 La seconde, nommée la Thetis,
Estend le fil et maine la fusée,
Et la tierce, comme bien la choysis, 5190
Dicte Attropos, plus que toute rusée,
Prenoit son sort mortelle et sa visée
Pour assembler ce fil en ung monceau,
A autre affaire elle n'est amusée,
Que deffaire tout ouvraige nouveau. 5195

 Ainsy ces troys la quenoille traictoient,
Signifiant l'estat de vie humaine,
A ce mestier ensemble s'esbatoient,
Non espargnant force, travail, ne peine,
Et quant je vy que la pitié mondaine 5200
Estoit du tout en leur maniement,
Je congneu lors la ruyne soubdaine
De nous chetifz, et le deffinement.

 Mais quoy cest force à cela sommes nez,
Pour prendre fin cest tribut de nature, 5205
A ce nous soubmis et condampnez

De noz premiers parens la forfaicture,
En tant qu'il n'est si noble geniture,
Qui ne passe par ces dames fatalles,
[103 ᵛᵒ] Lesquelles ont la vie en leur closture 5210
Des habitans en burons et en salles.

Quant je les vy, je voulu par deffence
Vaincre et fuyr leur dangier obfusquant,
Lors me disrent

Les Deesses Fatalles

Si tu as congnoissance, 5215
Entendement ou raison tant ne quant,
Veu qua à nous est le povoir suffoquant,
Pour demollir toute humaine fusée,
Nous pense tu, povre jeune applicquant,
Suppediter, toy, qui n'es que rosée. 5220

Cuydes tu estre plus fort et puissant, *
Que ne fut onc Sanson durant son vivre,
Qui d'ung seul coup en eust abatu cent,
Comme l'en scet par l'escript de maint livre,
Cuydes tu estre plus franc ou delivre, 5225
Ou plus parfait qu'Absalon, le gentil,
Plus prompt qu'Ector, que nul ne peult consuivre,
Quant à haulx faitz toutesfoys mourut il?

As tu le sens d'Aristote ou Platon, *
La richesse d'Auguste ou Alexandre, 5230
Qui du monde fut seigneur, ce dit on,
Tant sceut son bruit et sa puissance estendre,
Si fut contraint pourtant à nous se rendre,
Oultre son gré en la fleur de ses ans,
Et toy, qui n'es au prix de ceulx que cendre, 5235
Penses tu estre du nombre des exemps?

Ne cuydes pas avoir targe ou escu
Plusfort que n'eut Hanibal ou Pompée,
Ceulx ont au monde ainsy que toy vescu,

Nobles et preux et de lance et d'espée, * 5240
Mais par nous fut la vie decoppée,
Sans resister et de tous leurs confors,
Brief, de tous est la gloire anticipée
Par le chemin de noz rigoreux sors.

Rien n'est exempt, il faut que tout deffine, 5245
Finer convient, laissant or et finance,
Sans espargner la beaulté feminine,
Qui aussy bien prendra fin en ce,
Celles en font pouve et experience,
Qui tant ont eu de louange et renom, 5250
Que tu as veu en la fleur de jouvence,
Et si n'en est demouré que le nom.

Où est ya Hercé ou Pandrasos, *
Dioppée, Biblis, et Phillomene, *
Où est Echo, qui n'eust paix ne repos, 5255
Et travailla maint jour, mainte sepmaine
Pour Narcisus, mais où est Polixenne, *
Où Briseis, où Dyanira,
Où est Procus, où Lucresse Romaine, *
Qui pour Tarquin en noz mains se livra. 5260

Où est Judich, où est Panthasillée, *
Saba, Camille, où est Semiramis, *
Aussy Hester, mais où est Bersabée, *
Par qui fut, las, Urye à la mort mis, *
Où est Jocaste, où est la dame Themis, * 5265
Où est auusy Heccuba, trespiteuse,
Où Cassandra, qui des Grecz ennemys
Predestina la rigueur odieuse.

Où sont toutes les filles de Syon,
Les Sabines, les Turcques, les Gregeoises, 5270
Les Libiques d'estrange nation,
Celles aussy des Yndes peu courtoises,
Mais où sont, las, mille femmes françoises,
Qui de beaulté furent les passeroutes,

Plus n'ont le temps leurs soulas ne leurs aises, * 5275
Vaincues sont, et seront tous et toutes.

Et toy, après quoy que le temps te dure,
Partir te fault en ce mortel butin,
Herbes et fleurs parées de verdure
Semblent belles et cleres au matin, 5280
Mais quant ce vient le declin vespertin,
Palles gisent, voyre, et mortifiées,
Plus n'ont après le lustre matutin,
Quant par chaleur elles sont deffiées.

Or y pense sy tu veulx ou ne veulx, 5285
Payer te fault neantmoins celle debte,
Subgiectz y sont, et oncles et nepveux,
Peres et filz sans que nulz en excepte,
Il n'est rose, marguerite, ou jehannette,
Qui n'y laisse blanche ou rouge couleur, 5290
Au rolle fault doncques que l'en te mette,
Où sont escriptz les termes de douleur.

La quenoille est pour toy ia disposée,
Demener fault le fillet de tes ans,
Et puis après en faire une fusée, 5295
Determinant la longueur de ton temps,
Cest point final, toutesfoys, or entens,
Respit auras de bien peu de distance,
Pour convertir soubz divers accidens,
En vieille peau ta premiere jouvence. 5300

C'est le proffit que tu peulz pourchasser,
Au long aller en la vie mondaine,
L'une peine viendra, l'autre chasser,
Dessus ton doz tant te sera soubdaine,
[105 ʳᵒ] Puis maladie aura en ton dommaine, 5305
Tiltre, ressort, et domination,
Lors n'aura plus en quenoille de layne
Pour y triste fil de dilation.

L'Acteur

Certes, seigneurs, ores povez considerer si je fuz aise et asseuré, estant illec chiez Cas Fatal ainsy traicté de ces troys 5310 dames ennemys de nous humains, qui pour potaige savoureux telles nouvelles m'administrent et en lieu de cirop souef me brasserent amer brouet de desespoir dont fuz repeu pour tout ce soir et en leurs entretenemens divres envelopé, Dieu scet, helas, en quelle peine, car pour certain en leurs 5315 devis me recorderent mot à mot de tous les feuz hommes mortelz, et de tous ceulx qui ores sont, et qui seront par figures ou par moyens subtilz et caulx, les perilz et les destinées et de moy mesmes le travail, la ruyne, et desconfiture, et tout itel bien conforté par leurs bons motz fuz jusques 5320 au giste convoyé par elles troys. Si ne fut pas mon lict trop delicieux ne convenable pour reposer, car de tristesse fut paré, les linceulx de craincte mortelle, l'oreillier remply de soucy, les courtines de paour soubdaine, la couverture de dangier. Si fut doncques ce parement ainsy dressé pour 5325 moy tout seul en celle nuyt en la chambre noire de deuil, tappissée de desconfort et par elles du couvrechief de desplaisance fuz tocqué, or Dieu me doint la bonne nuit, car bon besoing certes en a qui est en main de telles dames, je donc ainsy au lict me mis et me laissa pour celle nuyt 5330 Sensualité, ma maistresse, qui autrepart son logis print, ne sçay pas où, donc esgaré me trouvay, car compaignie vault assez à cueur dolent et son mal croist quant seul [105 vº] se voyt, ainsy estoyes et fuz pour vray celle nuytée où le repos me fut bien court, mais la destresse trop extreme et 5335 la doulceur si violente que ja forment d'impatience fuz surprins dont je, voyant mon cueur lyé aux gresillons de ce travail, commençay lors me conquerir tout à par moy, faisant de larmes mon dormitoire comme, las, destitué de tout plaisir qui moult se voyt à part et loing du bon esperit où 5340 premier fut en son jeune aage, et voylá la façon du passetemps de celle nuyt où je, veillant, comptoye par mes doiz mes labeurs, mes deffortunes, mes perilz et accidens. Puis aussy assommoye au gect de mon entendement les plaisirs

que en mon vivant j'ai peu avoir au monde allant, et le 5345
soulas que j'ai cueilly ès jours passez où beau jardin d'adolescence, mettant le tout en la balance de consideration pour
estre seur duquel j'ay plus jadis jouy, ou de travail ou de
liesse, mais certainement j'apperceu que trop estoit le poix
plus grant de la partie fortunée. Tant musay lors à calculer 5350
ce piteuz change, contant les heures de la nuyt par l'orloge
de bon remors, qui clerement sonnoit en mon oreille à celle
foys que j'apperceu le jour tant desiré, donc commença
nouveau plaisir assaillir mon dolent cueur, qui tant estoit
de dueil oultré et desconfié par forte peine. Or, fut donc- 5355
ques le jour venu à celle heure, me habillay soingneusement
comme l'hoste qui tost se ennuye du logis où mal est receu
et tant mis peine à pourchasser l'entretiennement du mien
congié pour mon voyage mettre, affin que j'eu l'octroy de
m'en partir quant je vouldroy et après mon cas despeschié 5360
en la chambre du grant conseil de Cas Fatal et des troys
portes, et que parleur chanchellerie me fust le saufconduit
permis en l'asseurance de passer celle Forest des Avantures
[106 ʳᵒ] où ores fault m'acheminer, je, forment las et travaillié de tant faire longue demeure en ce sejour desesperé, 5365
prins par la main celle en qui est de moy la guyde, et nous
tous deux, incontinent, sans plus muser après l'adieu au
demourans, nous meismes au train et sentier qui droit conduict les pellerins à la forest de laquelle tost fusmes près,
si vous diray de point en point ce que je vy, les merveilles 5370
et les fortunes, les rencontres et accidens.

L'Acteur

Ainsy, doncques, l'an et jour que dessus,
Approchant ja l'heure meridienne,
Forment vaincu, ennuyé, et confuz
D'une fievre qui est quotidienne, 5375
Procedente de l'ennuye ancienne
D'iceulx souldars qui toutes gens deffont,
Ayant au cueur ce regret si parfont,
Laissay alors la maison tantalide
Pour pourchasser avance de remyde. 5380

Et tant allay par l'instigation
De la mienne primeraine maistresse,
Que tost je vy la situation,
L'entrée aussy, et la prochaine adresse
De la forest, où tout homme s'adresse, 5385
C'est celle là où tyrer me convient,
Sans sçavoir quoy ne comment il advient,
Fors endurer mal ou bien qu'on y treuve,
Adversité, tous patiens espreuve.

Or, là me doint le createur passer, 5390
A tel marchié que raison ne m'y faille,
Et que dangier ne me puisse chasser,
Par trop rebelle et crueuse bataille, *
Mais plaise à Dieu puisqu'il fault que g'y aille,
[106 ᵛᵒ] Que vraye foy me preste son escu, 5395
Car autrement tost je seroye vaincu,
Et demourroit ma povre ame en balance,
D'estre à jamais perdue sans doubtance.

Quant feusmes près pour entrer en avant
En la forest d'icelles advantures, 5400
Je regarday et derriere et devant
Du boys obscur les extremes clostures,
Si vy les pas d'aucunes creatures,
Leurs anciens sejours et habitacles,
Leurs territoires, et leurs petis oracles, 5405
Faiz de long jours et d'estrange façon,
Par artifice autre que de maçon.

Car sur pilliers tenues et bien peu fermes
Estoit pour vray celle oeuvre ediffiée,
Es environs je vy de grosses larmes 5410
Une fontaine ample et viviffiée,
Lors, fut pour vray ma vertu deffiée,
Voyant de pleur riviere et de regretz,
Si dis à celle à qui sont mes segretz,
Tout declairez, helas, je vous supplye, 5415
Dictes moy dont ce grant mal multiplie.

Si me print lors la dame à racompter
Quelz gens jadis là prindrent habitude,
Et si me dist.

Sensualité

[107 ʳᵒ]   Affin de contenter   5420
Ton rude sens plain de solicitude,
Compter te vueil par maniere d'estude,
Qui ceulx furent dont en doubte remains,
Et qui premiers, voyre, de tous humains
De leurs travaulx les enseignes laisserent,   5425
[107 ᵛᵒ] En la forest et premiers y passerent.

Certes, amy, ce fut Eve et Adam,
Noz ancestres de prime geniture,
Lesquelz après leur grant perte et leur dam
Desheritez de celeste pasture,   5430
Furent gettez à sort et advanture,
Eulx et leurs hoirs à peines et travaulx,
Et subjuguez à million de maulx,
Sans excepter de al mort tresamere,
Tous ceulx qiu sont et seront nez de mere.   5435

Las, peu dura leur grant prosperité,
Au paradis de joye et de delices,
Tost subverty fut en austerité
Leur bien parfait soubz audace de vices,
Et tost gettez furent dehors des lices *   5440
De paix heureuse et d'infiny repos,
En consequence aussy que leurs suppos,
Participans seroyent de l'amende,
Dont l'offense fut trop perverse et grande.

Plus n'eurent lors de povoir d'atoucher   5445
Ce hault fructier de manne precieuse,
Car tost leur fut interdit l'approuchier
Et deffendu la puissance ombrageuse,
Ha, que moult fut leur faulte domaigeuse,

Quant par tost croire et tard se repentir, 5450
Ce propthoplauste a voulu consentir,
Crime trop grant sans plus avoir loy d'estre
Auprès du Nil de paradis terrestre.

Et que moult fut son regret angoisseux,
Quant hors se vit de sa joye perdue, 5455
Certes, amy, croy que ce furent ceulx,
Qui premiers ont leur franchise vendue, *

[108 ʳᵒ] Et leur liesse en briefz jours despendue,
Dont la plainte dura bien huyt cens ans,
Ainsy furent ces deux conjoincts exemps, 5460
Et deboutez de si hault previlege,
Qu'onques depuis n'eurent fors dueil pour siege.

Et aussy tost qu'eurent ainsy forfait
Contre le dit de divine ordonnance,
Fut leur povoir amoindry et deffait, 5465
Et perdirent le manteau d'innocence,
Ainsy furent chassez sans demourance,
Et renvoyez du manoir plantureux,
En cestuy lieu dollent et malheureux,
Où encores gist en apparoissance, 5470
Leur deffortune et leur male meschance.

De leurs larmes, de leurs plaintes et pleurs,
Firent sortir pitoyable riviere,
Quant se virent opprimez de labeurs,
Et conculquez en estrange maniere, 5475
Et moult fut, las, leur esperance arriere,
Quant par Cain fut Abel, leur doulx filz,
Mis au nombre des povres desconfiz,
Et luy premier fist en terre ouverture,
Pour devenir à la fin pourriture. 5480

Voycy le socq dont son sang innocent
Fut espandau par playe criminille,
Dont Sire Adam lermoya des ans cent,
Et eut au cueur une douleur mortelle,

Encores en est la terre honnye et telle, 5485
Comme tu voys et de sang et de pleurs,
Iceulx premiers monstrerent les rigueurs,
Et les secretz de permanence peine,
A tous les hoirs de ce mondain dommaine.

[108 v°] Voycy après l'arche que commanda 5490
Le createur au bon Noé parfaire,
Quant la grant mer le monde suronda,
Et voulu Dieu tout humain corps deffaire
Pour le pechié et vie voluntaire
D'iceulx humains, qui furent vifz alors, 5495
Donc eulx, meschans et miserables corps,
Par le vouloir du tressouverain juge,
Furent tous mors en ce commun deluge.

Regarde après de Babilon la tour,
Qui par Nembroth, geant insatiable, 5500
Fut massonnée et bastie à l'entour,
Cuydant estre contre Dieu pardurable,
Mais peu fut, las, son chief d'oeuvre durable,
Et tant ne fit par usurpation,
Que tout ne vint à grant confusion, 5505
Ores, peulx veior toutes ses forfaictures
En ceste grant Forest des Advantures.

Ce champ ycy que près de toy tu voys,
C'est où jadis Abraham eut victoire,
Contre plusieurs anciens et grans roys, 5510
Assiriens comme on sçait par hystoire,
Et tant obtint sur eux louange et gloire,
Que son nepveu, Loth, osta de leurs mains,
Encores sont ces champs de leur sang plains,
Et leurs escus pendus sans difference 5515
Par les arbres de divine vengence.

Ce grant abisme et lac tant tenebreux,
Plain et couvert de flamme sulphuré,
C'est le Palus, trespuant et scabreux,

Où furent, las, d'ardeur deseperée, 5520
Confondues en paine preparée,
Jadis Sodome et Gomorre en effect,
[109 r°] Et les citez voysines, qui deffait,
Et de vouloir par puante luxure,
Firent à Dieu violence et injure. 5525

Après, voylà ung bras de rouge mer,
Où Pharaon, persecuteur indigne,
Voulant sa main contre raison armer,
Fut succumbé et soubzmis à ruyne,
Cela ce fit par voulenté divine, 5530
Qui fist perir ce tresmaleureux roy,
Luy, ses souldars, et son puissant charroy,
Et ia ne sceut o toute sa puissance,
Venir à chief de sa perseverance.

Et ces serpens que tu voys discourir, 5535
Venimeuses et de feu toutes plaines,
Firent jadis consumer et mourir
Ceulx d'Israel, ce sont choses certaines,
Car contre Dieu, par parolles trop vaines
Murmurerent, donc firent plaintz et cris, 5540
Leurs ruynes tu peulx veoir aux escripts
De la Bible, qui est moult veritable,
Là est leur cas en hystoire notable.

Que reste il plus ores à declairer,
Certes, amy, ce seroit longue chose, 5545
En vain pourroit ma langue labourer
A tout compter comme je presuppose,
Mais voulentiers quant on dit, on propose
Plainsans termes et qu'on voyt nouveaulx faiz,
Cela soulaige et aleige le faix 5550
Des perlerins, qui par maintz pays passent,
Et pour certain si acoup ne se lassent.

[109 v°] Or, allons dont, et je te compteray,
Monstrant au doy et à l'oeil les merveilles,

Qu'oncques ne viz et certain te feray 5555
De divers cas et choses non pareilles,
Appreste dont l'ouyr de tes oreilles,
Applicque sens et ton entendement,
[110 ʳᵒ] Et regarde l'ancien fondement
Des murs de Troye par les Grecz deffié, 5560
Qui jadis fut par Tros ediffiée.

Voycy le lieu où premier Ylion
Fut massonné en riche pourtraicture,
Que Priamus, ayant cueur de lyon,
Longs jours regna en paisible closture, 5565
Mais son povoir tourna en advanture
De si grant dueil et de tel desconfort,
Que luy, qui fut tenu paravant fort,
Pour resister et à force et à guerre,
Vit ses filz mors et sa cité par terre. 5570

Moult fut cheire vendue le rapine
Du beau Paris quant Heleine ravit,
Oncques mais si dangereuse espine *
Ne le picqua quant premier il la vit,
Par elle ung peu son ardeur assouvit, 5575
Mais les brandons aluma sans doubtance,
Dedans Troye qu'encor la remembrance
Çà et là court par bouffement de vens, *
Au cler sçavoir de trestous les vivans.

En ce quartier Enée ediffia, 5580
Après sa fuyte et son long navigage,
La neufve Troye et en fin deffia
Le Duc Turnus, homme de fier couraige, *
Car bien cuyda avoir en mariage
Lamine, fille du roy latin, 5585
Mais vaincu fut et perdit son butin
Par les Troyens et fatalle ordonnance
Desquelz Romme eut sa premiere naissance.

Voycy, amy, assez loing de ces lieux,
La grant salle par Sanson demollie, 5590
[110 v°] Après qu'il fut aveuglé de ses yeulx
Par Dalida, celle mellencolie, *
Tant le pressa que par sens ou follie
Il rua jus les posteaulx et pilliers,
Portant le faix dont plus de troys milliers 5595
Des discumbens et luy comprins au nombre,
Furent estaings dedans ce mortel ombre.

Icy auprès au mont de Gelboé
S'occist Saul, le roy tresmiserable,
Qui par avant fut de grans biens doué, 5600
Et eut renom et victoire honnourable,
Car il vaincquit comme preux et notable
Les Palestins, et puis les Amonites,
Les Ydumées, aussy les Moabites,
Mais à la fin si mal se gouverna 5605
Que luy mesmes à mort se prosterna.

Ses armes sont et sa riche couronne
A cest arbre que tu voyes là pendues,
Bible amplement le racompte et ordonne,
Primo regum, ce sont choses congrues, 5610
Et ses grans tours que tu voyes confondues,
Ce sont celles où Carthage jadis,
Qui aux Rommains fut contraires tousdis,
Premierement fut faicte magnifique
Par la royne Dido, dame d'Affricque. 5615

Souventefoys comme Pline le dit,
Celle cité fut, las, aneantye,
Car moult souvent Scipion la rendit
Serue aux Rommains et toute assubgettye,
Puis, Hasdrubal la fist subvertye * 5620
En cendre et feu sans raison et sans loy,
Et luy, qui fut de celle cité roy,
N'eut pas pitié de sa propre demeure
[111 r°] Dont encores destruicte elle demeure.

En ce quartier après furent trouvez 5625
Romus, aussy Romulus, en jeune aage,
Qui comme on list en livres approuvez,
Par une louve estrange et moult sauvage
Furent nourriz quant auprès du rivage
De Tyberis Rea les delaissa, 5630
Mais fortune si bien les exaulsa,
Que par eulx fut Romme faicte et nommée,
Cité jadis si haulte et renommée.

De tous pays et de toutes provinces
Fut obeye et dame pour ung temps, 5635
Mais par après division de princes
La subvertist par merveilleux contens,
Ambition fist les ungs mal contens,
Orgueil y creut, et peste d'avarice,
Tant et si fort que la bonne police 5640
Des senateurs n'y peut perseverer,
Lors delaissa leur bruit à prosperer. *

De racompter leurs pertes et dangiers,
Quant et combien ce seroit long affaire,
Mais tant je dy que maintz roys estrangiers, 5645
Par decours dans l'ont mise en tel misere,
Qu'il n'est livre qui sa perte peust faire,
Le bruit en est et commun et patent,
L'experience aussy tresclere, voyre, tant,
Que leurs palays et leurs maisons dorées, 5650
Sont par ruyne ou guerre devorées.

Et celle gent qu'on appelle Ytalique,
Dont les peres par extreme vouloir
Leur acquirent louange magnifique,
Pour à jamais en triumphe valoir, 5655
[111 v°] Regenerant comme chacun peut veoir,
A laissé perdre en vice irreparable
Le dyademe excellent et notable,
D'honneur parfait et de grande prouesse
Comme lasche remplye de molesse. 5660

Leurs battailles pugniques et civilles,
Ne te pourroys sans grant peine compter,
Ne les chasteaulx, forteresses, ou villes,
Qui voulurent contre iceulx affronter,
Riens plus n'y vault le long parlemente, * 5665
Plus n'ont o eulx de Tule la faconde,
De Scipion la puissance parfonde,
Ne de Trajen la justice en leurs faitz,
Plus n'ont aussy l'Octovienne paix.

[112 r°] Or, passons oultre et tyrons plus avant 5670
Pour mettre à fin nostre premiere emprise,
Ce beau pays que tu voys cy devant,
Où tout plaisir et leesse est comprise,
C'est mon amy, le creu et la pourprise,
[112 v°] Et le sejour du royaulme françoys, 5675
Où Francio, fatigué des Gregeoys, *
A son labeur querans prochains remydes,
Print son repos au palais Meothides.

Et là bastist Cycambre, la cité,
Bien pourveue de puissante lignée, 5680
Pour resister à toute adversité,
Comme gens dignes à loz embesoingnée,
Leur prouesse fut depuis tesmoignée,
Quant Valentin, le rommain empereur,
Fut des Allains victorieux seigneur, 5685
Par leur moyen dont eulx et leur lignage,
Furent faictz francz de trehu et de servaige.

Et tant dura par croissance de nom
Leur hault povoir sur toute geniture,
Qu'en peu de temps d'iceulx creut le renom 5690
Sans amoindrir, qu'il n'est point creature
Qui n'ayt ouy de leur noble nature,
En tous climatz le blason ventiller
Et leur povoir nuyt et jour distiller,
Du hault torrent de fontaine divine 5695
Sans deffaillir tant que le monde fine.

Quant ilz eurent leur pays agrandy,
Par deffaicte de leurs fiers adversaires,
Dès l'Orient jusques oultre Mydi,
Firent à eulx maintes gens tributaires, 5700
Moult doubterent les couraiges haulsaires,
Des repugnans à leur intencion,
Et bastirent en mainte nation,
Citez nobles qui encor ont durée,
Dont la terre françoise est decorée. 5705

Et eulx, voyant le pays suffisant,
[113 ʳᵒ] Pour avoir chief condigne de couronne,
Après leurs ducz firent roy moult duysant,
Regnant sur eulx ainsy que loy ordonne,
Cestuy premier comme l'hystoire sonne, 5710
Pharamondus fut dit et proclamé, *
Lequel fut filz du dernier duc nommé
Marcomyre, comme on sçait par cronique,
D'iceulx Gaulles, qui est moult auctentique.

A quoy yray sens et langue employer 5715
Pour hault louer leur digne preference,
Et la valeur de leur nom deployer,
Leurs loix et meurs, et leurs bonne ordonnance
Tant ont duré en leur perseverence,
Tant ont regné par succession dans, 5720
A triumphé de gloire pretendans,
Qu'il n'y a huy [sur] terre monarchie
De si grant loz, ne si bien obeye.

Que diray je des bons predecesseurs,
Qui ont regné en celle digne terre 5725
En debellant leurs pervers aggresseurs,
Dieu aydant par bonne et juste guerre,
Fust d'Espaigne, Bourgoingne ou d'Angleterre,
Tant ont ouvré contre leurs ennemys,
Qui ceulx nobles et trespuissans ont mys 5730
En leur terre parée de police,
Guydon de paix et glayve de justice.

Et bien parut que par permission
Du Dieu vivant fut leur terre munye,
Quant du hault ciel par operation 5735
Angelicque, celeste et infinie,
Fut à Clovis une ampole garnie
D'huille tressaint transmise à celle foys,
De laquelle les trescrestiens roys
[113 v°] Sont consacrez, c'est chose veritable, 5740
Qui est à eulx privilege notable.

Doys je celer de ce noble empereur,
Charles le grant, les tant dignes conquestes,
Qui fut si preux et fort entrepreneur,
Et subjugua tant de robustes testes, 5745
Brief, il fut tel et ses faitz tant honnestes
Qu'il estriva pour la divine loy,
Et convertit maint payen et maint roy,
Maintz beaulx monstiers bastist ce noble prince,
Comme on peut veoir en diverse province. 5750

Il assembla avec les fleurs de lys,
L'aigle de sable en champ d'or colloquée,
Il n'ayma pas les paremens de litz,
Où lascheté est souvent provoquée,
Et tant ouvra de lance et d'espée 5755
Luy et les pers de France, vivans lors,
Que pour certain ia soit qu'ilz soyent mors,
Leur bon renom et leur vertu tresample
Nous sert au moins de patron et d'exemple.

Et le benoist, glorieux, saint Louys, 5760
Dont la terre françoyse est honnorée,
Par qui furent maintz payens enfouys,
Et leur erreur inique devorée,
Tant que cestuy eut au monde durée,
Il travailla par armes exaulcer 5765
Le nom de Dieu, et par puissance haulser
L'honneur et prix de cestuy territoire,
Dont envers Dieu fist oeuvre meritoire.

Que pourray je plus dire ou prononcer,
Voulant louer ce pourpris d'excellence, 5770
Mieulx me vauldroit desormais renoncer
[114 ʳᵒ] Au plus parler de leur magnificence,
Car je maintiens qu'il n'est nulle puissance
De sens humain qui ce hault tribunal,
Paré de gloire et d'honneur triumphal, 5775
Suffisamment louast sans faire faulte,
Car pour certain l'entreprinse est trop haulte.

En ce palais et glorieux pretoire,
Est huy regnant par divin sentement,
Roy si parfait qu'en maint livre et hystoire 5780
Sera loué perpetuellement,
Jeune d'aage, mail vieil d'entendement,
Tant qu'on le peut appeller sans mesprendre,
Second Hector et derrenier Alexandre,
Faisant voller son nom jusques aux cieulx, 5785
Et sa proesse en tous terrestres lieux.

Charles est dit, huitiesme de ce nom,
Filz de Louys, moderne possesseur,
Si le pere fut prince de renom,
Cestuy n'est pas de loz dissipateur, 5790
Mais en tous faitz si trestriumphateur,
Qu'on le peut bien nommer tousjours Auguste,
Et si n'y a en Tulle ne Saluste,
Qui peust louer ou en prose ou en vers,
Les immotelz tiltres qu'a recouvers. 5795

Lyons rampans, hermynes, liepars,
Ont assailly sa celeste closture,
Et ont voulu semer en maintes pars
Discention soubz faincte couverture
Mais Dieu, qui a en luy regard et cure, 5800
Luy a transmis du throsne refulgent
Arc robuste pour vaincre toute gent,
Flesche d'avis, cuyrasse de proesse,
Tymbre d'honneur et targe de sagesse.

[114 vo] Que reste il plus de luy dire en effect, 5805
C'est Salomon quant au fait de prudence,
L'autre David, gratieux, et parfait,
Ung Scipion tout remply d'excellence,
Ung Camille pour publicque deffence, *
C'est en effect ung droit Fabricius, * 5810
Ung Ptholomée ou ung Papirius, *
Que sçay je moy, science femenine,
Ne peult pas bien louer chose si digne.

Tout obeist à son intention,
Son heur luy vient ainsy qu'il le demande, * 5815
Et bien appert à sa perfection,
Qu'engendré fut soubz heureuse planette,
Je prye Dieu que sa louange mette *
En si hault lieu sans jamais deffaillir,
Que d'icelluy nous voyons hoirs saillir 5820
Tous reffragans comme plume notable,
Au circuyt de sa royalle table.

L'Acteur

[115 ro] Ainsy passant celle grande forest,
Me racomptoit la dame telz merveilles
De l'escouter fuz diligent et prest, 5825
Oyant ses ditz et raisons nonpareilles,
Et en passant soubz les branches et fueilles,
De cestuy boys fatal et dangereux,
[115 vo] Je congneu bien que c'est advantureux
Pas à passer, car quant plus y entroye, 5830
Plus d'accidens sur ma foy y trouvoye.

Et sans nommer les personnes et lieux, *
Les rencontres, les matieres et formes,
Que ne congnoys, mais seulement iceulx
Dont sçay au vray les fortunes enormes, 5835
Las, j'en vy tant de si laidz et difformes,
Tant merveilleux que bien le racompter *
Pourroit assez ung cueur espouventer,

Tant de vaincus et mors à leurs poursuites,
Tant de chasteaulx et de villes destruictes. 5840

Ia n'eusmes fait d'une lieue le quart
En la forest que je dessus nommée,
Gectant mon oeil en l'une et l'autre part
Affin que mieulx fust ma paine assommée,
Si vy gisant personne assommée 5845
Soubz ung arbre tenebreux et divers,
Honny de sang tout couchié à l'envers,
C'estoit Louys d'Orleans, sans doubtance,
Qui oncle fut et filz du roy de France.

Cestuy fut cil qui fut destitué, 5850
Et prevenu par mort trop repentine,
Car à Paris fut meurtry et tué,
Soubz le manteau d'envye clandestine,
Dont mal advint car il fut homme digne,
Et bien devoit longuement vegetter, 5855
Mais Cas Fatal ycy le vint getter,
Dont je ploray ce noble personnage,
Tendant à mort par sort, non par son aage.

Ce cop mortel engendra des maulx tant,
Que toute paix fut de France exillée, 5860

[116 ʳᵒ] Et fut Bourgoingne en cisme exhorbitant,
Soubzmise à feu miserable et pillée,
Et de son chief principal despoilliée,
Tant que plus n'a Philipe pour seigneur,
Ne mais celluy Charles entrepreneur, 5865
Voulant regner en croppe de montaigne,
Car à Nancy demoura pour enseigne.

Sa tyrranye et grande cruaulté,
Le fist finir à heure non plorée,
Oncques n'ayma ne paix ne loyaulté, 5870
Sa vie fut à tous mal preparée,
Sa targe viz, sa lance et son espée,
Son timbre aussy à ung arbre pendu,

Voyre et son corps en la boe estendu,
Qui encor fust prince et Duc de Bourgoingne, 5875
Si raison eust conduicte sa besoingne.

Trop entreprist et moins excecuta, *
Saulvant l'honneur de dignité ducalle,
Maintz innocens à tort persecuta,
Non contemplant sa deffaicte finalle, 5880
Là, le vy mort à face triste et palle,
Environné de rondeaux et escrips,
Faisans à luy reproches, plaintz, et cris,
Par ses subgiectz qui auprès de ceste arbre
Misrent ses faitz par escript sur ung marbre. 5885

Je vy bruyre parmy celle forest
Ung chevalier de digne remembrance,
L'espée au poing comme soingneux et prest
De combatre pour publicque deffense,
Cestuy jadis fist moult beaulx faitz en France, 5890
Ia çoit qu'il fust de Bretaigne sailly,
Et maint rebelle a souvent assailly,
Chacun Bertran de Glesquin, si le nomme,
[116 vo] Hardy, prudent, et tresliberal homme.

Après je vy sept nobles, preux Françoys, 5895
Armez au blanc, ayans au poing la hache, *
Qui deffirent sept arrongans Angloys,
Où pas ung d'eux si ne se monstra lasche,
Nul d'iceulx n'eut pour lors pie à la tache,
Car si tresbien firent sans espargner, 5900
Qu'assez en peult m'ontendre tesmoigner,
Chasteau congneu où fut l'emprinse faicte,
Et des Angloys honteuse la deffaicte.

Tantost après en champ d'honneur paré,
Et siege d'or tapissé de louange, 5905
Je vy ung roy glorieux preparé,
Fulcy de paix, begnin, doulx comme ung ange,
Vaincu par mort, mais son bon bruit ne change,

C'estoit Charles, septiesme de ce nom,
Qui tant voulut accroistre son renom, 5910
Qu'à luy reduyt Guyenne et Normandie,
Quelque chose qu'Angloys ou Normant dye.

De le louer n'ay sens, art, ne sçavoir,
Mon oeil ne peult sur ray si cler s'estendre,
Mais chacun peult aisement sçavoir 5915
Que bien aymé fut cestuy, sans mesprendre,
Car luy regnant, il tant voulut espandre
De liberté, voyre, sans donner faix
A ses subgiectz, que l'en vivoit en paix,
Et si crioit chacun à voix commune, 5920
Vive le plus begnin dessoubz la lune.

Il, au premier de ses tresjeunes ans,
Demoura roy, possedant peu de terre,
Car ennemys contraires et nuysans
Empescherent par brouillis et par guerre * 5925
[117 ro] Son vray sejour, mesmement d'Angleterre
Les leopars, mais si bien se maintint, *
Qu'en peu de temps eulx soubz forte main tint,
Et demoura cestuy doulx et propice,
Roy regnant lors en chayere de justice. 5930

Près luy je vy sur cheval fier marchant,
Femme qui fut d'harnoys luysant armée,
Pas ne sembloit escollier ou marchant,
Mais robuste par prouesse affermée,
Dont m'esbahys de veoir femme fermée 5935
De si grant cueur, qui les gens incitoit,
Donner dedans et ung chacun citoit
A guerroyer, comme si tousjours elle
Tint en seurté les souldars soubz son aelle.

Pas n'eut quenoille atachée au costé 5940
Mais espée poingnante et deffensible,
Fuyant repos et longue oysiveté,
Où voulentiers cueur de femme est duysible,

A autre affaire elle n'est entendible
Qu'ordonner gens pour batailles mouvoir, 5945
Dont, je congneu que c'estoit pour tout voir,
Selon sa geste et maniere approuvée,
La pucelle par miracle trouvée.

Je, peu après cheminant par ce boys,
Veiz traverser par une voye plaine 5950
Homme excellent du pays d'Angoulmoys,
Vray chief de guerre et noble capitaine,
Qui les Angloys maint jour, mainte sepmaine,
A mys en fuyte et yceulx desconfiz,
Lors reverence et honneur je luy fiz, 5955
Car je congneu que c'est Jehan de la Roche,
Loyal François, chevalier sans reproche.

[117 v°] Après luy vy deux nobles conquerans,
Ce fut La Hire et Pothon de Saintrailles,
Lesquelz souvent ont maintenu les rencz 5960
En fiers destours et crueuses battailles,
France doit bien plorer leurs funerailles,
Et regreter deux si nobles consors,
Car eulx vivans n'ont espargné leurs corps
Au bien public, sans laschetté commettre 5965
Envers le roy, leur tressouverain maistre.

Que purray je plus dire ne compter
Des merveilles qu'en la forest j'ay veues,
Tantost me va souvenir presenter
Infinité de batailles esmeues, 5970
Gens desconfiz et armes despendues
Par coups de lance ou d'espée ou raillon,
Et pour premier je vy de castillon
La journée où fut destruict par guerre
Sire Talbot et tous ceulx d'Angleterre. 5975

Je, d'autre part dolent, triste et marry,
Vy les grans hurs qu'on fist à Guynegaste, *
Aussy fiz je la journée Montlehery, *

Où maintz couardz fuyrent à grant haste,
Il n'y a rien que discorde ne gaste, 5980
Brief, je vy là les champs plains et couvers
De gens meurtriz, tous gisans à l'envers,
Entr'eux congneu Brezé, plain de vaillance,
Armé pour lors des fleurs de lys de France.

Lors, fut Loys, qui de Charles fut filz, 5985
Nouveau venu à la digne couronne,
De dueil surpris quant il vit desconfitz
Ses bons servans dont la cause fut bonne,
Persecuté non d'estrange personne,
Mais par les siens parens et alliez, 5990
[118 ʳᵒ] Lesquelz depuis si tresbien a lyez,
Ce neantmoins que tous par sa puissance, *
Il les soubzmist à son obeissance.

Et tant fist lors son renom discourir
Qu'en Roussillon, Flandres, et Piccardie, 5995
En Almaigne, il fist son loz courir,
Tant fut sa force et sa prouesse hardie,
Je ne sçay pas que de luy assés dye,
Mais je maintiens que puis le roy Saul
On n'a point veu des roys terriens nul, 6000
Tant obey mille lieux à la ronde,
Comme cestuy, voyre, par tout le monde.

Si je vouloys les chevalereux corps,
Les gouffanons, estandars, et bannieres
Ycy nommer, certes, que je vy lors, 6005
Dedans ce boys en estranges manieres,
Gisans, couchez, dedans fatales bieres,
Les ungs navrez, les aultres mors ou pris,
Certainement je seroye repris
D'ennuyeux compte et de longue escripture, 6010
C'est ung propos qui n'engendre que cure.

[118 ᵛᵒ] Or, cheminay longuement en ce jour,
Acompaigné plus de dueil que de joye,

Assez eu fait pour prendre du sejour,
Ce me sembloit en celle longue voye, 6015
Mais desplaisir qui alors me convoye,
Si me mena par ung petit sentier,

[119 ʳᵒ] Tant que je vy ung grant serqueil entier,
D'albastre fait en riche pourtraicture,
Bien ressemblant d'ung prince sepulture. 6020

Là, vy gisant dessoubz ung noir veloux,
Jehan d'Orleans, feu Conte d'Angoulesme, *
Tresvertueux et digne de grant louz,
Qui par mort fut palle, deffait, et blesme,
J'en eu regret et fiz dueil en moymesme, 6025
Quant sur luy viz en lieu d'aornemens,
Ung poylle bleu contenant troys lambeaux
En ung croissant vermeil pour difference,
Plain et garny d'armoyrie de France.

Gueres après n'euz avant cheminé, 6030
Quant je vy, las, ung prince tant notable,
De tant de meurs riche et enluminé,
Si tresbegnin, plus encor honnorable,
Qu'Atropos a convié à sa table,
En le servant de piteux entremais, 6035
Pour nous priver à tous temps et jamais,
D'une perle tant clere et precieuse,
Comme des bons murtriere et envieuse.

Celle aspre mort, aveugle sagittaire,
L'osa bien prendre en l'aage de trente ans, 6040
Par vengence soubdaine et voluntaire,
Dont seulement ne furent regretans
Ses bons subgiectz, mais signes denotans,
Son mal futur au ciel lors apparurent,
Et comettes tresgrandes comparurent, * 6045
Designantes par cause tresaperte,
Qu'elle seroit d'ung tel seigneur la perte.

Ce fut Charles, Dieu luy face mercy,
Seigneur et duc du pays d'Acquitaine,
Ha, que ce fut aux siens ung amer cy, 6050
Quant mort le print en sa puissance haultaine,
De maint seigneur et noble capitaine,
Fut regretté cestuy fleuron de lys,
Car tous fiers cueurs estoyent amollys
Par sa doulceur, or Dieu en preigne l'ame, 6055
Le corps en est à Bordeaux, soubz la lame.

Plus que j'euz cheminé plus avant, *
Tendant à fin de ma cause premiere,
Gectant mon oeil et derriere et devant,
Comme personne apprinze et coustumiere 6060
De veoir telz cas en piteuse maniere
Je, pour certain après bien peu de pas,
Voys rencontrer illec en ung trespas,
Deux gens de nom desquelz la fin oblicque
Merite assés este mise en cronicque. 6065

Le premier fut d'Armignac, conte et chief, *
Et le second fut prince de Navarre,
La mort leur fit à tous deux grant meschief,
Tant eussent forte et ancienne barre
En seigneurie, car comme chacun narre, 6070
Le premier fut à Lestore tué,
Et l'autre aussy de jours destitué
Par fortune, qui tout varie et tourne,
Mourut d'ung coup d'une lance à Libourne.

Après ceulx vy ung appellé Loys, 6075
Nommé de Pons, jadis né en Xaintonge,
Dit de Mornac, dont assés m'esbahys
Le veoir là mort, cuydant que ce feust songe,
Mais toutesfoys sans faincte ne mensonge,
Blecé je vys ce trespreux chevalier, 6080
Prest à mourir par la dent d'ung sanglier,
Et dedans Bloys fina, Dieu en ayt l'ame,
Car regretté fut il de mainte dame.

Ainsy plaingnant de tous ceulx trespassez
Le sort piteux, et cheminant tout oultre, 6085
Ayant pitié et dueil en cueur assez,
Voyant ces corps en douloureuse monstre,
Souvenir lors me presente et me monstre,
En ung jardin delicieux et vert,
D'oyseaulx tout plain et de fueilles couvert, 6090
Ung roy assis en preau d'excellence,
Tout dyapré d'inventifue acience.

Chantres avoit doulx et organisans,
Tous approuvez en nouvelle musique,
Lucz, tabourins, si bien tympanisans, 6095
Clairons bruyans d'armonie auctentique,
Brief, ce sembloit une vie angelique
A tousjours, mais permanente et durable,
De veoyr roy triumphant et notable
En ce second terrestre paradis, 6100
Car parfait fut et en faitz et en ditz.

De sens, de meurs, de noble geniture
Fut aorné, riens de ce n'y failloit
De dons, de grace, et de ceulx de nature,
Et de fortune ung seul n'y deffailloit, 6105
Tant liberal qu'à toutes mains bailloit,
Plus prompt à don qu'on n'eust fait la demande,
Tenant maison à tous ouverte et grande,
Parfait en biens, subtil d'invencion,
Nouveaulx en faiz d'estrange nation. 6110

Poethe expert, aymant licterature,
Vray orateur, comme de Tulle filz,
Je m'esbahys de toy, certes, nature,
Quant si tresdigne et noble tu le fiz
Pour tost mourir, car en termes confitz 6115
D'urbanité et de doulce parolle,
Oncques Platon ne tint à son escolle
Disciple tel, ainsy de double honneur,
Fut decoré cestuy royal seigneur.

Brief, je fuz lors de merveilles surpris, 6120
Et bien pensay ailleurs qu'en ce siecle estre,
Quant j'apperceu homme de si hault pris,
Environné de louange terrestre,
Et bien pensoys qu'il fust d'accidens maistre,
Non redoubtant fortune ne dangier, 6125
Mais je advisay en ce noble vergier,
Pres de ses piedz une abisme profonde,
Plaine de pleurs où tout regret habonde.

Pitié l'avoit surprins en desarroy,
Au plus grant heur de sa prospere vie, 6130
Et ia coit or qu'il fust quatre foys roy,
Si ne fut pas sa plaisance assouvie,
Mais à la fin subgecte et asservie,
Tant que du pleur et larmes de ses yeulx
Avoit couvert et arrousé ces lieux, 6135
Ia coit qu'il fust d'Anjou la vraye souche,
Heureux est cil que fortune ne touche.

Ung arbre y eut, hault et apparoissant,
Duquel pendoit parmy chacune branche
Ung radieux et merveilleux croissant, 6140
Garny d'or fin et esmailleure blanche,
Dequel y eut, en escripture franche,
Loz en croissant engravé et compris,
Telle devise avoit ce seigneur pris
Non sans raison, car son loz faisoit croistre 6145
Sur tous vivant qui ont eu loz et estre.

[121 ʳº] Puis à ung croq de ceste arbre je vys
Ung escusson plaisant entre dix mille,
Où j'apperceu ung estrange devis,
Jherusalem, Arragon, et Secille, 6150
Et puis d'Anjou, duché noble et fertille,
Le champ entier, et de Bar le blason,
Dont je congneuz que cestuy par raison,
Devoit durer si terrestre chevance
Peut faire au moins à nulz hommes avance. 6155

Or, est il mort, quelque biens qu'il ait eu,
Sa vie fut longtemps à jaculée,
Plus ne seras cestuy desormais veu,
En son chasteaux dangiers où recullée,
Provence en est encores adollée, 6160
Et regrette nuyt et jour son seigneur,
Quel remede, certes, c'est le meilleur,
Prier à Dieu qu'en Paradis le mette,
Riens mieulx envoy que pour luy je souhaicte.

Ainsy passant du pays fortuné 6165
Les longs destroys en paine moult austere,
Plaingnant la mort du bon feu roy regné,
Qui des roys fut vray oncle, filz, et frere,
Je, extorquant mes yeulx en la misere
Du boys fatal, veiz ung duc de Milan, 6170
Dont n'euz tel peur ne crainte de tout l'an,
Quant j'aperceu ce grant duc ytalique
Livré à mort par ung coup vulnifique.

Cestuy estoit Galyas appellé,
Assez congneu oultre la Lombardie, 6175
Lequel si fut par mort interpellé,
Ia coit qu'il eust force et puissance hardie,
Ung de ses gens anticipa sa vie,
Et de longtemps machina ce meffait,
Charles, Vicente, estoit nommé de fait, 6180
Qui bien osa corrumpre sa franchise,
Ecclesiaste et l'occire en l'eglise.

Je, doncques, lors advisay ce seigneur,
Qui l'ame avoit de son corps expirée,
Par coup mortel et par son serviteur, 6185
Lequel avoit la chose conspirée,
Seigneurie souvent est desirée,
Et l'enuye de tousjours domminer,
Qui neantmoins fait les plusieurs finer
Piteusement, c'est chose manifeste, 6190
Et demeurent les maleureux en reste.

L'Acteur

[122 *ro*] En ce long deuil ainsy continuant, *
Passant le temps, tapissé de tristesse,
Mon bon vouloir tousjours esvertuant
A surmonter ma profonde destresse, 6195
Je tant allay et par si seure adresse,
Que peu après en lieux solacieux,
[122 *vo*] Scientifique et moult delicieux,
Ma fortune promptement me fit rendre,
Là où je peu grans merveilles apprendre. 6200

Ce lieu estoit d'arbres tousjours flairans,
Environné sans que verdure y faille,
Produisans fruictz tant odoriferans,
Qu'il n'est tresor qui au poix d'iceulx vaille,
Jamais n'y eut en ce quartier bataille, 6205
Ains fut ce lieu seulement desdié
Pour gens de paix qui ont estudié
Qui ont ouvert par art et diligence
Le sainct fermail de divine science.

Ce hault sçavoir estoit environné, 6210
Fulcy d'honneur et paré de justice,
Humble repos estoit environ né,
Licterature et celeste police,
Au meilleu vy fontaine trespropice,
Qui arrousoit tout le noble pourpris, 6215
Et tout autour vy ung noble compris
D'anciens clercz, plains de philozophie,
Tous abreuvez du fleuve de Sophie.

Pas n'y failloit Aristote ne Platon,
Origene, Zeno, ne Democrite, 6220
Empedocles, Macrobe, ne Craton,
Dont la secte fut en maint lieu escripte,
Bien y estoit cil Ariopagite, *
Qui tant congneut les faitz celestiaux,
Et Socrates, lequel en faictz si haulx 6225

Employa sens et son experience,
Qui remply fut de divine science.

Entre eulx y vy le bon Dyogenes,
Qui mesprisa du monde la practique,
[123 ʳº] Dermenides, aussy Demostenes 6230
Et Melliffus, philosophe auctentique,
Là vys aussy, plain d'art probleumatique,
Ung tresexpert, dit Anaxagoras, *
Aussy fis je celluy Pictagoras, *
Qui mieulx ayma vertu celestielle 6235
Que du monde la gloire temporelle.

Là, les vy tous pales et studieux,
En doulx maintien et digne reverence,
Comme si tous fussent anges ou dieux,
Contemplatifz en treshaulte apparence, 6240
Là, situez en paisible ordonnance,
Loing separez de tous aultres humains,
Non employans ne voulenté ne mains,
A pourchasser du monde l'aliance,
Mais seullement le tresor de science. 6245

Bien y estoit l'excellent Cyceron,
Noble orateur et prince d'eloquence,
Aussy Saluste et Virgille Maron,
Qui tant loua d'Auguste la naissance,
Ovide aussy, qui bien eut l'affluence 6250
D'applicquer motz et termes moult divers
En ses escrips et poetiques vers,
Pas n'y failloit le grec poethe Omere,
L'ung des expers qui fut onc né de mere.

Je y vy Perse, jeune satirizant, * 6255
Et Juvenal, plain de morale vie,
Aussy fiz je Therence divisant
Subtillement selon sa comedie,
Seneque y fut à tout sa tragedie, *
Qui de Neron, desloyal empereur, 6260

    Fut au premier le maistre et gouverneur,
    Mais à la fin ce tresnoble poethe
[123 v°] Fist en ung baing de soy mesme deffaicte.

    Je vy Lucan, Valere, et Stacius, *
    Qui racompte l'histoire Thebaÿde,   6265
    Aussy Vegece et Titus Livius,
    Qui aux Rommains fist sumptueux ayde,
    Non par armes, mais par autre remyde,
    Car il escript de termes tresparfaictz
    D'iceulx Rommains la louange et les faictz,   6270
    En decades d'aornée dictature,
    Comme on peult veoir selon son escripture.

    D'autres en vy de moderne saison
    Comme Vincent, vray mirouer d'hystoires,
    Aussy Justin, qui livres à foison   6275
    Fist de sa main en dignes repertoires,
    Bien firent ceulx oeuvres moult meritoires
    De nous laisser ce noble erudiment,
    Pour recreer l'humain entendement,
    Et pour aussy nous faire à plain congnoistre,   6280
    Par leurs escriptz, du temps preterit l'estre.

    Pas n'y failloit Plutarque, ne Solin,
    Ne tout maistre scientifique,
    Tous les vy là en ce pourpris divin,
    Plain de sçavoir et de loz seraphique,   6285
    Brief, ce sembloit precieuse relique
    Veoir en ce lieu tant de dignes preteurs,
    Philosophes, poethes, orateurs,
    Dont la terre est de leur sçavoir parée,
    Et science par iceulx reparée.   6290

    Moult fuz aisé de veoir en ce climat
    Tant bien heure si tresnoble assemblée,
    Et si je fuz paravant triste et mat,
    Et de soucy ma plaisance troublée,
[124 r°] A celle foys fut ma joye doublée,   6295

Quant j'apperceu sans tirer plus avant
De gens dignes ung si parfait convent,
J'en euz au cueur ung plaisir salutaire,
Pensant alors estre hors de tout affaire.

Peu demouray en ce sejour commun, 6300
Où tout plaisir et leesse est enclose,
Si apperceu lors maistre Jehan de Meun,
Tenant encor son Rommant de la Rose,
De le louer entreprendre je n'ose,
Car sur ma foy mon sens n'y suffiroit, 6305
Et pourneant ma plume trasseroit
Le grant honneur qu'il a gaigné en France,
Dont son bon loz remaint en souvenance.

Après luy, vy ung noble Florentin
Qu'on appelloit en commune voix Dante, 6310
Qui maintz oeuvres en tresaorné latin
A compillé par raison evidente,
Il declaira de la vie presente,
Soubz fainct langaige et poethiques vers,
Les accidens et tourbillons divers, 6315
Et fist descript de l'infernal repaire,
Le cas piteux et la grande misere.

Après luy fut en raenc d'honneur assis
Françoys Petrac et le gentil Bocasse,
Dieu à tous deux si leur face mercys, 6320
Et leurs pechiez filz en ont fait efface,
Car eulx, vivans au monde sans falace,
Ont fait livres tresmoraulx et exquis,
Et ont pour vray si grant honneur acquis
En tous climatz que leur gloire parfonde 6325
Ne faillira tant que durra le monde.

[124 vo] Je, peu après visitant ce quartier,
Veiz ung poethe hault et scientifique,
Helas, c'estoit feu maistre Alain Chartier,
Doulx en ses faitz et plain de rethorique, 6330

Clerc excellent, orateur magnifique,
Comme l'en peult par ses ditz tesmoigner,
Art si tresbien l'apprint à besoingner,
Qu'oncques Vulcan n'ouvra mieulx sur l'enclume, *
Que cestuy fist de papier et de plume. 6335

Pres de luy vy maistre Jaques Milet,
Qui mist en vers l'hystoire dardanide,
Cil à Paris or ensevely est,
A mort n'y a ressource ne remyde,
Sçavoir n'y peut, armes n'y font ayde, 6340
A tous vivans comment passer le pas, *
Helas, mon Dieu, je ne pensasse pas
Que gens si clers, au moins en si jeune aage,
Feussent vaincuz par mort, dont c'est dommage.

En regretant les miens feuz congnoissans 6345
Que je vy au fleuve delectable,
Comme se dueil eust usurpé mon sens,
Je lamentoys la perte miserable
D'iceulx sages et le bien proffitable
D'eulx emané, qui nous est apparent, 6350
D'iceulx ne suis digne d'estre parent,
Que dis je, las, non serviteur du moindre,
A tel honneur n'affiert à moy d'attaindre.

En ce point que d'eulx faisoye mon dueil,
Je regarde sur le costé senestre, 6355
Si apperceu clerement et à l'oeil
Mon feu patron et treshonnoré maistre,
Las, bien le sceu aiseement congnoistre,
Et bien dys lors que c'estoit à le veoyr,
[125 ʳº] Maistre Martin Magistri pour tout voir, 6360
Interpreteur de la saincte pagine,
Aigle d'honneur, philozophe tresdigne.

Couronne avoit radieuse en son chef
Que science luy avoit preparée,
Ha, que moult fut mon mal pesant et grief 6365

De veoir mon maistre et personne honnorée,
Hors du siecle sans y avoir durée
Plus longuement qui eust peu proffiter,
Là maintz suppostz et eulx habiliter
Soubz sa discrete et tressaincte doctrine, 6370
Ainsy que enfans sont nourris de tetine.

A Paris fut jadis mon directeur
A Saincte Barbe, en son noble college,
Du peu que sçay, il en est fondateur,
La verité en peult bien estre pleige, 6375
Et pour conclure et que mon dire abreige,
Regent fut il de mes freres et moy,
Puis son sçavoir le logea chez le roy,
Où il, vivant en honneur transitoire,
Fut convaincu par mortelle victoire. 6380

L'Acteur

 Ainsy passoys en triste soing, entremeslé parfoys d'espoir et de confort, ce boys fatal, plain et couvert en tous endroitz de plus de cent mil dangiers et de soubdaines advantures et ainsy m'alloyes parmenant avec Sensualité, qui ia longs jours avoit esté du chariot de ma prime enfance 6385
charetier et guyde. Et si avant me pourmena qu'avecques ce qu'avez ouy cy paravant au long comptera par mes escriptz, je pour certain veiz d'accidens et de merveilles si grant tas que le nombrer seroit autant possible à [125 ^{vo}] •
moy que de vouloir tout le gravier en mer gisant d'inumerer. Dont, je forment de mon corps, las, fatigué de sueur 6390
penible, de mes piedz aussy aggravé, ayant ia près au long aller user le fer du bourdon de mon premier aage. Et ia tendant aux approches du declinatoire jouvente ainsy que tous povres humains sont asserviz à devenir de jeune vieulx 6395
et decrepitez, ou bien finir par autre sort, anticipant les ans et jours, je tout itel me voyant, commençay à me conquerir et faire exorde doloreux à ma maitresse en luy disant, "helas, madame, et quant sera le temps venu que j'auray paix et que une foys pourray avoir une heure d'aise, cesser 6400

à point mon long travail. Certes, moult fut le jour pour moy trop plain d'adversité destinée quant au premier je me rengay soubz vostre frain, si autrement ne me menés par voye bonne et gracieuse."

Sensualité

Ha, dist elle, cueur tost lassé, encores n'est le jour venu 6405
de treves prendre, ailleurs convient encor passer ains que repos avoir tu puisses. Et ia n'avoyez de la forest le tout perceu pour en faillir sans visiter du plus la reste, et bien te fault d'espoir armer si soyés doncques ententif de non vouloir cesser à tant, car moult y à encor à veoir ains que 6410
jour faille. Car estriver te conviendra fort et ferme, quoy qu'il en soit, pour obtenir le bien mondain ou tu pretends. Or, y pense sans plus vouloir recalcitrer, encores pourras ceans veoir chose digne d'estre notée et qui faitz maintz cueurs humains esmerveiller puis pou de temps. 6415

L'Acteur

Chose piteuse et miserable ne sert à veoyr *[126 ro]* fors d'engendrer ung long regret memoratif de toute peine, pourtant voulsisse à tant cesser et pleust à Dieu que soubz tapis de pourvoyance souveraine fust dilaté l'excès mondain sans que plus fussent occupez les yeulx de tous contempler le 6420
cas et la deffaicte du present siecle, donnant propos et matiere de parolle prenicieuse aux malveillans et occasion de trop grant dueil à ceulx qui ont amour parfaicte. Or, fus doncques tant que pourray corps travailler et peine prendre obeyray dame à voz plaisirs parfaire. 6425

[126 vo] Lors chemina et je près la suyvy,
   Comme subgiect et serviteur d'icelle,
   Et laissasmes le pourpris que je vys,
   Environné de science immortelle,
   Si entrasmes en voye obscure et telle 6430
   Qu'oncques jamais de pareille n'ouy
[127 ro] Faire rapport, su fuz esvanouy,

Forment de peur, car je y vy telle chose,
Que proprement la declairer je n'ose.

Pour deux [causes], l'une que je n'ay pas 6435
Art pour en faire escripture condigne,
L'autre si est, car ordre ne compas
Ne puys tenir declairant la racine
Dont le mal vient, au fort raison m'encline, *
Soubz ung tel, quel languaige l'exposer, 6440
Et si je faulx, l'en pourra excuser, *
Sur verité ma cause primitive,
Sans adjouster consequence excessive.

Tant allay dont par le chemin patant,
Large et batu de passée commune, 6445
Avec celle maintesfoys caquetant, *
Qui me conduyt en voye de fortune,
Qu'en peu de temps tant fait l'heure oportune
Destinée où bien fatal advis
Me fist rendre, et tost fuz viz à viz * 6450
D'ung hault sejour garny de tours puissantes,
Qu'on appelloit ne commune voix Nantes.

Moult me sembla doloreuse cité,
Quant de bien près l'eu veue et regardée,
Et bien sembloit pleine d'adversité, 6455
Qui mal avoit sa franchise gardée,
D'espoir la veiz assez retrogradée,
Mutillée des fors et fiers bastons,
Brief, ce sembloit estre de tous Bretons,
Jadis l'honneur, la gloire et la retraicte, 6460
Qui de leurs mains est maintenant soustraicte.

Je vy les murs, les tours et les portaulx,
Precipitez en menassans ruyne, *
[127 vo] Par coups de traictz, de canons et courtaulx,
Et par guerre qui tous fors lieux commyne, 6465
Je vy les champs et la terre voysine
Pleine de sang, de mors empulantiz,

Qui c'estoyent follement consentiz
A vouloir vaincre et mettre en leur conserve
Charles regnant, le vray filz de Mynerve. 6470

Le duc, voyant la desolation
De la cité superbe et violente,
Tournay mon oeil lors sans dilation,
Je vy ung champ et place moult patente,
Duquel y eut des mille plus de trente 6475
De corps transiz et de vie expirez,
Que maltalant si avoit conspirez,
Pour debeller s'il fust en leur possible,
L'ost des Gaulles par deffaicte nuysible.

Ce champ estoit Sainct Aulbin appellé, 6480
La malheureuse et diverse journée,
A que moult fut perplex et adolé,
Quant vy fortune en ce point atournée,
Laquelle avoit sa face atournée
En fier regart, et fait ceulx ennemys 6485
Qui deussent ensemble bons amys, *
Et l'ung l'autre, voyre, envers tous deffendre,
Selon qu'amours au moins se peult estendre.

Et toutesfoys ne sçay cause pourquoy,
Fors seullement de dominer enuye, 6490
Les a esmeuz d'oultrepasser la loy
Qu'eurent promis garder toute leur vie,
Et qui plus est celle non assouvye
Ambicion, qui tous cueurs veult lyer,
A fait à ceulx contraires, allyer, * 6495
Les plus prochains par soubdaine entreprise,
[128 ro] Dont m'esbahys et chacun ne les prise.

Là, vy en champ de reprouche immortel *
Leurs estandars en diverse maniere,
Je vy aussy illec homme mort tel, * 6500
Trop confiant en pompeuse baniere,
Qui pas n'avoit l'honneur de cymetiere,

Ains fut gisant en terre tout envers,
Piteux spectable, et la viande aux vers,
Ce fut Jason, l'angloys Conte de Scales, 6505
Trop tost venu des pars occidentalles.

Cestuy voulut de ses predecesseurs
Suyvre les faictz, faisant aux nostres guerre,
Il et les siens ont esté agresseurs,
Souventesfoys pour nous vouloir conquerre, 6510
Mieulx luy vaulsist du pays d'Angleterre
N'estre party pour en France venir,
Cestuy donra à ses hoirs souvenir
De non acoup folles choses entreprendre,
Et garderont, si Dieu plaist, de mesprendre. 6515

Là, vy cestuy, doncques, et ses consors
Ruez au bas et deffaitz par bataille,
Angloys, Bretons, et Allemans tous mors,
Picquiers, souldars, avec leur friponnaille,
Je prye à Dieu que ce mauvais sort faille, 6520
Et qu'il nous dont joyau de vraye paix,
Affin que plus nous ne voyons jamais
L'ydeux monstre de Mars en noz limites, *
Qu'avons tant eu par noz grans demerites.

Je doncques lors ce champ considerant, 6525
Tout plain de corps gisans, mors sans mesure,
Tresconvoicteux et moult fort desirant,
Si je pourroye aucune creature
[128 vo] Là congnoistre, qui nous fust par adventure
Deffaicte illec pour le liz querellant, 6530
Si vy le corps d'ung noble homme dolent,
Livré à mort, faisant aux siens deffence,
L'on l'appelloit Domp James, sans doubtance.

Cestuy pour vray fut d'Espaigne natif,
Parfaict en biens, de nature et de grace, 6535
Doué de meurs, en termes non hastif,
Begnin à tous, vray disant sans falace,

A ce propos plain destranges repliques
Je vis entrer en sale fortunee
Les troys dames fatallees moult obliges
En vng instant diuerse destinee
Dont celle fut moult triste et estonnee
Qui me conduict cest sensualite.

Ainsy passant celle grande forest
Elle racomptoit la dame telz merueilles
De lescouter fuz diligent et prest
Ouyant ses ditz et raysons nonpareilles
Et en passant soubz les branches et fueilles
De cestuy boys fatal et dangereux.

De le louer ma plume ne se lasse,
Car pour le roy fist ses jours abreigier,
Ia çoit qu'il feust de pays estrangier, 6540
Il neantmoins si bien servit son maistre,
Que l'on a peu son bon vouloir congnoistre.

Je, peu après regrettant le trespas
Du susnommé, priant Dieu pour les ames
Des gisans mors, veiz illec en ce pas 6545
Le corps aussy du feu Seigner de Rames,
Cestuy ne doit du renc des bon gensdarmes
Estre exempt, car bien lors esprouva
Force et vouloir, mais fortune trouva
Moyen alors d'en faire la deffaicte, 6550
Et fut tué par ung coup de saiecte.

Près de luy veiz ung de noble maison
Qu'on appelloit le Seigneur de Pomille,
Il n'ayma pas hermine ne toyson,
Ne quereller pour battaille civille, 6555
Ains se monstra fust aux champ ou en ville
Vray serviteur du treschrestien roy,
L'ame n'est plus en luy, car le corps voy,
Palle, deffait, sans jamais avoir vie,
En paradis soit dont l'ame ravye. 6560

[129 ʳᵒ] Et quant j'eu bien tournoyé à l'entour,
Je viz ung corps gisant en celle plaine,
Et bien sembloit qu'au plus fort de l'estour
S'estoit trouvé ce noble cappitaine,
Car sur luy n'eut une partie saine, 6565
Ains fut navré des piedz jusques au chief,
Helas, ce fut aux Françoys grant meschief,
Quant fut tué par coups de serpentine,
Car en guerre fut vertueux et digne.

Il, tout playé en plus de douze pars, 6570
Donnoit aux siens de battailler envye,
En leur disant, chassons ces liepars,

Servons le roy, n'y espargnons la vie;
Bien fut alors sa loyauté pluvye,
Helas, c'estoit feu Jaques Galliot, 6575
Porter le vy dedans ung chariot
En plaings et pleurs, soubz noire couverture,
Dedans Angiers où gist en sepulture.

Las, benoist Dieu et que diray je plus
De tant de gens que vy lors à celle heure, 6580
D'en plus parler deveroye estre forcluz,
Considerant ma trop longue demeure,
Au fort raison me meut que je labeure
A declairer des principaulx le nom,
Là trespassez, affin que le renom 6585
Des feuz Françoys demeure en souvenance,
Et des pervers congnue l'arrogance.

Et pour plus brief declairer le propos,
Dont la fin est par moy tant desirée,
Je, travaillant et loing de bon repos, 6590
Pensant tousjours en celle destinée,
Veiz rencontrer par une matinée,
En ce droit lieu, les deux ostz differens
[129 vo] S'entreferir et maintenir les rencs,
Et si vy, las, dont me desplaist le dire, 6595
Ung si grant cas qu'oncques n'advint de pire.

Et puis doncques qu'ores parler en fault,
Et que le fait et la honte declaire,
En requerant qu'on supplye au deffault,
Si peu ou trop remaint, dont vault le taire, 6600
Je veiz illecq par desir voluntaire,
De ceulx du sang contre nous raliez,
Ayant les biens et honneurs oubliez
Qu'en France ont eu, et leur droit heritaige,
Pour prendre, helas, en pays forain partaige. 6605

D'iceulx fut chief Louys, duc d'Orleans,
Pas ne le dy pourtant pour vitupere,

Mais grief me fut le veoyr alors leans,
Fuyant son bien pour estrange repaire,
Là, le vy pris après la grant misere 6610
Des siens souldars deffaitz et confonduz,
Mors et transiz, par la terre estenduz,
Et fut mené ce mal conseillié prince
A Lusignen, près Poictiers la province.

Là, demoura pour ung temps ce seigneur 6615
Par ordonnance et volunté royalle,
Puis fut mené par le conseil meilleur
Dedans Bourges, de Berry capitalle,
Là encor est en la tour principalle,
Je pry à Dieu que brief en soit hors mys, 6620
Et que les siens et luy soyent amys,
Et serviteurs comme à droit doyvent estre,
Du noble roy sans plus le mescongnoistre.

Que rest il plus, certes, après maintz bruitz,
Faitz et esmeuz en ce lieu britanique, 6625
[130 ʳᵒ] Après maintz jours et doulourouses nuyts
Passez en dueil, en riotte, et en picque,
Je vy fortune en l'air comme angelicque,
Droit sur Nantes, dont j'ay fait mention,
Qui besoingna à nostre intention, 6630
Et fist renger celle cité diverse
A nostre loy sans nulle controverse.

Ce digne oeuvre fist Alain d'Albret,
Qui de long temps desiroit celle chose,
Et si bien fist que les Bretons au Bret, 6635
Il a tous prins et leur voulenté close,
Brief, ce sera, comme je suppose,
Doresnavant sejour des fleurs de lys,
Et de ce lieu si seront aboliz
Tu varians signes et caratheres, 6640
Sans qu'on y voye hermines ne pancheres.

A tant me tais d'en plus ores parler,
Autres que moy en feront escripture
Tantost après, nous convient en aller,
Et delaisser ce pays et closture, 6645
Moult allasmes sans aucune advanture
Digne de loz pour l'eure rencontrer,
Jusques à tant que commençay entrer
En la forest bien avant sans doubtance,
Là où je vy le grant veneur de France. 6650

C'estoit messire Yvon du Fou, *
Franc chevalier, vertueux, treshonneste,
Qui pas certes ne fut reputé fou,
Car en France n'y eut plus saige teste,
Il, en maintz lieux et pays de conqueste, 6655
C'est esprouvé pour son seigneur servir
Bien deust cestuy grans loyers desservir,
Aussy fut il par son sens et proesse
[130 v°] Pourveu de biens et de grande richesse.

Là, vy portant le corps du povre humain 6660
En la forest de mortelle deffaicte,
Lequel tenoit encores par la main
Tous ses limiers, son cor, et sa trompette,
Mais Attropos, qui sonna la retraicte
Pour celluy là comme ung serf au boys, 6665
Ainsy le vy piteux dedans ce boys
Surprins aux retz de ruyne mortelle,
Mais sa valeur sera faicte immortelle.

En tirant oultre et non gueres esloignant,
Je vy après ung seigneur honnorable, 6670
Plain de vertu, non de meurs forlignant,
Treseloquent, begnin, et accointable,
Qui pas n'avoit son temps en vain usé,
C'estoit pour vray feu Jaques de Bresé,
Grant seneschal jadis de Normandie, 6675
Anticipé par grande maladie.

Sa grant valeur ne pourroye extimer,
Car vray enfant fut il de rethorique,
De qui les faitz oultrepassent la mer,
Tant eut langue diserte et seraphique, 6680
Il estriva pour la chose publique,
Et si ayma quatre pointz principaulx,
Armes, amours, la chasse, et les chevaulx,
Or, est il mort en douloureux martire,
Le paragon de France pour bien dire. 6685

En cest estat succession de temps
Me demonstroit des feux nobles la perte,
Les baitailles, les noïses, et contens
De maintz souldars et leur malice apperte,
Et en ce point, par voye deserte, 6690
[131 ʳº] Je cheminoye, cuydant estre tost à bout,
Je veiz ung corps que je regarday moult, *
Fraiz assommé par ung coup d'impotence,
Dont les faictz sont dignes de remembrance. *

Cestuy estoit Gastonnet du Lyon, * 6695
Qui seneschal fut jadis de Thoulouse,
En batailles ayant cueur de lyon, *
Saige en conseil, voyre, en toute chose
Si bien rassis que sa gloire est enclose
Comme ung tresor ou coffre de renom, 6700
Et demourra tousjours, certes, le nom
De cestuy grant et digne cappitaine
Ou hault pillier de triumphe mondaine.

Et quant je l'euz ung pou consideré,
Près de luy veiz en celluy territoire, 6705
Ung sien frere ia par mort devoré,
Prelat d'esglise et de bonne memoire *
Archevesque fust il, c'est chose voyre,
De Thoulouse, j'en puis bien estre creu,
Car avec luy maintesfoys me suys veu, 6710
Et moult privé me fut durant son vivre,
Je pry à Dieu que de mal le delivre.

Ainsy plaingnoye de ce prelat le sort,
Doulx et begnin sçavant et magnificque,
Lors m'avance, car je craignoye moult fort 6715
Estre en dangier de voye tant oblicque, *
Et puis desir au cueur me point et picque,
Qui me semont de tirer plus avant,
Si mys doncques lors la voylle au vent,
Et tost par moy fust la forest passée, 6720
Que tant j'avoye courue et traversée.

[131 ᵛᵒ] Je doncques, jeune pellerin jusques ycy ia commençant laisser la fleur d'icelle saison primeraine, et approchant du moyen cours, acteur simple du present oeuvre, de qui le nom taire je veulx pour ma rudesse et non sçavance. *6725 Certiffié tout cecy vray qu'ay dit dessus et avoir veu tous iceulx cas et autres maintz que craincte taist et raison laisse à declairer. Mais tant vous dy que en telz destours et longues voyes, je, avecques celle qui me mayne, tant travaille qu'à ceste foys feusmes au bout de la Forest des Advantures, et 6730 si à plain ne l'ay descripte ainsy que bien bon orateur et cler poethe l'eust sceu faire plaisans aux lysans, ne l'impute fors seullement au non sçavoir qui en moy est et supplier à mes deffaulx. Car tout humain ne peult ouvrer sans faire faulte, et riens n'y a qui parfait soit, fors icelluy qui distribue 6735 l'efficace de vertu et de tresclere congnoissance, c'est l'antité des antités, icelluy Dieu immortel et createur de toutes choses auquel sont gloire et louange attribuée au siecle des siecles, puisque par son ayde et tollerence avons jusques ycy convoyé la nostre plume qui ores prent et terme et periode 6740 pour ce tiers livre.

Cy finist le tiers livre
Cy commence le quart livre de ce present volume. *

L'Acteur

[132 ʳᵒ] Ô d'eloquence extreme geniture,
Muse Clio, parfaicte en dictature, 6745
Qui reparez foibles entendemens,

Par voz tresclers et divins sentemens,
Embellissant la faulte vicieuse
De l'humain sens et la pernicieuse
[132 ᵛᵒ] Condition de nature terrestre, 6750
En luy faisant chose haultaine congnoistre,
Par le degout de vostre infusion,
Qui separe celle confusion,
Que terre avoit dedans la masse empraincte,
Renouvellant ainsy que chose paincte 6755
Sur la paroy, qui paravant fut orde,
Tant que vertu en nouveau lieu s'accorde,
Et prent repaire en cestuy bastiment,
Par vostre expert et noble erudiment,
Ainsy que chambre à grans fraiz tapissée, 6760
Où faulte n'a pour y estre obicée,
Et leans dont faictes de meurs logier
Ung million sans jamais deslogier,
Puisque une foys celle grace est conceue,
Et par travail solitaire receue, 6765
Dedans le clos du sens memorial,
Qui point ne fault jusqu'au terme final,
Et fait trouver la personne advenante,
Bien est heureux cil doncques qui vous hante,
Ô dame immense, et qui peult concevoir 6770
La fontaine factée, pour tout voir,
Que les saiges nommerent Pegasicque,
Où vostre corps celeste et angelicque
Allez baignant, et voz louables seurs,
Les neufz muses, que les bons orateurs 6775
Ont tant descript et en prose et en metre,
Et mesmement d'eloquence le maistre,
Nommé Maro, Virgile le Rommain,
Qui tant loua de precieuse main
Caliope dedans son Eneide, 6780
Et l'invocqua souvent à son ayde,
Si fist Ovide et Lucan sans mentir,
Vueillez vous donc, deesse, consentir
A preparer ma perilleuse voye,

Et que vostre oeil rethorique convoye 6785
[133 r°] En seur sentier ma plume titubant,
A celle fin que ne voyse tumbant
En reproche d'orgueilleuse falace,
Ainsy que fist cil dont racompte Orace
En son livre d'Art de Poetherie, 6790
Qui là reprent la folle vanterie
D'ung jeune ouvrier, qui en termes divers,
Delibera de bien coucher en vers
La deffaicte jadis de la grant Troye,
Et si mes dictz à verité octroye, 6795
En si treshault langaige commença,
Qu'ains que temps fust son stille rabaissa,
Et si ne peut tousjours le bien consuivre,
Pour bien parer de motz souefz son livre,
Dont le poethe Orace, que j'ay dit, 6800
Par doctrine deffend et interdit
A tous yceulx qui nouvel oeuvre pensent,
Que si treshault exorde ne commencent,
Que la fin soit diminuée ou moindre,
Mieulx vault au bas commencer pour attaindre, 6805
A peine veult le bon musitien
Prendre le ton si n'est bon ou moyen,
Ia ne fera bon orfevre chief d'oeuvre,
Si grossement premierement il n'oeuvre,
Car par après pourra son or pollir, 6810
Et par peine sa rouille luy tollir, *
Si j'ay dont prins basse oeuvre, non pas grande,
Trop toutesfoys pour mon faix à l'admande,
Je m'en soubzmetz certes, dame honnorée,
Vous suppliant que par vous decorée 6815
Soit ma fragille et trop debile lectre,
Jusques à fin et je m'oblige d'estre,
Augmenteur selon mon foible sens
De voz haulz faitz et à ce me consens,
Ia coit que n'ay invention ne tiltre 6820
Pour doulx oeuvres dedans mon oeuvre tistre,
[133 v°] Si n'est que vous par don prerogatif,

Soyés guyde de mon premier motif,
Tendant à fin de cestuy quart volume,
Par bon desir qui le tyson alume 6825
De mon vouloir, à parfaire le plus,
Où moyennant vostre ayde concludz, *
Mettre final et derrier periode,
Et à tant or cessera mon exorde.

L'Acteur

Ainsy doncques tant fismes sans arrest, * 6830
Que passasmes celle grande Forest
D'Advantures, qui de nous encor est
Assez prochaine,
Et tant meismes de travail et de peine,
Que tost après feusmes en une pleine 6835
Qu'on appelloit pour vray à voix haultaine
Le Demy Temps.
Par ce chemin soingneusement je tendz, *
En attendant par succession dans
Venir au lieu où l'on peult les contendz 6840
Appercevoir,
Et tant feismes de chemin pour tout voir,
Où Demy Temps que tost certes à veoir,
Je commençay ung sumptueux manoir,
Qui pour enseigne, 6845
Sembloit assis dessus une montaigne,
Si treshaulte que d'ycy en Espaigne,
N'a de telle, lors esbahys, me seigne
De bonne main,
Voyant luyre ce palays souverain 6850
Sur fondement assis, si treshaultain,
Bien ressemblant non mye ouvraige humain,
Mais artiffice
Celestiel, si gent et si propice,
Qu'on ne sçauroit imputer faulte ou vice, 6855
Brief, tout est fait de si grande police

[134 ʳᵒ] Qu'il n'est rien mieulx,
Alors, desir soingneux et curieux

Me vint saisir pour m'enquerir des lieux,
Si c'est oracle et bien temple de Dieux, * 6860
Ou que peult ce estre.
Lors la dame, qui me tient par la destre,
Me declaira ainsy que fist le maistre *
A son disciple, et me fist congnoistre
Passant pays 6865
Du lieu que c'est disant.

Sensualité

Ne t'esbahys,
Pas ne doivent tes labeurs estre haÿs,
Car oncques mais en ton vivant n'ouys
Faire devise 6870
De si hault lieu, et n'y a langue aprise
En bien parler qui sceut par sa maistrise
Du beau sejour declairer la franchise,
Tant est parfait.
Et pour plus tost ce chemin avoir fait, 6875
Sans prendre ennuy je te vueil en effect
Nommer le lieu, car de joye reffait
Certes seras.
Quant de cestuy à plain le nom sçauras,
Et moult heureux lors te reputeras, 6880
Moult ton voyaige à l'heure loueras,
Si la fortune
Te dit si bien et tant soit oportune
Qu'entres dedans, et que l'on t'apporte une
Bonne nouvelle en te faisant aucune 6885
Doulce accoinctance,
Et qu'on preigne ton oeuvre sans doubtance,
Lequel as fait d'extresme diligence,
Ia çoit pourtant que de pouvre apparence
Soit aorné, 6890
Et qu'il ne soit ne d'argent ne d'or né,
[134 ᵛᵒ] Mais tout rural simplement ordonné,
Si as pourtant tout ton vouloir donné,
A le parfaire,

Et soubz tel quel langaige icelluy faire, 6895
Selon ton art où as prins l'inventaire,
De ton propos dont ores me veulx taire,
Si te dy tant,
Qu'après longs jours que seras expectant,
Pour estre en fin que l'on sera content 6900
Mettre en effect le gré où ton vueil tend,
Voyant ta peine,
L'on voyt souvent que petite fontaine
Oste la soif et remect en alaine
Bisches et cerfz, qui d'apparence haultaine 6905
Sont grans et haulx.
Congneuz doncques tes penibles travaulx,
Ia çoit que peu ou encores mains vaulx,
En suppliant à tes rudes deffaulx
Main gratieuse. 6910
Recueillira de maniere joyeuse
Ton volume, mais que plaincte heureuse
Te soit propice et fort avantageuse,
Là gist ton bien,
A mon propos, doncques, revien * 6915
Pour declairer le sentre et le moyen
De ce hault lieu, non mye terrien,
Mais angelicque.
En la nation prochaine et barbaricque, *
Partout loué, voyre, en mer hespericque, 6920
Tant exaulcé comme chere relicque,
C'est pourtout voir,
Lieu si noble qu'on ne peult concevoir
La grant valeur, le sumptueux manoir,
L'excellence, le sens, et le sçavoir 6925
Qui leans gist,
Science y croist, et vertu y florist,
[135 r°] Loy, seigneurie, et craincte qui nourrist
Les repugnans si bien que paix nous rist
Es environs. 6930
C'est la grant nef du bien que desirons,
Non mye allans sans fermes avirons,

Où maintenant loyaulment nous tirons,
C'est la haultesse
Du bien mondain et la grande richesse, 6935
Qui en nul temps ne deffault et ne cesse
D'amasser loz entant que la foiblesse
De l'humain sens.
Des trespassez, des vifz, ou des absens,
N'y peult toucher à milliers ou à cens, 6940
Joyau si chier, ne le bien que je sens
En ce lieu naistre.
Et pour te faire à plain le nom congnoistre
Du hault sejour qui paradis terrestre
Semble en effect, tant est bel et adestre 6945
Par sa valeur,
Certes, amy, c'est le palais d'Honneur,
De cestuy est Honneur le vray seigneur,
Il n'est si grant ne saige entrepreneur
Qui ne souhaicte 6950
Icy venir, et qui peine ne mette
Avoir honneur si doncques de la secte
Veulx demourer, et que ton vueil appete *
D'estre leans.
Avançons nous, car divers supplians 6955
A l'huys ia qui par humilians
Termes veulent sortir des lyens *
De tout affaire,
Et à Honneur, non à autre complaire,
Si tu as donc voulenté de bien faire, 6960
Pour cueurs mouvoir et à pitié attraire,
Avançons nous,
Et si jamais tu as ouy des loups *

[135 ᵛᵒ] D'invencion, de paix, et de repoux
De beaulx termes et de nouveaulx propoux 6965
Faire blason.
Tu en pourras veoyr en celle maison,
Car je soustien qu'il ne fut oncqs mais hom,
Qui deust louer par droit et par raison
Jamais tant chose. 6970

Heur y domine, et plaisance y repose,
Triumphe y gist, et gloire y est enclose,
Victoire ia comme je presuppose
Par ses delictz.
Mais champ loyal semé de fleurs de lys, 6975
Dont cueurs pervers sont tous faictz amoliz,
Et desloyaulx, repugnans, aboliz,
Brief, Dieu qui donne
Aux regnans regne, y a mis la courronne
D'heur si parfaict, et de raison si bonne, 6980
Que le penser des estrangiers estonne,
Tant est paré
De resistance et de biens preparé
Muny de force et de loz reparé
Las, moult seroit celluy, dont, esgaré 6985
Qui vouldroit prendre. *
Si tu veulx, dont, à mon vueil condescendre
Pour veoir ce lieu et sa beaulté comprendre,
Tirons avant.

L'Acteur

[136 ʳᵒ] Assés tost après ces parolles finées et qu'arestée 6990
ce fut de plus parler pour celle foys ma dame Sensualité, *
qui me charroye le demy temps en doulces parrolles ycy *
devant narrées et en petitz amusemens et folz aisiers que
je delaisse [136 ᵛᵒ] à mettre en somme pour eviter le long *
procès, tant fismes donc pour le soudain diligenter, que tost 6995
icelle dame et moy nous trouvasmes tout droit au pied de
la montaigne sur laquelle assise estoit la treshaulte maison
d'Honneur, bien ressemblant triumphe extresme, voire, et
pour vray imperiale demourance. Et là veismes une entrée
large et patente, par laquelle premierement failloit entrer 7000
leans et pour certain ce fut ung portail de pierre marbrine
ediffié en sumpteuse demonstrance et ancienne fait par
artifice d'estrange menuyserie entremeslée de painctures
azurées et tout de fin or cimentée, bien semblant à jamais
durer sans jamais faillir pour nul long aage. Et tant subtille- 7005
ment estoit approprié cestuy devis que pour user de verité

si la matiere estoit assés riche et plaisante l'oeuvre, certes,
encores passoit comme si main celestielles eust applicqué
son sentement à decorer tel artifice, lequel estoit entre deux
grosses tours habitué, treshaultes et cacumineuses. Et sur la 7010
poincte de chacune d'icelles tours y avoit ung ymage deli-
cieulx à regarder, à merveilles paroissant, beau comme si la
tant seullement fussent posez pour occuper la vueu des
humains illecques passans. Le premier ymaige qui sur la
dextre tour estoit assis ayant forme femenine, regard loing- 7015
tain et yeulx persans, en l'une de ses mains tenoit espée
clere, haulte, eslevée comme si à droit elle voulsist gens
menasser contrarians à son vouloir. En l'autre main elle
tenoit ung estandart dont le champ fut du tout vermeil, et
dedans y avoit escript en lectre d'or. Orietur in Diebus eius 7020
justicia. Et quant j'euz celle devise leue, je pour certain
congneuz alors que celle estoyt la vraye ymaige et pourtraicture de Justice, telle en *[137 ⁿ°]* effect comme par noz
anciens poethes et philozophes en maintz volumes fut
descripte, qui autrement Astrée la nommerent pour ce que 7025
des astres et de l'empire cristalin, elle jadis nous fut transmise pour nous regir et moderer. Et quant par l'espace
d'assez longtemps euz la figure contemplé de celle reverente
dame, tournay mon oeil en l'autre part pour congnoistre
quel estoit le personnage sur la seconde tour assis. Si ap- 7030
perceu que c'estoit la pourtraicture d'une autre dame tout
de blanc parée et paincte, qui en sa dextre main tenoit ung
rameau de franc olivier qui aux saiges interpreteurs designe
paix et amour seure. En l'autre de ses mains tenoit une
banniere blanche et clere en laquelle eut escripture dont la 7035
substance de la premiere sembloit estre deppendance ainsy
disant. Et habundancia pacis donec aufferatur luna. Tel
estoit la teneur des motz comprins en l'une et l'autre main
de ces deux dames. Et bien alors fuz souvenant d'avoir
certes par maintesfoys cestuy mot leu en ung verset des 7040
cantiques du bon prophete, le roy David, dont moult fuz
aise et resjouy, congnoissant que de bonne part estoit là
mys à bonne enseigne. Et bien jugeay tantost après que
celle seconde figure representoit la dame Paix que tant

j'avoye, las, par long temps desirée, et moult voulentiers 7045
l'eusse adorée à celle foys, mais le temps fut trop court et
brief, et par guyde suys semons de m'avancer, congnoissant
que là n'estoit le lieu pour y user de voulenté ne de franchise, mais par contraire pour y estre à autruy serf, non de
soy maistre. Et si me dist ma gouvernante ores, n'as les 7050
jours de loisir pour les ymaiges regarder, c'est à jeunes
enfans et aux cornars de s'amuser à *[137 vo]* choses painctes,
mal commencez à travaillier pour parvenir au puys d'Honneur. Laisse doncques le muser et plus ne tarde, car cependant que tu sejournes, autres te passent et pourchassent à 7055
pied legier, voyre, et obtiennent à leur gré les biens, che-
vances, et tresors, les tiltres et prerogatives, les benefices et
plaisirs que tu, chetif, ne peux avoir pour ta simplesse ou
non sçavance. Or y pense donc si tu veulx, bien auras de
ton sens besoin ains que jour faille. 7060

L'Acteur

Atant se taist et je, confuz,
Ne fiz à son dire refuz,
Ains affin que verité dye
Rougis pour ceste musardie,
Car je congneuz q'homme de court 7065
Doit estre diligent et court,
Voyre, s'il veult son entreprise
Mettre à effect, et qu'on le prise,
C'est le train commun de ce temps,
Car on peut dire attens, attens, 7070
Si chacun n'a à soy attente
Riens n'y fait l'oncle, ne la tente,
Chacun est huy assés expert
D'esloingner celluy là qui pert,
Et d'aymer cil à qui fortune 7075
Est gracieuse et opportune,
Toutes eaues vont à la mer,
Au malade tout est amer,
Brief, affin que le tout conclue,
On juge le malheureux grue, 7080

Et cil qui à la voille au vent
A gré, on le juge sçavant,
Et fust Virgille ou Aristote,
On luy feroit porter la hotte
[138 ʳᵒ] S'il n'avoit faveur ou appuy, 7085
Car c'est la mode du jour d'huy,
Cil que malheur chasse, secours *
N'a de nul en palais ne cours
Quelque vertu que pouvre ait,
A present chascun si le hayt, 7090
Et fuyt du tout sa compaignie,
Mais cil qui a bourse garnie,
Et des richesses a planté,
Au plus hault lieu tousjours planté,
Il est et luy fait chascun place, 7095
L'ung l'accolle, l'autre l'embrasse,
Si part d'ung lieu on le convoye,
Tous le saluent par la voye,
Honnoré est pour son avoir,
Plus que pour son sens ne sçavoir, 7100
Ainsy tient on cil à preudhomme,
Qui d'argent et d'or a grant somme,
Et pas on ne prise une maille
La povre, mais chascun s'en raille,
Or affin que le tout rapporte, 7105
Tantost doncques vins à la porte,
Pour monter au moins si je puys,
A Honneur, lequel je poursuis,
Car c'est mon vueil, mon esperance,
Mon desir, et ma souvenance, 7110
Et celluy dont j'ay grant envye *
Servir tout le temps de ma vie,
Tous taschent à Honneur venir,
Mais tous n'y puent pas venir,
Et quant à la porte arrivay, 7115
Une dame assise trouvay,
Belle, gratieuse, et entiere,
Qui du chasteau fut la portiere, *

En ce long dueil ainsy continuant,
Passant le temps tapissé de tristesse,
Mon bon vouloir tousiours esuertuant
A surmonter ma profonde destresse
Je tant allay et par si seure adresse
Que peu apres en lieu solaceux.

Et s'appelloit, pour faire court,
Certes, celle dame, la Court, 7120
[138 vo] Ses habillemens furent beaulx,
Faictiz, propices, et nouveaulx,
Manches larges selon la mode,
Seinctures floctant sur la brode,
Crespines, chapperons à plis, 7125
D'orfaverie tous remplis,
Bordez de maint riche coquille,
Pour apparoir plus belle fille,
Templectes et cheveulx dessoubz,
Pour avoir visaige plus doulx, 7130
Chaynes, monilles, et colliers,
Et petis, decoppez solliers,
Veloux, satins, robes dorées,
Ades doubles, ades fourrées,
Yeulx attrayans et blanches mains 7135
Pour gaignier les cueurs des humains, *
Le tainct aussy polly qu'agate,
Devisant comme une advocate,
Plaine de termes tous nouveaulx,
De langage et motz curiaux, 7140
Que diray je plus, somme toute,
C'est de beaulté la passeroute,
Plaine de triumphe et de loz,
Et de valeur, bien dire, los,
Pas n'ay aprins à trouver gueres, 7145
En chasteaulx de telles huissieres,
Car bien semble assés suffisante,
Pour estre d'ung pays regente,
Voyre, royne, dame ou princesse,
Tant est remplye de noblesse, 7150
Et quant d'elle près je me vis,
Je n'euz pas bonnement advis
De luy faire la reverence,
Selon sa digne preference,
Car jeune estoye, sot et lourt, 7155
Pour congnoistre encores la court,

[139 ʳᵒ] Encores sentoye mon escolle,
　　　　 Selon ma maniere assés folle,
　　　　 Pas n'estoye encores assés cault
　　　　 Pour monter en degré si hault,   7160
　　　　 Et si ne sçavoye pas la ruse
　　　　 De quoy chacun maintenant use,
　　　　 D'assés promettre et peu tenir
　　　　 Je ne m'y sçauroye contenir
　　　　 De rire sans qu'en eusse envie,   7165
　　　　 Cella n'estoit pas bien ma vie
　　　　 D'applaider, de dissimuler,
　　　　 Plustost me eusse fait brusler, *
　　　　 Car pas n'avoye doctrine aprise
　　　　 Pour entendre celle maistrise,   7170
　　　　 Mais la dame qui l'huys gardoit,
　　　　 Qui soigneusement regardoit
　　　　 Ma façon et ma contenance,
　　　　 Par curieuse diligence,
　　　　 Me dist lors.   7175

　　　　　　　　　　 La Court

[139 ᵛᵒ] Amy, que querez,
　　　　 Et qu'est ce que vous desirés,
　　　　 Quel vent vous amaine ycy, *
　　　　 Se besoing avés ou soucy,
　　　　 Dictes le moy, car je suis celle   7180
　　　　 A qui n'es ung passant ne celle,
[140 ʳᵒ] Ses labeurs, paines, et travaulx, *
　　　　 Et saichez qu'assez moult je vaulx,
　　　　 Pour faire obtenir chose grande,
　　　　 Voyre, et tout ce que l'on demande,   7185
　　　　 Soient offices ou guerdons,
　　　　 Terrez, dignitez, ou grans dons,
　　　　 Graces, respitz, ou autre chose, *
　　　　 Ceans nul sans moy entrer n'ose,
　　　　 Je seulle ay en ceste contrée   7190
　　　　 Povoir d'y conferer entrée,

Entrer fais ceans qui je veulx,
Freres ou cousins ou nepveux.

Et tous ceulx qui Honneur pretendent, *
Premier fault qu'à moi ilz entendent, 7195
Assés pevent hurter à la porte,
Rien n'y font si je ne les porte,
Moins sont au guichet attendans, *
Qui jamais n'entreront dedans,
Et maintz ont la porte assaillie, 7200
Qui en on fait courte saillie,
Mais aussy à bons jours venus, *
Y ont esté entretenus,
Et ont eu d'Honneur l'acoinctance,
Par leur proesse et diligence, 7205
Et maintz sont au degrez montez,
Qui puis ont esté desmontez,
Par moyens subtilz et estranges,
Ainsy que jadis furent anges,
Satelites de Lucifer, 7210
Qui furent ruez en enfer,
Des sieges tousjours pardurables,
Et furent faitz tous yceulx diables,
Pourtant ne celez vostre fait,
Et me dictes tost en effect, 7215
La cause qui droit cy vous maine,
[140 v°] Et peult estre qu'en ce demaine,
Par moy en la fin entrerez, *
Au plaisir que vous desirez.

L'Acteur

Ô Dame, ce luy dis je doncques, * 7220
Je vous prometz qu'il ne fut oncques,
Voyre, dès le mien premier aage,
Que je n'eusse vueil et couraige,
Attente et ferme voulenté,
Tant m'avoit mon desir compté 7225
A treshaulte chose entreprendre,

De trouver moyen et comprendre
Pour sçavoir à Honneur venir,
Et à ce seul bien parvenir,
Et depuis que nature mist 7230
En moy povoir, vueil me soubzmist
A pourchasser icelle queste,
Pourtant dame, oyez ma requeste,
Et si n'ay sens ne valeur, *
Experience ne couleur, 7235
Art, exercice, ne doctrine,
Pour entrer en ce logis digne,
Et s'en moy n'a moyen exprès
D'en approcher de cent lieux près,
Considerez, dame opportune, 7240
Que tout homme suyt la fortune,
Et qu'on ne doit vice imputer,
A cil qui se veult deputer
A veoir d'Honneur le territoire,
Car celluy doit tourner à gloire, 7245
Non à reproche ne tençon,
Jadis m'aprint ceste leçon,
En ma premiere discipline,
Le bon orateur nommé Pline,
Doncques, ne dois estre repris, 7250
Si j'ay celle hardiesse pris,
[141 ʳᵒ] Tout simple et pouvre que puis estre, *
Se je desire Honneur congnoistre,
Car il n'est au monde vivant,
Qui ne deust estre poursuivant 7255
D'honneur, de qui la gloire regne
En tout pays, province et regne,
De qui le nom victorieux
Descent, certes, jusques aux cieulx, *
Pourtant, treshonnorée dame, 7260
Je vous supply de corps et d'ame,
Qu'il vous plaise me recueillir,
Et comme servant m'accueillir
A vostre treshumble service,

Sans faire envers vous faulte ou vice, 7265
Et si par vostre moyen puis,
Veoir l'Honneur, lequel je poursuis,
Oncques certes le preux Jason,
Qui conquist la riche toyson,
Ne se loua tant de sa paine, 7270
Non fist Paris, qui print Heleine,
Ne fist Perseus, le gentil,
Qui Gorgon, le monstre subtil,
Occist où targe cristalline,
Pourtant, Dame, à pitié encline, 7275
Chastellaine du hault palais,
Si mes faicts sont meschans et lais,
Ma condition fraesle ou moindre,
Pour à si grant triumphe attaindre,
Ne vueillés pas esgard avoir, * 7280
Au bien peu que je puis valloir,
A ma grant faulte ou petitesse, *
Ou à ma rustique simplesse,
Mais à la bonne voulenté,
Qui m'a tousjours entalenté 7285
Vers vous, noble dame, me traire,
Comme pellerin voulentaire,
[141 v°] Pourtant, dame, mon vray recours,
La plus digne de toutes cours,
La retraicte des nobles hommes, 7290
Qui distribués à grans sommes
Voz biens à voz loyaulx amys,
Voyés le train où me suys mys,
Et faictes au moins ouverture
A moy, tressimple creature, * 7295
Qui metz sens, entente et vouloir
[En vostre tresnoble povoir]. *

La Court

Lors, me respond, vostre priere,
Si ne doit estre mise arriere,
Puisqu'à tresjuste intencion, 7300

Declairez vostre affection,
Et que par bonne diligence
Desirés d'Honneur l'accointance,
Mais par la foy que vous devez,
Dictes moy de quoy vous sçavez 7305
Vous ayder et quel service
Pourrés faire, qui soit propice,
Pour sçavoir à Honneur venir,
Car tant de moy devez tenir,
Que nul au palais d'excellence 7310
Ne laisse entrer s'il n'a science
Ou art ou quelque experiment,
Proesse, force, ou hardement,
Pour servir selon son affaire,
Honneur et son plaisir parfaire, 7315
Or, me dictes donc, amy cher,
Si d'Honneur vous laisse approucher,
Quel service luy pourrés faire,
Par lequel luy sachés complaire,
Ou de plume pour la practicque, 7320
Ou bien pour la chose publicque,
Soustenir la lance ou harnois, *
Car Honneur ne prise deux noix

[142 ʳᵒ] Homme qui de vertu n'a cure,
Par proesse ou par escripture, 7325
Et ne reçoit en son palais
Ecclesiasticques ne laicz,
S'ilz n'ont force, n'experience,
Chevalereux cueur ou science.

L'Acteur

Certes, dame de battailler 7330
Je ne sceuz oncques travailler,
Et jamais sur ma foible eschine
Ne mys cuyrasse ne brigandine, *
N'en tout le temps que j'ay vescu *
N'ay usé de targe ou d'escu, 7335
Jamais, certes, ne fuz malade

Pour porter sur mon chief salade,
Jamais par moy ne fut couppée
Teste d'homme par nulle espée,
Jamais sur cheval ne fiz saulx, 7340
Ne ne me trouvay aux assaulx,
Jamais n'euz housseures ne bardes,
Jamais ne vy tirer bombardes,
Jamais ne vy place assieger,
Ne les assaillans desloger, 7345
Jamais ne me trouvay en guerre,
Fust en France ou en Angleterre,
Bien est vray qu'en mon temps premier
Je commençay estre escolier,
Et viz les reigles de grammoire, 7350
Pour mieulx confermer ma memoire,
Puis poesie et rethorique,
Après en raison juridicque,
Furent mes desirs incitez,
Suyvant les universitez, 7355
Où les divines loix sacrées
Sont publicquement decidées,
Là, ay tousjours estudié
[142 v°] Tant que je fuz licencié,
Tressimple pourtant ia n'adviengne 7360
Que loz en ma bouche retiengne,
Car indigne estoye pour certain
D'acquerir ce degré haultain,
Mais science tresnoble et bonne
Veult et permet que l'on guerdonne, 7365
Ceulx qui vont suyvant ses poupitres
De precieux, immortelz tiltres,
Affin que desir les incite
A gaigner ce noble merite,
Là, certes, ay mon temps usé, 7370
Faictes doncques que refusé
Ne soye d'y avoir entrée,
Et si mon mestier vous aggrée
De plume je vous serviray,

Car desir de vous servir ay 7375
Noble princesse sans demeure
Et veoir Honneur ains que je meure.

L'Acteur

Lors, la dame de grant valeur
Ouvrit la porte de faveur,
Et me dist bien seroye marrie, 7380
Se l'avoir de vostre armoirie
Estoit par moy à Honneur clous, *
Entrez, doncques, mais gardés vous
Qu'au monter eschelle si haulte
N'ayés au besoing de sens faulte, 7385
Et que les plaisirs de là sus
Ne vous facent tomber çà jus
Par trop cuyder ou entreprendre,
Car mieulx vault au moyen entendre
Que plus embrasser qu'on ne doit, 7390
Pourtant advisez bien l'endroit
Où sera vostre entente mise,
Car souvent en ay veu chemise
[143 ʳᵒ] De grosse toille et vieulx drappeaulx
Porter et amesgrir les peaulx 7395
A ceulx qui par avant regnoyent,
Et qui honneur entretenoient,
Assez vous povez souvenir
De Doyac, lequel parvenir *
Osa de petite naissance 7400
Avoir d'Honneur la congnoissance,
Et de sergent ou chicaneur *
Estre principal gouverneur,
Neantmoins son oultrecuydance
Tost le fist tomber en la dance 7405
Des malheureux, et bien pour bon
Luy rendit le Duc de Bourbon,
La rigueur et austerité
Que cestuy par auctorité
Luy fist durant sa seigneurie, 7410

Jamais loyal cueur ne varie,
Bien y devez, amy, penser,
Et si tost ne vous avancer
Qu'après on vous regette arriere, *
Ainsy comme l'en fist naguere 7415
Au malheureux maistre Olivier
Qui trop se baigna au vivier
De fierté, d'orgueil, et de rapine, *
Et luy qui paravant indigne,
Barbier estoit se mescongneut 7420
Dont pas longuement certes n'eut
De son espoir la jouyssance,
Ains tost perdit la recreance,
Et fut par esgal jugement
Condempné corporellement, 7425
Et son Daniel, le prophete,
Qui mal sceut trouver sa deffaicte,
A vostre fait, donc, pourvoyez,
Affin que vous ne forvoyez.

[143 vo] Ainsy, la dame m'enseigna, 7430
Et de bonne main me seigna,
Si euz alors l'entrée à gré,
Et tost commençay au degré
Monter pour à Honneur pretendre,
Mais certes, bien devez entendre, 7435
[144 ro] Que si treshault estoye assis,
Que je fuz des foys plus de six
En train de rencheoir sur ma honte,
Mais tousjours peu à peu je monte,
Comme soingneux et non content 7440
De demourer, certes, à tant,
Et si mon bourdon ne m'eschappe,
J'espoir de donner escharpe
Au saint où j'ay devotion,
Et là gist mon intention, 7445
Ainsy gravoye en ce hault mont,
Car ma voulenté m'y semont,
Et tant chemine et pays gaigne,

Qu'à la moicté de la montaigne,
Fuz venu sans faire sejour, 7450
Or, je prye à Dieu que ce jour
Me soit heureux et proffitable,
Pour veoir le palais honnorable,
Où tous cueurs tendent et desirent,
Où tous desireux hommes tirent, 7455
Et quant à la moictié je fuz,
Regarday ung peu au dessus,
Si apperceu, en celle eschelle
De montans, une kyrielle,
Qui trestous taschoyent à la foys 7460
Veoyr ainsy Honneur que je feiz, *
Et sans torche, lanterne, ou cierge,
Cy vy maistre Pierre Sacierge, *
Qui ia estoit bien avancé,
Et si fort chez Honneur poussé, 7465
Qu'il avoit gaigné crosse et mytre,
Et de prelat le nom et tiltre,
Si regarday ung peu plus hault,
Lors vy maistre Raymon Perault, *
O tout sa cramoysie chappe, 7470
Qui gouvernoit et roy et pape,

[144 vº] Empereurs et ducz pour certain,
Tant avoit le povoir haultain,
Et par luy les grandes menées,
Estoyent tousjours demenées, 7475
Et plus n'attendoit, en effect,
Qu'estre cardinal, nouveau faict,
Si estendis plus hault ma veue,
Lors vy le Cardinal Ballue, *
Qui là estoit si hault monté 7480
Qu'il avoit Honneur affronté,
Et tant fist par sa diligence,
Qu'il fut transmis legat en France,
Et luy de povre estat venu
Tost fut grant seigneur devenu 7485
Et gouverna par sa practique

Tout le sainct siege apostolicque,
En ce, dit on, qu'il se sent °
Estre successeur d'Innocent,
De faire et deffaire fut maistre, 7490
Et moult difficille à congnoistre,
En France eut il son premier bien
Dont me tais comment et combien,
Mais tant eut entrée oportune
Que maistre fut il de fortune, 7495
Et vaincquist sa malheureté
Contre toute adversité.

Ainsy, doncques, làsus montant,
Trouvé tous ceulx et autres tant,
Que possible n'est de las dire 7500
Sans mescompter ou sans redire,
Qui tous à Honneur desiroyent
Parvenir si comme ilz disoient,
Et les ungs ia furent dedans,
Et les autres près attendans, 7505
Les aulcuns ayans nues testes,
[145 ʳᵒ] Baillerent leurs humbles requestes,
Les ungs vivoyent en espoir,
Et les aultres en desepoir,
Aux aulcuns on bailloit actente, 7510
Aux aultres pensions ou rente,
Aux aucuns les gendarmeries,
Aux aultres les capitaineries,
Aux aulcuns grosses eveschez,
Les aultres estoyent empeschez, 7515
Aux anciens les bons benefices, °
Aux aultres charges ou offices,
Brief, chacun par moyens subtilz,
Taschoit à oster les ostilz
De faveur, d'espoir, et de grace, 7520
Et de grans biensfaitz, ou d'audace,
Où je, qui à pourchas estoye,
Ainsy attendant, escoutoye,
Esperant de leans tost entrer,

Si commençay lors rencontrer 7525
Ung homme saige et debonnaire,
Gratieux, et moult salutaire,
Lequel on nommoit pour tout voir,
Pour toute la court Bon Vouloir,
A cestuy, doncques, me tiray, 7530
Et par grant doulceur l'atiray,
Luy disant, tresgratieux sire,
Tant que je puis penser ne dire,
Je vous supply de tout mon cueur
Que par vous puisse veoir Honneur, 7535
Et que ma treshumble requeste,
Devant sa reverence honneste,
Puisse cheoir et obtenir lieu,
Je vous supply, sire, pour Dieu,
Que par vous m'y soit faicte voye, 7540
Affin au moins que je le voye,
Ce me seroit tresor treschier

[145 v°] Se de luy povoye approuchier,
Point n'y viens de faintif visaige,
Ains de tresdesireux couraige, 7545
Et puisqu'en faintce je ne tends,
Faictes que ne perde mon temps,
Ce ne seroit mye louange
Decepvoir ung povre homme estrange,
Puis donc que mon desir voyez, 7550
Je vous supplye que convoyez
Mon vueil au plaisir qu'il souhaicte,
Ou bien ma joye est imparfaicte.

Alors, Bon Vouloir, qui congneut
Mon propos, si me recongneut, 7555
Et tost me mena en la salle
Où vy la personne royalle
D'Honneur, en throsne d'or assis,
Demeur maintien, de sens rassis,
Le plus hault et souverain prince 7560
Qui soit point en nulle province,
De l'aage de vingt et deux ans,

Jeune de jours, main vieil de sens,
Aux fiers de fiere resistence,
Aux humbles d'humble contenance, 7565
Ung joyau fait pour regarder,
Ung tresor heureux à garder, *
Ung cueur en vertu enchassé, *
Ung couraige preux, non lassé,
Ung oeil et près et loing voyant, 7570
Regard prefix, non forvoyant,
Ung coffre de licterature,
Ung droit paragon de nature,
Ung hault arbre fructifiant,
Ung desir paix ediffiant, 7575
Ung escu de forte deffence,
Une montjoye de puissance,
[146 r°] Ung loz qu'on ne peult extimer
De valeur, une droicte mer,
Ung char de divine armoyrie, 7580
La vertu près de luy florie,
Ung vray filz de Dame Palas,
Qui de combatre n'est pas las,
Ayant de Juno l'heritage,
Et de Jupiter, le partage, 7585
De Vulcan, les lances et dardz,
Pour vaincre ennemys et souldars,
De Mercure les nobles aesles,
De Cupide les estincelles,
De Mars les guidons et bannieres, 7590
Pour gaigner sur toutes frontieres,
De Pan la joye et les esbas,
Pour mettre toute cure au bas,
Brief, je devins tout palle et blesme,
Quant le viz o son dyadesme, * 7595
Dyapré de vertu cent mille,
Plain d'intelligence subtille,
Ayant regard penetratif,
Cueur noble, sens memoratif,
Assis en chayere veritable, 7600

Couverte de lez pardurable,
Ainsy veiz honneur triumphal,
Aorné d'ung manteau royal,
Semé de fleurs de lys de France,
Denotant la preeminence, 7605
De son si treschrestien nom,
Et la grandeur de son renom,
Qui tousjours ne tasche qu'à croistre,
Excedant le limite et cloistre
De terre, oultre la mer passant, 7610
Tant est cestuy preux et puissant,
Couronne avoit sur chief propice,
Et septre en sa main de justice,
[146 ᵛᵒ] Brief, c'estoit pour en dire mieulx,
Ung droit paranimphe des cieulx, 7615
Et quant je vy ce beau chief d'oeuvre,
Lors, treshumblement me descoeuvre,
Et m'agenoillay devant luy,
Lors, Bon Vouloir faisant appuy
A mon imbecille couraige, 7620
Me fist amiable passaige,
Et par luy fut leu la teneur
De ma requeste chez Honneur.

Balade

[147 ʳᵒ] Prince doubté le plus de tout le monde,
Oultrepassant de louange parfonde, 7625
La region de tous les elemens,
Treschrestien en qui vertu habonde,
De meurs tout plain, enrichy de faconde,
En heur conceu par divins sentemens,
[147 ᵛᵒ] Où occuppez sont les entendemens, 7630
De tous humains louans ta preference,
A toy voué mes faitz et pensemens,
Filz aerin, architecte de France.

De presumer ne sçay où je me fonde
Fors sur desir, lequel veult que responde 7635

A toy, louer selon mes mouvemens,
J'ai voulenté extresme qui redonde
En mon penser sans que craincte confonde
D'affection les subtilz fondemens,
Tout à par moy je fais mille argumens 7640
Fondez sur doubte, encliné de souffrance,
Si feray je tes bons commandemens,
Filz aerin, architecte de France.

Ta valeur n'a premiere, ne seconde,
Fortune t'est si benigne et feconde 7645
Qu'à chief tu viens de tous commencemens,
Terre te craint, on t'obeist sur l'onde, *
Loz as semé partout la mapemonde,
Et de vertu gaigné les paremens,
Bretons, Angloys, Bourguignons, Alemens, 7650
Ont esprouvé ta forte resistance,
Certes, tu es selon vrays jugemens
Filz aerin, architecte de France.

Dieux immortelz par voz assentemens,
Faictes ce lys duquel point je ne mens, 7655
Tant refragant vivre en perseverance,
Affin qu'on voye en pardurable temps
Cestuy regner, qui est en jeune ans,
Filz aerin, architecte de France. *

L'Acteur

[148 ʳº] Ainsy veiz Honneur en sumptueuse majesté, 7660
presidant au tribunal de gloire supreme, tout de fleurs de
lys aorné, en chambre royalle et prefulgente, toute de gens
heroyques et grans remplye. Car autour la personne de
cestuy, si treshault sire, estoyent pour l'une part aucuns
personnaiges et pilliers ecclesiastiques, gens de conseil, sai- 7665
ges prelatz. Entre yceulx y recongneuz celluy treshonnoré
seigneur, excersant administrateur de la justice souveraine,
ce fut pour vray le Chancellier de France, qui le seau royal
en sa main tenoit pour eslargir aux requerans urgent ayde,

ou reprimer par rigoureuse execution, les difformées vou- 7670
lentez des endurciz. Là, le congneuz et aultres maintz que
denombrer ayseement je ne pourroye. Et près d'Honneur
d'autre costé estoyent les nobles fleurons, et de son sang les
plus prouchains dont pour premier y apperceuz le treshault
et trespuissant prince, Monseigneur Loys, Duc d'Orleans, 7675
nouvel yssu des faulx dangiers, de main subgecté et par
heureuse racointance estoit venu au plus hault heur qu'oncques jamais, dont tout chacun leans trepoit d'ardante joye.
Après y vy le treshault et prudent prince doubté, monseigneur Pierre de Bourbon, dont la valeur ne peult au 7680
vray estre extimée, ne ses vertus estre comptées, tant valut
moult. Et près de luy congneuz aussy l'excellence de la
lumiere de toutes creatures femenines, le tresor de beaulté,
la myniere de sagesse, l'adresse de vertu, le comble de tous
biens, que sçai je, moy, c'estoit à brieft parler, c'estoit celle •7685
qui gaigné avoit [148 ᵛᵒ] cueur et vouloir de tous subgiectz,
et qui par sens et industrie oultrepassant celle de toute
femme qui ait ouy ou par cronique ou par esprouve avoit
si bien guydé en bonnes meurs l'adolescence de cestuy
Honneur qu'en jeunes ans yssant du bers, il subjugua ses 7690
adversairs et debella la superbe violence des repugnans
chasteaulx et des citez à luy voulans tenir frontiere, et tout
cecy par la conduicte de celle tresdoubtée dame, comme
une autre Semiramys ou comme nouvelle royne des Ama-
zones en ce siecle resuscitée pour capter paix, ceste pour 7695
vray dont tant je dys et que peu sçay je de loz parcer,
c'estoit madame Anne de France, d'icelluy Honneur treschiere seur et tresamée, qui tant a fait son loz et renommée
voller que toute terre en est garnye. Après y veiz Jehan de
Foix qu'on disoit conte de Narbonne. Après aussy ung hault 7700
seigneur lequel s'estoit par Bon Vouloir leans rendu d'Honneur subgiect, livrant les clefz de la Bastille de Bretaigne
dont moult fut loué, car par son bienfaire et liberalle voulenté il estancha sanguinolente battaille et mortelz dangiers,
et si gaigna par ce moyen d'Honneur la doulceur, sa bonne 7705
grace et bien vueillance, ce fut Alain, qui d'Alebreth portoit
le nom, seigneur parfait et debonnaire, et en pensant le bon

service qu'il eut fait prochainnement au roy françois, entrer
je vy en ce parquet le saige conte de Dunoys, qui longuement avoit tenu son vouloir cloz, ores estoit d'Honneur amy, 7710
et rappellé à tous biensfaitz ainsy comme devant, dont loué
fort en mon penser la racointance, car saige estoit et moult
duysant pour bien servir ce treshault sire. Que [149 ʳᵒ] diray
je plus? Certes, je y vy Loys, Monseigneur de Luxembourg,
aymant Honneur et moulte aymé pareillement de son doulx 7715
maistre. Je y vy Vendosme, et l'admiral, et le Viconte de •
Thouars. Aussy, fiz je lors Myoland, et autres tant que les •
nommer empescheroit trop longue lectre. Or, congnoissez si
craincte alors me provoqua couleur muer, me voyant lors
de si tresdignes personnaiges circuyt, je, qui n'estoye au 7720
prix d'iceulx ung moins que rien, si vous voulez, ung ver
de terre, mais Bon Vouloir m'asseura tant que de ce forment
de tout mon cueur en ostay le doubte. Et ia soit ce que de
rethoricque fut ma langue balbuciante, despourveue mon
dire ineloquent et ma persuasion destrempée de bis langaige 7725
et de rural, enhorteiz si fut pourtant ma requeste, telle que
j'ay cy dessus mys par Bon Vouloir à Honneur leue et pre-
sentée, qui de sa grace, non de mon deu, de son plain gré, •
sans mon merite, amyablement la receut, dont fut alors
mon oeuvre embellye par la touchement de si tresdigne 7730
main, tout ainsy que le ruby, perle, ou jacinte decoré d'or
et luy fait lustre. Que diray je plus sans redicte, certainement, là demouray et d'Honneur fuz serf recueilly, subgect
treshumble. Or, Dieu m'y doint bien maintenir et longuement perseverer sans faire cas redibitoire, ce que ne veulx 7735
ne ia n'adviengne, car oncques heur si grant n'advint à
servant ne en bas repaire, dont si je puis, travailleray de
plume à faire chose par laquelle sera le mien vouloir notiffié,
qui sera pour longuement continuer fait immortel quant à
loer, si loz sçay dire du treschrestien rainceau de qui la 7740
souche est infallible.

[149 ᵛᵒ]   Chez Honneur fuz doncques lors retenu, •
          Ce bien me fist de sa grace fortune,
          Et de malheur à triumphe venu,

Sans accident ne ruyne importune, 7745
Or, me doint Dieu prosperer sans aucune
Adversité, car le commencement,
[150 ʳᵒ] Ne donne pas de loz couronnement,
La fin fait tout comme dient les saiges,
Cil n'a pas fait qui revient aux passaiges. 7750

Passage ay fait, certes, jusques ycy,
Si faulte y a, Jhesucrist me pardonne,
J'ay passé joye et souvent du soucy,
Bon temps, mal temps, ainsy que Dieu l'ordonne,
Et tant ay fait ma diligence bonne, 7755
Qu'après paine suis venu à repoz,
J'entens au bien que tous humains suppotz,
Tiennent plus cher et que chacun desire,
Mais que dangier n'y puisse contredire.

Contredire je ne puis nullement, 7760
Ce qu'à Honneur plaira que je parface,
Car je luy ay promis foy et serment,
Ia n'adviengne qu'envers luy, je m'efface,
Brief, leans fus demourant telle espace,
Qu'à Honneur pleut d'aucuns biens me pourvoir, 7765
Et me donna le dit seigneur pour voir,
Aucuns gaiges attendans qu'euz office,
Ou en l'esglise aucun bon benefice. *

Quant je me vy pourveu de quelque bien,
Je commençay alors prendre mon aise, 7770
Du temps passé ne me souvenoit rien,
Cuydant jamais ne rechoir en mesaise, *
Mais la personne est bien folle et nyaise,
Qui se confie au plaisir nullement,
De ce monde qui tost legierement, 7775
Se convertist en chose adnichillée
Si comme fait d'ung grant feu la fumée.

Or, suys je aveugle, ayant les yeulz ouvers,
D'y bien penser n'est pas temps pour ceste heure,

[150 ᵛᵒ] Je ne tasche qu'à tort et à travers, 7780
Amasser biens sans aucune demeure,
Mais que fortune au besoing me sequeure,
Ou je ne soye par hasart empeschié,
Je ne crains point que n'aye une eveschié,
Tout pour le moins abbaye ou prebende, 7785
Ou quelque grosse prieure en commande.

J'auray bulle, signature, ou mandatz, *
Telz qu'il les fault selon la pragmatique, *
Et si l'on tient aussy les concordatz,
Ja n'en auray pour ce moindre practicque, 7790
Velà le point où du tout je m'aplicque,
Quant est d'user de nominations,
Cela ne sont que grans dilations
Aux escolliers, certes, je m'en rapporte,
Des collateurs attendans à la porte. 7795

Ainsy mettoye cueur, entente, et vouloir
Aux biens mondains sans avoir suffisance,
Cuydant, certes, jamais ne me douloir,
Ains agrandir de plus fort ma chevance,
En ce propos et folle confiance, 7800
Gisant au lict de delectation,
Une dame nommée Ambition
Vint lors vers moy et me dist.

Ambition

[151 ʳᵒ] Sus en place,
C'est trop dormy pour homme qui pourchasse, 7805
Chacun travaille et tu tiens à part, *
Ce n'est pas fait en bon curial homme,
Bien te convient, doncques, suyvre ma part,
Si tu veulx estre argenteux de grant somme,
[151 ᵛᵒ] Reveille toy, laisse repoz et somme, 7810
Joustes se font aujourd'huy en mon parc,
Prens ton harnoys, ta cuyrasse, et ton arc,
Car se tu es hardy, preux, et rebelle,
Tu gaigneras richesse temporelle.

L'Acteur

Lors, je la creu et prins habillement 7815
Lance et escu comme bon sagittaire,
Et passasmes le guischet promptement,
Et puis ung pont de desir voluntaire,
Qui nous mena droit au lieu et repaire,
Où pour certain la dame Ambition 7820
Avoit mys pris vallant ung million,
Lequel tenoit pour en faire largesse
Au mieulx faisant, dame dicte Richesse.

Ceste dame Richesse que j'ay dit,
Sur ung behours de fin or fut assise, * 7825
Où y avoit par le commun edict
Deux chevaliers, trespreux, et sans faintise,
Ne sçay s'ilz sont d'Escoce ou de Frise,
Mais contre tous maintenoyent les rancs,
Oncques n'ouy de chevaliers errans, 7830
Fust Lancelot ou Tristan sur mon ame,
Si bon rapport pour l'amour de la dame.

Le premier d'eulx estoit nommé Les Ungs,
Et le second Les Aultres, sans doubtance,
Chevaulx eurent, ades blans, ades bruns, 7835
Ades grisons ou bayars d'excellence, *
Tymbres plusieurs de mainte difference,
Harnoys estranges et lance à desroy, *
L'ung sembloit estre ades duc, ades roy,
Aucunesfoys empereur et puis pape, 7840
Haa, dys je, lors, heureux suis se j'eschappe.

[152 ʳᵒ] Contre Les Ungs et Les Autres convint
Que je feisse donc mortelle emprise,
Où je receu des playes plus de vingt,
Cuydant avoir de Richesse la prise, 7845
Mais je ne sceuz de jouster la maistrise
Si bien à point que j'en peusse jouyr,
Car quant Les Ungs je faisoye fouyr

Par coups subtilz de rapine et de paine,
Les Aultres me mettoyent tous hors d'alaine. * 7850

Qu'en advint il, certes, pour abregier,
Tantost me mys au beau long de la lisse
De mon escu et me prins à targier,
Frappant bayart, tenant ferme la cuysse,
Oncques jamais Allement ne Suysse 7855
Ne joua mieulx d'allebarde où besoing *
Car j'apperceu et advisay de loing
Les Ungs venans vers moy, lance couchée,
Qui par moy fut rué jus en la prée.

Quant Les Aultres veyt son frere abbatu, 7860
A moy court sus pour me livrer bataille,
Disant, vassal, de moy serés batu,
Ou moy de vous ains que le jour deffaille,
Incontinent, et d'estoc et de taille,
Charge sur moy comme on fait sur ung sourt, 7865
De coups de myne et de fainctes de court,
D'esloingnemens, d'attentes, de rasures,
Telz coups mortelz me firent playes dures.

Et puis Les Ungs reprint force et vigueur,
Qui me getta ung grant dard de vengeance, 7870
Et tost après d'espée de rigueur
Me donne coups de soudaine oubliance
Tant que je cheuz en la malle meschance,
Et fus foullé de ces deux ennemys,
[152 v°] Tant et si fort que pour joindre les mains, 7875
Mercy criant, n'eurent misericorde
De moy n'en plus que d'ung larron la carde.

De quoi me sert ma honte declarer, *
Plus amplement cela n'est que simplesse,
En vain, certes, me mys à labourer, 7880
Cuydant gaigner le joyau de Richesse,
Car Les Ungs et Les Aultres sans cesse, *
Me rendirent si mat et si confuz

Qu'oncques depuis à mon aise ne fuz,
Alors, sonna le herault la retraicte, 7885
Et atant fut la jouste à fin et faicte.

Lors, m'en parti tout hydeux du pourpris, *
Et tost laissay celle estrange frontiere, *
Cuydant rentrer chez Honneur sans mespris,
Comme j'avoye de coustume et maniere, 7890
Mais je trouvay à ce guischet derriere
Le plus estrange et rebelle portier,
Qu'oncques je veiz en pays ne cartier,
Et se nommoit ce rude personnaige,
Comme j'ay sceu de luy après long, Aage. 7895

Quant je fuz donc de cest huys approchié,
Aage me dist.

Aage

[153 ʳᵒ] Mon amy, tu t'abuses,
Retire toy, car chacun est couchié,
L'en sçait assés de quoy maintenant uses, 7900
Jeunes oyseaulx viennent à la fin buses,
Va toy myrer pour veoyr ton aymery,
Tu trouveras ton jardin ia flory,
[153 ᵛᵒ] Assés mal siet à rosse ou vielle beste,
Vouloir ruer et se trouver en feste. 7905

Toutes choses ont leur temps et saison,
L'en ne peut pas deux foys avoir durée,
Tant va changeant la brebis de toyson
Qu'à la fin est mort ou demourée,
Ne cuydes pas ceans avoir entrée, 7910
Ce pour jamais t'est certes deffendu,
Si tu as fait du gaing ou despendu, *
Trop follement le tien en ta jeunesse,
Bien s'en sçaura où tenir ta vieillesse.

L'Acteur

Ainsy, Aage me ferme le guischet 7915
Sans me tenir pour l'heure autre parolle,
Las, bien fuz prins pour lors au trebuschet,
Comme l'oyseau qui trop nicement volle,
Trop ay usé de ma voulenté folle,
Bien sçay, certes, à quoy m'en doys tenir, 7920
Ô, vous jeunes, vueillez vous contenir
A vous myrer, la chose est assés ample,
Sur moy, chetif, et y prenés exemple.

Quant je me vys d'espoir destitué,
Lors, vint Regret me saisir sans demeure, 7925
Par luy cuyday soudain estre tué,
Et si devins lors aussy noir que meure,
Car tout acoup en cest instant et heure,
Fus degetté du hault palais d'Honneur,
Où plus parfond de tristesse et malheur, 7930
Dont m'en entray comme cil qui dueil lye,
Où grant desert d'apre melencolye.

Quant au desert melencolique entray,
Descoulouré, palle, deffait, et blesme,
Tantost après en chemin rencontray 7935
[154 ʳº] Une dame plus layde que boesme
Donc, je cuyday perdre et sens et esme *
Quant je me vy de tel dame assailly,
Au cueur tremblant, à couraige failly,
Hydeux regard et face refroidie, 7940
Et s'appelloit pour certain Maladie.

Ceste noverque à tout sa mesgre peau,
Soudainement par la main me va prendre,
Sur moy getta son venimeux manteau,
Garde n'avoye pour lors de la reprendre, 7945
Ains me convint, voulsisse ou non, rendre,
Lors m'atourna de son vieil couvrechief,
Et me toqua tantost après le chief

D'une fievre quartaine moult poingnante,
Qui me dura treize moys, que ne mente.   7950

Lors, m'assomma et fuz certes contrainct
De me getter soubz ung arbre d'angoisse,
Par la poison qui mon cueur tant estraint,
Qu'il n'est espoir qui du tout ne me laisse,
Alors je dys bas, benoist Dieu ou esse   7955
Que j'ay perdu si acoup mes bons jours,
Lesquelz se sont envers moy faitz si cours,
Et fortune les me faisoit durables,
Ores, congnoys ses mensonges et fables.

Ores, congnoys mon temps premier perdu,   7960
De retourner jamais ne m'est possible,
De jeune vieulx, de requis esperdu,
De beau treslait, et de joyeulx taisible,
Suys devenu riens, n'estoit impossible,
A moy jadis, helas, ce me sembloit,   7965
C'estoit Abus, qui caultement embloit
Ce peu qu'avoys pour lors de congnoissance,
Quant je vivoys en mondaine plaisance.

[154 v°] Des dames, lors, estoye recueilly,
Entretenant mes doulces amourettes,   7970
Amours m'avoit son servant acueilly,
Portant boucquetz de boutons et fleurettes,
Mais maintenant puisque porte lunettes,
De Cupido ne m'accointeray plus,
De sa maison suys chassé et forclus,   7975
Plus ne feray ne rondeaulx ne ballades,
Cela n'est pas restaurant pour malades.

Ha, jeune fuz, encores le feussé je,
Or, ay passé la fleur de mon jouvant,
Plus ne sera espoir de mon corps plaige,   7980
Pour estre tel comme je fuz devant,
Chanter souloys et rymoyer souvent,
Ores, me fault en lieu de telles choses

Toussir, cracher, ce sont les fleurs et roses
De viellesse, et ses jeuz beaulx et gens, 7985
Pour festoyer entre nous bonnes gens.

Quant au premier le livre translatay
D'Eurialus et de dame Lucresse,
Et qu'en françoys de latin le gettay,
Selon mon sens et ma rude simplesse, 7990
Par le vouloir et pour la charge expresse
D'une dame, qui ce me commanda,
Las, à la foys que celle me manda, *
Sentu n'avoys les ameres poinctures *
De viellesse en mes nerfz et joinctures. 7995

J'estoye fraiz, le cuyr tendre et poly,
Droict comme ung jonc, legier comme arondelle,
Propre, mixte, gorgias, et joly,
Doulx en maintien autant q'une pucelle,
Dieu que j'ay dueil quant me souvient de celle 8000
Que j'aimoye tant alors parfaictement, *
[155 ʳᵒ] Qui me donna premier enseignement
De bonnes meurs pour acquiter sa grace, *
S'elle est morte, mon Dieu, pardon luy face.

Et s'elle vit, je prye à Jhesucrist 8005
Que de tout mal et dangier la preserve,
Pour elle ay fait maint douloureux escript,
Plus ne m'atens que jamais je la serve,
Car banny suis, vieillart mys en reserve,
Plus que gemir, certes, je ne feray, 8010
Doresnavant à riens ne serviray
Que de registre ou de vieulx portecolle
Pour enseigner les enfans à l'escolle *

Adieu maisons nobles et ses beaulx lieux
Où j'ay passé ma premiere jouvence, 8015
Ores vous pers, car je suys venu vieulx,
Aage a receu de moy planiere rente,
En triste soing convient que me contente,

Plus n'ay à gré les beaulx jours ne les moys,
Adieu vous dy, le pays d'Angoulmoys, 8020
Le plus plaisant qui soit dessoubz la nue, *
Plaindre m'en voys ma liesse perdue.

Adieu Coignac, le second paradis,
Chasteau assis sur fleuve de Tharente,
Où tant de foys me suys trouvé jadis, 8025
Mettant esbas et bonne chere en vente,
Quant de tout me souvient et ramente
J'en ay le dueil qui passe tout plaisir
Que j'euz jamais et le tiens à loisir
A digerer trescuysant et doubtable, 8030
Dont par regret suys servy à ma table.

Adieu, Bon Temps, mon repos est sonné,
Adieu amours, adieu chevaulx et chasse,
[155 v°] Vieillesse m'a de tous pointz estonné,
Tourné le dos et amesgrier la face, * 8035
Ores, congnoys que ma saison se passe,
Car de grison je suys devenu blanc,
Chauve et chanu, plus ne fault que le banc
Ou la selle pour sejourner ma goutte,
Car Aage m'a laissé ce mal pour houste. 8040

La blanche chair et deliées mains,
Riz amoureux, oeillades d'ameurettes,
De vous ay fait eschange et siremains,
Chassé d'espoir et banny d'amourettes,
Certes, je fuz tout tel comme vous estes, 8045
Gens de loisir et vous n'y pensez pas
Si fauldra il que vous passez le pas,
De fer n'estes, ne d'acier, ne de cuyvre,
N'en plus que moy pour en estre delivre.

Doresnavant tiendray mon raenc à part, 8050
Auprès du feu pour eschauffer la cire,
Et compteray les faitz de Sallezart *
A mes voysins de Poton ou La Hyre, *

Du temps passé pourray compter et dire,
Voyre, et servir de tesmoing ancien, 8055
J'auray mon chat et mon beau petit chien,
Nommé Muguet, et deux ou troys gelines,
Patenostres, et mes vieilles matines.

Mon passetemps sera compter alors
Combien y a que premier jeuz couronne, 8060
Quel roy regnoit, ou quel pape estoit lors,
Si la saison estoit à l'heure bonne,
Veez là l'estat de ma povre personne,
En attendant que Dieu face de moy
L'ame partir, car tous à ceste loy 8065
Sommes lyez, c'est tribut de nature,
[156 ʳᵒ] Sans excepter aucune creature.

L'Acteur

Ainsy estoye soubz l'arbre de soussy
Lequel avoit planté Melencolie
Faisant regretz et pensant tout cecy 8070
Comme celluy qui soing douloureux lye
Car ja pressé estoye de Maladie
Et puis Aage m'avoit d'emblée prins
Quant je me vy si promptement surprins
Sans y trouver ressource ne remyde, 8075
Plorer me mys, mais ce fut sans ayde.

Ainsy comptoys à Sensualité,
Qui me mectoit en son giron la teste,
Mon piteux cas et mon adversité,
Et la perte qu'avoys fait en ma queste, 8080
Mot ne disoit et je, las, povre beste,
Me conqueroit comme mys en exil,
Mettant et corps et ame en grant peril,
Mais tost me vint ung confort sans doubtance,
De Dieu transmis ainsy comme je pense. 8085

Car en ce point que brassoye mon dueil
Du souvenir de ma feue jeunesse,

J'apperceu lors, et bien congneu de l'oeil,
Dame venir, prenant vers moy adresse,
Doulce, constante, et plaine de sagesse, 8090
Ayant regard et piteux feminin, *
Si temperé et à doulceur enclin,
Car sur ma foy la bonne grace d'elle
Mist en mon cueur une joye nouvelle.

Ceste dame vesture blanche avoit, 8095
Cheveulx espars plus delyez que soye,
Entre ses mains ung tableau d'or tenoit,
Moult me tarde que dedans je ne voye

[156 v°] Son nom, certes, encores ne sçavoye,
Car jamais plus en nul lieu ne la veys, 8100
Que je saiche selon le mien advis,
Bien me feust prins pourtant si l'eusse veue,
Trente ans y a et plainement congneue.

Lors, s'approcha et de moy se mist près,
Ainsy que fait du patient le mire, 8105
La main me print et assez tost après
Tasté mon poulx, des lors me print à dire.

Raison

[157 r°] Homme vaincu pour bien peu de martire,
Que penses tu devenir ou aller,
Mais cuydes tu encor renouveller, 8110
Si comme font les arbres qui florissent,
Par chacun an et fleurs espanoyssent.

[157 v°] Mais cuydes tu deux foys avoir bon temps, *
Et revenir en ta saison premiere,
Faisant tourner le siecle de tes ans 8115
Oultre le gré de nature en arriere,
Ne sçais tu pas que vie est coustumiere
De deffaillir à tous corps de çà bas,
Et qu'il convient delaisser ses esbas *
De Dame Hebbé, qui jeunesse gouverne, * 8120
Car force est qu'après beau temps yverne. *

Ne scais tu pas que tout est imparfait,
Fait ou affaire en mondaine facture,
Et qu'il n'y a si saige ne parfaict,
Qui ne paye le prix de forfaicture, 8125
Faiz donc arrest et pense de nature
Humaine au moins si d'autre n'as besoing, *
Quelle est la forge et le mosle et coing,
Où nuyt et jour la povreté labeure,
A faire oeuvre qui puis vive et puis meure. 8130

Regarde bien qu'Aristote en a dit
En son livre de la mort et de vie,
Pitagoras en a fait plain edict
En ses edictz et bien nous y convie
Assés prouvé qu'il fault que tout devie, 8135
Et que tousjours, continuellement,
Toutes choses reçoivent mouvement,
Et se changent en peu de jours et d'aages,
Sens, temps, chasteaulx, estatz, cours, et usages.

Ce que est huy ne sera pas demain, 8140
Ce qu'est demain fauldra il qu'il deffaille, *
Force n'y vault, ne prouesse de main,
Car succumber convient à la battaille,
Raenger se fault, car d'estoc et de taille,
Debilité domine ou accident, 8145
[158 ʳᵒ] Qui d'Orient ramaine en l'Occident
Le povre serf, miserable et fragile,
Tant soit subtil, diligent, ou abille. *

Premierement viennent les jours plaisans
D'adolescence et de jeunesse tendre, 8150
Et peu à peu croissent après les ans,
Sans y penser et sans regard y prendre,
Puis, tout à coup, vieillesse vient surprendre
Ce corps mortel en diverses façons,
Et si luy mect sur son doz les glaçons 8155
D'infirmité, de foiblesse et de paine,
Tant que la mort à la fin si le maine.

Là fault venir, c'est le terme final,
Nul ne pourroit vaincre ce periode,
Il n'est si clerc, si subtil ou legal, 8160
Tant eust aprins en geste ou en code
Que d'en yssir sceust controuver la mode,
Feust astrologue ou nygromancien,
Arquemineur, ou bon phisitien
D'herbes et motz, ayant experience, 8165
Voyre, et sceust il toute la quinte essence.

De quoy doncques te veulx plaindre et douloir,
Puisque tu sces qu'il fault qu'ainsy se face,
Se nature t'a donné le povoir
Devenir vieulx et vivre longue espace, 8170
Chacun n'a pas comme toy telle grace,
Vieillir convient ou bien jeune mourir,
Roys ay je veu souvent jeunes perir,
Et delaisser leur royaulme et chevance,
Voyre, en la fleur de leur adolescence. 8175

Si tu as donc plus qu'empereur ou roy
Gaingné ce don et eu ce privilege,
[158 v°] Ha, mon amy, doncques, contente toy,
Nul ne sera de toy pour ce cas plege,
Tost te sera, certes, livré le siege, 8180
Ne soyés donc surprins ou despourveu,
Gouverne toy selon que tu as veu
En advenir à ceulx qu'as peu congnoistre,
Qui, comme toy, ont eu sens, vie et estre.

L'Acteur

Ha, dame tant doulce et begnigne, vostre faconde sur 8185
ma foy rend voz motz, qui trop sont cuysans, si tresamiables
et bons, dedans mon cueur, qu'il m'est advis de la boe que
c'est ung colire souef ou restaurant, tresproffitable, mais s'il
vous plaist, declairez moy vostre hault nom, car ce sçavoir
sur tout desire. 8190

Raison

Se par toy quise et desirée eusse esté ia longtemps y a, et que le mien conseil t'eust pleu, dont bien te feust mon nom sceusses sans demander et d'enquerir n'en eusses paine, mais trop furent tes yeulx couvers en celle saison primeraine quant Sensualité te print sur le lict d'oyseux pensement et 8195 te mena par ses attraictz au chemin de Joye Mondaine, delaissant le dextre sentier pour gauche prendre, si pour certain le droit pays eussiez suyvi, ja ne feissiez de moy l'enqueste et bien sceussiez quelle je suys.

L'Acteur

Helas, Dame, si j'ay failly à tout meffait, ne gist qu'amen- 8200 de, et si vault mieulx tard que jamais di l'en souvent d'avoir erré, je le confesse et que je n'aye moult failly mon droit chemin, si ay vrayement. Mais bien sçavez que tous n'ont pas le sens rassis pour se sçavoir tost retirer de leurs dan- giers. Et de*[159 ʳᵒ]*sire cueur voulentaire son mal plus tost 8205 et son contraire aucunesfoys que le prochain de sa santé ou de son aise comme celluy qui a du tout le goust perdu et doulce liqueur presumé, ou que ce soit aigre bruvaige ou chose amere. Ô dame, si j'ay prins oblicque propos, pour- voyez y si vous est possible. Et puis me mettez en bonne et 8210 droicte voye pour parvenir à bonne fin et me donnez en charité de vostre nom la congnoissance.

Raison

Puisque charitablement requiers mon nom sçavoir plus ne te sera tenu cloz. Saches pour vray que je Raison suis appellée, fille du roy imperial qui tout regist, transmise en 8215 l'ame qui de mon nom aprent adjectif et est Raisonnable appellée; pour tous suys faicte, non de tous creue, à tous monstre le droit sentier pour parvenir au mont de beatitude et pour faire vilipender cestuy fumier de boe transitoire où les plusieurs et tous forment excercent leur porcine vie et là 8220 se baignent aux plaisirs voluptueux qui tous faillent et moins proffitent.

L'Acteur

Ha, Raison, dame glorieuse, tant de vous ay ouy parler aux anciens qui vous cuydast encores unie en cestuy siecle, certainement le caractere de voz loix est extirpé des cueurs 8225 humains, et enfouy si tresavant où centre d'ordure et de vice que plus à vous je n'avoye actente, et bien pensoye de vous jamais n'avoir la veue or soit mon createur loué, puysqu'il luy plaist ains que meure que par vous soit mon sens repeu, car bon besoing ay de reconfort. Et si je n'ay 8230 prochain secours, Melencolie me convainct et ma tristesse.

Raison

[159 ^{vo}] Cil n'a pas de raison usé qui subjuguer se laisse à dueil sans cause juste, et qui regrette sans propos chose impossible et ia passé de quoy doncques te vas plaingnant. Ne scez tu la condition soubz laquelle toute personne est 8235 obligée?

L'Acteur

Ouy, dame.

Raison

Et quelle est elle?

L'Acteur

Çà, moult piteuse et tant m'est grieft ce mot passer de dire, laz. Il fault mourir, Ô benoist Dieu, quel consequence. 8240

Raison

Passer convient, certes, le mot, voire, et le pas s'en est bien forcé.

L'Acteur

Si tost, dame.

Raison

Bientost ou tard, mais qui plus tarde et plus a faix et moins pourra avoir l'acquit et la descharge de son vivre en 8245

Rince doubte le plus de tout le mõde
Oultre passant de louange pfonde
La region des les elemens.
Treschrestien en qui vertu habonde
De meurs tout plain enrichy de faconde
En heur conceu par diuins sentemens

cest miserable val où demourons. Ne voys tu que toute chose
crée d'espece. Au moins clementicque tant soit ores fort et
rebelle de dure couraige ou fier vouloir après son peu continuer selon la forme nature lors la crea qu'elle print vie à
la parfin remaint deserte quant à la masse terrienne et si 8250
reçoit terme final ou bien cursoire.

L'Acteur

Il est vray.

Raison

Ne voys tu, si n'a les yeulx cloz, cieulx et planectes tournoyer continuellement *[160 ro]* en leurs sainctures et diver-
tir leurs mouvements distinctement. Entens pour vray que 8255
nuytz et jours par eulx se font, que diray je, voyre, et souvent
par leurs regards et conjoinctions signes adviennent merveilleux et cas divers sur iceulx corps sabas estans selon
certes que bien ou mal ilz se conviennent, et que les cham-
bres ou herbergement vont querant sont disposeez ou à tra- 8260
vail ou à repos, ou à blanc ou à noir, à joye ou peine ou à
autre particuliere commination tardive ou propine, qui les
couraiges de plusieurs fait congeler en paour soubdaine, non
congnoissans la destinée ou le secret de la planecte, gettant
son ray recomberant sur la partie à ce subgecté par ung 8265
taciturne consentement d'oblique voulenté qui tient la chaynes en les lyans contatenés de l'advenir, n'esse vray?

L'Acteur

Ce je vous confesse, ainsy l'ay veu argumenter aux saiges
maistres anciens.

Raison

Ne voys tu que legierement hayr se reçoyt de feu l'em- 8270
praincte et forme jugaite par subtilles exactions lassus
montans.

L'Acteur

Nyer ne le puys.

Raison

Ne le voys tu que sans trop grant peine, par artiffice ou
autrement, on peult la terre distiller et convertir en eaue 8275
très clere si qu'elle peut moult proffiter au secret des Maturiens?

L'Acteur

Celle chose est assés notoire, le philozophe le maintient,
et le preuve par ses raisons.

Raison

[160 ᵛᵒ] Or, pourquoy est ce à ton advis? 8280

L'Acteur

Pource, dame, que confinité et voysinaige ou ilz ensemble et pource que d'aucune chose communiquent l'ung avec
l'autre et de leurs qualitez sont ensemble participans.

Raison

C'est tresbien dit, or disons plus les tressubtilz arque-
meurs, j'entens les bons dont il est peu, ne sçavent ilz par 8285
leurs engins, ou par autres experimens trescurieux, le gros
metal vil et meschant faire argent cler et cil argent subtili-
zer et convertir en or tresfin et celluy or qui bien plus est
par leur maistrise consumer en tresriches pierres dont la
valeur est moult souvent inextimable. 8290

L'Acteur

C'est chose impossible à qui sçauroit iceulx secretz et le
vray art.

Raison

Ce ay je dit non sans propos, or me respons comment
cela peult advenir et dont ce vient.

L'Acteur

Pource Dame, car il me semble que toute nature tant 8295
noble soit desiré encores parvenir à plus parfaicte.

Raison

Or, disons plus, assavoir mon si d'or trescler et precieux
l'on pourroit faire arain ou cuyvre.

L'Acteur

Certes, nenny.

Raison

Pourquoy? •8300

L'Acteur

[161 ʳᵒ] Pour ce que ce riche metal qu'on nomme l'or ne
sçauroit sa nature rabaisser ne decliner à vile moindre, si
comme cuyvre ou gros metal.

Raison

Ce m'est assés d'avoir senty de toy ce mot, si tost sera
comme je voy tal male fievre dechassée, puis doncques que 8305
royaulment sens et congnoys que toute chose naturellement
appete fin meilleur, forme plus noble que doibt homme
pour fin souhait, plus desiree que de toute creature est plus
parfaicte en cestuy siecle.

L'Acteur

Certes, Dame, tout homme veult ou doit vouloir desirer •8310
de tout son povoir souveraine beatitude.

Raison

Et qui est cause provocante de cela?

L'Acteur

Pour ce qu'à celle seulle fin est destiné.

Raison

C'est tresbien dit, or, me respons assavoir mon si telle souveraine beatitude de quoy parlons ce peult trouver par nul moyen en cestuy monde.

L'Acteur

Je dy que non ia çoit pourtant que les plusieurs des philozophes anciens en getterent oppinions diverses. Les ungs disans souveraine felicité consister en plusieurs mondains plaisirs. Les autres en honneurs terrestres. Les autres en grandes richesses. Les aultres en multiplication de lignée. Les aultres en yvroignemens et grans mengiers. Ce jugoient felicité et tresgrande beatitude.

Raison

[161 ᵛᵒ] Ce fut erreur non pas petite, car celle seulle infinie beatitude où nous tendons gist seullement au giron de la deité là sus au ciel sans qu'elle faille.

L'Acteur

Je n'y faiz nulle doubte.

Raison

Doncques, est il necessaire que toute chose crée tende à sa fin et que homme, qui est garny, Dame sensible et raisonnable, quiere sa vraye beatitude où elle gist, et puisqu'au monde corruptible et deffaillant, elle n'est pas forcé est que ailleurs transmigration se face pour en finer.

L'Acteur

Las, il est vray, mais le trespas est si doubteux qu'il n'est gros cueur tant soit il dur qui ne s'effroye seullement l'ouyr dire et ramentevoir tantost la darde d'Atropos fiere et rebelle.

Raison

Si convient il tenir pie quoy qu'il en soit, car cil mesmes que tout crea, print char pour nous et puis mourut, dont celle mort nous donne vie, laquelle pardurable esperons après celle où ores sommes bien y deussent certes penser 8340
tous les consors et pelerins du val mondain. Car si par faulte de suyvir les droiz sentiers perdent à fin la toyson d'or lasus en l'Isle de Colcos et des thoreaux venimeux soient iceulx faulx conquerans devorez. Moult leur sera reprouche, grant vitupere perpetuel, voyre, et dommiage irrevocable. Or, y •8345
pense donc, amy cher, et plus par Sensualité ne soit ton conseil prins, car en trop male heure seroyes certes, conceu et né au monde.

L'Acteur

[162 ʳᵒ] Helas, Dame, pourvoyez y, car en vous mectz doresnavant sens et entente. 8350

Raison

Puisque te voy, doncques, ja prest et disposé pour medecine cordialle recevoir, monstrer te vueil chose propice et salutaire pour restaurer en toy repos et pour donner à ton cueur joye.

L'Acteur

  Lors, la dame desploya son tresor 8355
  Devant mes yeulx offusquez de tristesse,
  Et va ouvrir son riche tableau d'or,
  Oncques ne vy si plaisante richesse,
[162 ᵛᵒ] Et ia çoit, or, que dans et de vieillesse
  Feusse prescript pour nulz plaisirs avoir, 8360
  Si en euz tant alors, pour dire voir,
  De reconfort, de soulas, et de joye,
  Qu'il me sembloit qu'en Paradis estoye.

  Bien regarday, certes, le blason, •
  L'esmail party selon diverses ouvraiges 8365

De cest tableau que tint Dame Raison,
Duquel je vy deux tresriches ymaiges
Faictes au vif si bien que les visaiges
Sembloient lors de tous pointz avoir vie,
Et je, soigneux, ayant moult fort envie 8370
Sçavoir se c'est chose certaine ou non,
Veiz ung rollet qui m'enseigna le nom.

La premiere, sur le dextre costé,
Foy s'appelloit, l'autre Bonne Esperance,
Ces deux depuis ont de mon cueur osté 8375
Doubte, rigueur, dueil, et desesperance,
Lors, le bourdon de folle acoustumance
Que me donna au premier Peu d'Avis,
Et l'escharpe d'oultrecuydance vis,
Qui me nuysoit, si les gettay arriere, 8380
Quant j'aperceu de Raison la lumiere.

De cest tableau je feiz, certes, escu, °
Et me miray en foy et esperance, °
Considerant comme avoye vescu,
Depuis le temps de ma premiere enfance, 8385
Et ramenay mon cueur en souvenance,
Disant, helas, miserable chetif,
Au mal trop prompt et à tout bien retif, °
Que feust de toy si Dieu ne t'eust fait grace
De t'envoyer Raison en ceste place? 8390

[163 ʳᵒ] Foy me disoit, n'est tu pas bien meschant
D'avoir vescu si long temps en ce monde,
Commentant mal, toy voyant et saichant,
Las, non pensant en la vie seconde?
Et de vices, de vie orde et immunde, 8395
As ton jeune aage, helas, contaminé.
Au moins, ores, quant tu te voys miné,
Prens le chemin de vraye penitence,
Et te repens de ta mauvaise enfance.

Tout homme, las, à pechié est enclin, 8400
Perseverer est fait dyabolique, *
Puisque tu viens doncques or à declin, *
Chastie au moins ta volenté lubrique,
Et pense bien que la tendre relique
De jeunesse ne te peult revenir, 8405
Et qu'il te fault à la fin parvenir
Devant le roy celeste rendre compte,
Et reliqua, or voy que cela monte.

Bonne Esperance après me recitoit
Le bien que tous attendons, et la gloire, * 8410
Mon esperit doulcement incitoit,
En reduysant tout son dire en memoire,
Et me disoit, "amy, si me veulx croire,
Et de tes maulx te vueilles repentir,
Je te feray telle joye sentir, 8415
Que moult sera de toy l'eure louée, *
Qu'oncques jamais je fuz de toy trouvée".

Ainsy, certes, Bonne Esperance et Foy
Benignement chastioyent ma vie
Pour me reduyre à la divine loy, 8420
Chacune, lors, doulcement m'y convye,
Et quant Raison [congneut] que Bonne Vie *
M'avoit ia prins pour meilleur devenir,
Me dist.

Raison

[163 ᵛᵒ] Amy, ailleurs te fault venir 8425
Pour te reduyre en premier innocence,
Puysque tu as Foy et Bonne Esperance.
De mon tableau te pourras garantir,
[164 ʳᵒ] Jamais nul mal tu ne pourras sentir,
Où monde n'a targe mieulx approuvée, 8430
Mais que remors et loyal repentir
Soyent o toy garde, n'as d'assentir
Vice ou peché ou chose reprouvée, *

Soyés constant et ferme en ton propos, *
Mener te vueil au sejour de repos 8435
Pour obtenir celle beatitude,
Où tous humains de Dieu creez et faiz
Sont destinez si trop n'ont pesant faiz,
Prens y regard, mectz y solicitude.

Lieve donc, sus, cecy certes n'est pas 8440
Ton vray sejour pour comprendre repas,
Ailleurs y a demourance meilleure,
Fuyons ce lieu et ce mortel trespas,
Toutes choses se doyvent par compas
Continuer selon le temps et heure, 8445
Si le chemin de Sensualité
As ensuyvy et le bon evité,
Hors te vueil remettre en bonne adresse, *
Pense doncques me suyvre desormais, *
Au bon besoing ne te lairray jamais, 8450
Et si seray en tous lieux ta maistresse.

L'Acteur

Ainsy, la dame de doulceur pleine *
Me meine le long d'une pleine,
De vertu tyssue et parée,
Et laissasmes celle contrée 8455
Melencolique et doloreuse,
Subgecté à peine langoreuse,
Lors, Sensualité voyant
Que trop m'aloye fourvoyant
De son vueil et de son entente, 8460
Ains commença à soy douloir,
[164 vº] Voyant que mise à non chaloir
Par moy estoit, et que j'avoye
De Raison ia esleu la voye,
Si voulut me suyvre de près, 8465
Et cheminer bien tost après,
Pour me faire encor à sa corde
Ranger, et que m'y accorde, *

Et affin que mieulx si employe,
Ung fin linomple elle desploye, 8470
Duquel estoit painct et pourtraict
D'or et de soye par long traict
La vie qu'avoye menée,
Le temps passé et demenée,
Là, vy mes premieres amours, * 8475
Mes doleances et clamours,
Là, vy mes baisiers en paincture,
Et mes regars à l'aventure,
Là, vy ma dame, ainsy m'aist Dieux,
Qui gettoyt envers moy ses yeulx, 8480
Entre mes bras je la tenoye,
Et doulcement l'entretenoye,
Là, vy mes songes et mes faicts,
Et mes beaulx semblans contrefaicts,
Là, vy les rondeaulx que faisoye, 8485
Quant d'amours serviteur estoye,
Là, vy mon visaige joly,
Qui maintenant est aboly,
Là, me vy en habitz divers
Pour l'esté et pour les yvers, 8490
Là, me vy, certes, figure,
Comme ung homme delibere,
Ades dançant, ades chantant,
Ades m'amye regrettant,
Ades faisant epistre ou lectre 8495
Pour devers ma dame trasmectre,
Ades couchié dessus ung lict,
[165 ʳᵒ] Attendant l'amoureux delict,
Ainsi en paincture povoye
Congnoistre ma premiere joye, 8500
Ma jeunesse et mes ans passez,
Pour oubly bientost effacez,
Du corps n'est rien, Dieu, saulve l'ame,
Tout cela me monstroit la dame
En ce linomple paincture, 8505
Affin que je feusse adure,

De plus en plus icelle croyre,
Et reduyre tout à memoire,
Par ung regrettant souvenir,
Le bien que souloye tenir, 8510
Mais Raison à qui je avoye
Promis foy, luy deffent la voye,
Lors la tressaulce pour certain,
Me dist adieu, le povre humain.

Ainsy, doncques, en verité, 8515
Me laissa Sensualité,
Et me dist le dernier adieu,
Puis s'esvanouist de ce lieu,
Et Raison et moy sans doubtance,
Par le chemin de penitence, 8520
Tant allasmes si bien à droit,
Que tantost feusmes à l'endroit
D'ung tresbeau petit hermitage
Assis au plus près d'ung boccaige,
Et dessoubz la belle fontaine, 8525
De qui l'eau tresclere et seraine
Çà et là pour certain alloit,
Ainsy que l'hermite vouloit,
Là eut une gente chappelle,
Oncques main n'en vy de si belle, 8530
De mieulx faicte ne mieulx comprinse,
Tant est d'excellente maistrise,
Couverte estoit sans difference
D'une divine intelligence,
Les murs estoyent pour tout voir 8535
Tous cymentez de hault sçavoir,
Les fenestres et la verriere
Toutes d'angelicque lumiere,
Porte y avoit gente et naÿve,
Appellée ymaginative, 8540
La serrure Memoire eut nom,
Subtille et plaine de renom, *
Brief, à bien tout considerer,

C'est ung droit lieu pour demourer
A homme qui venir desire 8545
Là sus au radieux empire,
Où tous pelerins et passans
Doyvent mettre vouloir et sens,
Et quant je vy ce beau repaire
Si n'euz garde, lors, de me taire, 8550
Ains tost demanday à Raison
Comment se nomme la maison,
Et s'il y a leans hermite,
Qui en ce beau sejour habite,
Ne le vueillés, Dame, celer, 8555
Car moult fort desire y aller,
Et porter leans mon offrande,
Car g'y ay devotion grande,
Lors, la dame me va disant.

Raison

Certes, ce repaire est duysant 8560
Pour toy, et long temps a qu'avoye
Desir de te mettre en la voye
Pour venir leans herberger,
Car mieulx tu ne te pourroys loger, *
Repaire n'y a sur la terre 8565
Plus plaisant pour salut acquerre,
Et se nomme certainement *
[166 ʳᵒ] L'hermitage d'Entendement,
Là est Entendement, le maistre,
Et de la chappelle et du cloistre, 8570
Entendement certes sera
Celluy qui bien t'enseignera,
En son precieux hermitaige
Sera la fin de ton voyage,
Humblement le salueras, 8575
Et à luy te confesseras,
Puis tu feras ta penitence,
Et prendras après sans doubtance
L'habit de sa religion,

Ce sera de devotion, *　　　　　　　　　　8580
Et sans reprendre autre propos,
Vivras en paix et en repos, *
Attendant l'heure vespertine,
Qu'il fault que du siecle on decline,
Or, y allons, amy treschier,　　　　　　　　8585
Car temps est de nous approucher,
Et de riens point ne te geurmente, *
Car tousjours te seray presente.

L'Acteur

Ainsy m'enhorta doulcement
Raison, lors vy Entendement,　　　　　　　8590
L'hermite doulx et honnorable,
Ayant maniere veritable,
Maintien froit, visaige rassis,
A l'huys de sa chappelle assis,
Bientost congneut, certes, Raison,　　　　 8595
Car maintesfoys en sa maison,
Receue là d'amour fervente, *
Et bien près estoit sa parente,
Si là vit elle et moy venir,
Alors nous vint entretenir,　　　　　　　　8600
Et se leva dessus son siege,
Robe avoit plus blanche que naige,
[166 vo] Tissue d'inmortalité, *
Toute doublé de verité,
Baston de sens et de sagesse,　　　　　　　8605
Pour mieulx declarer sa noblesse,
La face avoit levée en hault,
Comme cil à qui rien ne chault,
Et qui ne mect vueil ne entente
En la terrienne fiente,　　　　　　　　　　8610
Ains avoit le traict de ses yeulx
Tousjours hault, esleue ès cieulx,
Quant je vy ce reverend homme,
Lequel Entendement se nomme,
A genoulx me mys tout honteux,　　　　　　8615

Disant, pere doulx et piteux,
De tous forvoyez la retraicte,
Si j'ay chose commise et faicte,
Qui desrogue au mien saulvement,
Pardon si requiers humblement, 8620
Et quoy que l'heure soit moult tarde,
Je me soubmectz à vostre garde,
Protestant de vivre et mourir
En vraye sans foy plus courir
Après pechié comme souloye 8625
Du temps que jeune au monde estoye,
Ains veulx o vous vivre recluds,
A jamais sans y tourner plus,
Renonçant le monde et sa pompe,
Qui les humains deçoit et trompe, 8630
Plaignant ma premiere saison
Que j'ay passée sans raison,
Suyvant mauvaise compaignie,
Et conseil de folle mesgnie,
Qui ay mes jours en vain usé, 8635
Comme ung malheureux abusé,
Et si mal employé mon temps,
Ha, mon Dieu, que je m'en repens,
[167 ʳᵒ] A vous, sire, je m'en confesse
De cueur et de bouche sans cesse 8640
Trop ay ma plaisance suyvy,
J'en dy ma coulpe peccavi,
Pourtant pere, je vous supplie,
Que vostre grace me deslie
De ceste desolation, 8645
Me donnant absolution,
Et puis après la discipline
Telle que de porter suys digne,
Après ma confession dicte,
Le tressainct et gent hermite, 8650
Comme confesseur tresparfaict,
S'enquist de moy et de mon fait,
Disant.

Entendement

[167 vo] Puysque Raison te maine
Ceans en mon privé demaine, 8655
Et que desir as de tenir
Ma reigle et bien entretenir,
Certes, amy, je t'y appelle,
Et suys content que ma chappelle
[168 ro] Te soit ouverte sans reffus, 8660
Oncques mais si aysé ne fus,
Et rien n'y a que tant desire,
Que quant homme pecheur se tire
A Raison, ma treschere seur,
Car à l'eure peut estre asseur, 8665
Mais premier veulx par diligence
Examiner ta conscience,
Car medecin, qui veult guarir,
Doibt premier du mal enquerir,
Et sçavoir dont vient la racine, 8670
Pour y donner la medecine,
Doncques, fault au commencement
Assortir nostre fondement,
Or, me dy si as eu baptesme,
Et si du saint huille et du cresme 8675
As esté sacré et enoingt,
Selon que l'seglise l'enioinct,
Car sans ce ne peulx tu sans faille
Faire operation qui vaille,
As tu doncques premierement 8680
Receu ce digne sacrement?

L'Acteur

Ouy, Sire.

Entendement

Or, tyrons avant,
Ne croys tu pas ung Dieu vivant,
Et une seulle deité 8685

Duquel toute puissance gist,
Qui tout cree et tout regist, *
Qui a faict les cieulx et la terre, *
Et homme pour salut acquerre,
Qui faict au jour le soleil luyre, 8690
Et de nuit la lune deduyre,
Qui a paré semblablement
D'estoilles tout le firmament,
[168 vo] Qui a fait fleuves et rivieres,
Et poissons de maintes manieres, 8695
Qui bestes, oyseaulx, et vermines
A fait, et les metaulx en mynes,
Qui s'est fait des humains concierge,
Et a prins chair en une vierge,
Qui a voulu la mort souffrir, 8700
Et soy hostie en croix offrir
Pour retirer nature humaine
D'angoisse et d'eternelle peine,
Puis au tiers jour resuscita,
Et lassus ès saincts cieulx monta, * 8705
Si viendra il finablement
Pour tenir le sien jugement,
Où tous mors seront suscitez,
Et devant sa face citez,
Là, tiendra court judiciaire 8710
Pour à chacun la raison faire,
Selon qu'il aura merité
Suyvy vices ou verité,
Les bons auront part en sa gloire,
Les mauvais où territoire * 8715
Infernal gettez et reclus,
Sans jamais en eschapper plus,
Amy, c'est la foy catholicque,
Où il n'y a point de repplicque,
Possible n'est de parvenir 8720
Au bien que tu veulx obtenir,
Sans cela, or, me respons doncques,
Y fays tu doubte?

L'Acteur

[169 ʳᵒ] Rien quelconques,
Ains advoue tant que vivray, 8725
Vostre dire certain et vray,
Et plaise à cil tout puissant maistre,
Qui me fist en ce siecle naistre,
Que je puisse continuer
[169 ᵛᵒ] En ce vueil sans propos muer, 8730
Et que sa glorieuse mere,
Au pas de la mort tresamere,
Me soit en ayde et secours,
Affin que je puisse ce cours
Parachever sans tort ou blasme, 8735
Pour le salut de ma povre ame.

Lors me bailla Entendement
Le benefice entierement
De grace et d'absolution,
Et sans autre dilation 8740
M'osta la robe que j'avoye,
Et d'une de tresblanche soye
Me voulsist vestir et parer,
Pour à jamais sien demourer,
Et si s'appelloit sans doubtance 8745
Celle belle robe Innocence,
Lors, entrasmes en son monstier,
Et devant le plus grant aultier
Rendy à Dieu louange et grace,
Dont il m'avoit en celle place 8750
Conduict et mis devotion
D'estre homs de religion,
Là finist mon pelerinage,
Là fut la fin de mon voyage,
J'entens jusqu'au derrenier trespas, 8755
Car du surplus ne parle pas,
A Dieu laisse du plus parfaire,
Quant luy plaira mon corps deffaire.

ailleurs te fault venir.
Pour te reduyre en prendre umeur.
Puys que tu as foy et bonne
esperance.

e moy tu sceau te pourras garantir.

A tant, doncques me reposay,
Et desormais me disposay 8760
D'estre leans religieux,
Sans plus querir les mondains lieux,
Les soulas, et les compaignies, *
[170 r⁰] Qui font maintes ames honnies
Où mainctz jeunes gens assottez 8765
Ont tous leurs couraiges boutez,
Et suyvent la senestre voye,
Selon que delict les convoye,
Si pry au benoist Jhesucrist
Que ce mien douloureux escript 8770
D'advertissement leur proffite,
Affin qu'ilz en ayent merite,
Et moy o eulx grace et pardon,
Ce livre leu presente don, *
S'il y a faulte, je proteste 8775
Que ce n'est sinon de la reste
De l'ygnorance pour certain,
De quoy je suys chargié et plain,
Et à tous les lysans supplye
Que si ye n'ay l'oeuvre acomplie 8780
Pour y prendre esbat et plaisir, *
Qu'ilz preignent au moins le loisir
A veoir du creu de mon dommayne
Ce traictié de la vie humaine,
Ou par aller ou par venir, 8785
J'ay veu maint grant cas advenir,
Pourtant après ma longue queste,
Non par priere ne requeste,
Mais de mon propre mouvement,
J'ay tant besché le fondement 8790
Que j'ay nouvelle oeuvre bastie
Laquelle est pour vous assortie,
Et en serés le fondateur,
Sire, c'est le Sejour d'Honneur. *

NOTES AND VARIANTS

Prefatory rondeau: Ms. fr. 1196.

Le Prologue: 1519.

Prologue 13-14: Ms. fr. 1196, venir.
- 15: Ms. fr. 1196, et (mettre).
- 19: 1519, fort.
- 38: 1519, querelle; 1519, droict (deffendre).
- 49: Ms. fr. 1196, à (cueur).
- 68: 1519, nom.
- 71: 1519, perscruter; 1519, miniere.

Text of *Le Séjour d'Honneur:*
- 58: 1519, leurs.
- 73: 1519, Du.
- 93: Ms. fr. 1196, comment.
- 103: *Orose:* Horace; *Vegece:* Latin writer of the military art near the end of the fourth century A. D.
- 129: Ms. fr. 1196, lisoys.
- 131: Missing in Ms. fr. 1196.
- 132: *Justin:* Latin historian of second century A. D. *Vincent:* probably V. de Beauvais, French Dominican (ca. 1190-1264), author of *Speculum Maius.*
- 138: 1519, et loysir.
- 144: 1519, and Ms. fr. 1196, dès.
- 147: 1519, lyvre; Ms. fr. 1196, (je) dy.
- 206: Ms. fr. 1196, laisser.
- 210: Missing in Ms. fr. 1196.
- 226: Stanza beginning at this verse and the following stanza are in reverse order in Ms. fr. 1196.
- 232: Ms. fr. 1196, ung chasteau (à prou); 1519, approucher.
- 235: *Pierides:* the nine daughters of Pieros, king of Emathia, to whom he gave the names of the nine Muses. Upon being defeated in a contest with the Muses, they were changed into birds.
- 241: 1519, evocqué.

284: "apparence ou tel" missing in Ms. fr. 1196 and 1519.
295: Ms. fr. 1196, (sur) quel.
296: 1519 and Ms. fr. 1196, tost.
334: 1519, après son.
364-365: combined to form one verse in Ms. fr. 1196.
395: Bracketed version appears in Ms. fr. 1196.
412: 1519, servir.
430: Ms. fr. 1196, estre abandonné.
431: Ms. fr. 1196, veues.
432: Ms. fr. 1196, le (loz).
454: Missing in Ms. fr. 1196.
494: Ms. fr. 1196, laisser.
529: Ms. fr. 1196, le (devis).
557: 1519, estaindre.
574: 1519, ouvrir; 1519, soubz pie; Ms. fr. 1196, soubz pié.
596: 1519 and Ms. fr. 1196, hereditaire.
603: 1519 and Ms. fr. 1196, plus (comme je pense).
609: Ms. fr. 1196 (ains) plustost.
609-10: Bracketed version appears in 1519 and Ms. fr. 1196.
626: 1519, feray.
632: Ms. fr. 1196, diminue.
636: 1519 and Ms. fr. 1196, lyre; 1519 and Ms. fr. 1196, ailleurs.
650: Ms. fr. 1196, voy.
666: 1519, bastir a.
688: 1519 and Ms. fr. 1196, jartz.
732: 1519, prevoys.
752: 1519, sa (beaulté).
783: 1519, ainsy me; Ms. fr. 1196, ainsi me provocqués.
785: 1519, ia (avoys).
791: 1519 and Ms. fr. 1196, soyez.
812: 1519, au cy.
822: Ms. fr. 1196, quoy que doye.
892: 1519, en (mal); Ms. fr. 1196, au (mal).
920: Ms. fr. 1196, en (son).
923: 1519 and Ms. fr. 1196, j'accomplisse.
928: 1519, ou
932: 1519, laquelle.
945: 1519, que il (le).
946: 1519, mal ay prins; Ms. fr. 1196, mal ay pris.
947: 1519, and Ms. fr. 1196, guide.
952: 1519, aucunement (fatiguer).
958: 1519, ma treschiere (Dame).
960: 1519, pareillement (me).
968: 1519, haulx; Ms. fr. 1196, haults.
1031: Ms. fr. 1196, l'Acteur designated as speaker.
1059: This verse should go with the following group of seven verses.
1075: *Lucresse:* Roman woman who committed suicide after being raped by a son of Tarquin the Superb.
1111: 1519, Le (chemin).
1118: *Pitagorax:* Pythagoras.
1129: 1519, pour.

1139: 1519 and Ms. fr. 1196, vivans.
1142: Ms. fr. 1196, d (mauvaises).
1158: 1519 and Ms. fr. 1196, le.
1159: 1519 and Ms. fr. 1196, chemin est; Ms. fr. 1196, partant.
1178: 1519 and Ms. fr. 1196, tournay.
1191: 1519, à l'heure; Ms. fr. 1196, à l'eure.
1239: 1519 and Ms. fr. 1196, mer.
1273: 1519, que (fortune).
1278: 1519, influans.
1290: Ms. fr. 1196, les.
1309: *(H)esperus:* evening star.
1312: *Curus:* Sirius, the dog star.
1315: Bracketed version appears in 1519 and Ms. fr. 1196.
1317: 1519 and Ms. fr. 1196, compta.
1357: 1519 and Ms. fr. 1196, les (bien).
1397: *Conte de Comminge:* John, Bastard of Armagnac, was made Count of Comminge and Marshal I of France in 1461. Died in 1473.
1398: 1519 and Ms. fr. 1196, fort.
1407: Ms. fr. 1196, tonnerie.
1417: Ms. fr. 1196, le (vaguer).
1422-24: Bracketed version appears in 1519 and Ms. fr. 1196.
1425: Ms. fr. 1196, veulst.
1434: 1519, a (pour).
1458: 1519, ie (seroye).
1475: 1519 and Ms. fr. 1196, pour (du tout).
1485: 1519, cheminer.
1496: 1519, (croistre) et.
1503: 1519, fuz.
1512: 1519, (son) bas.
1516: 1519 and Ms. fr. 1196, following "cy finist," etc., have the lines: "Comment l'Acteur et celle qui le mayne le lendemain de Peu d'Avis bougerent et en le nef d'Abus si s'embarquerent pour passer oultre en la grant mer mondaine."
1530: *Phebus:* Greek goddess of light and stars.
1535: 1519 and Ms. fr. 1196, ses (aisiers).
1591: 1519 and Ms. fr. 1196, Du (lict); demouray.
1607: 1519, attendou.
1637: 1519, si (bien).
1644: 1519, sa (senestre).
1664: 1519, abysmes.
1699: 1519, Du (hydeux).
1737: *Glancus:* Glaucus, sea deity with power of prophecy.
1750: 1519, nageant.
1752: *dardanide:* from Dardanus, mythological ancestor of the Trojans.
1754: *Lysse:* Elissa, another name for Dido.
1773: 1519, part.
1791: 1519, le (crenaulx).
1807: 1519, entretint.
1841: 1519, vit; Ms. fr. 1196, de (corps).
1883: 1519 and Ms. fr. 1196, car (payne).

1938: 1519, sainctz clocher.
1956: Ms. fr. 1196, au (lieu).
2000: *Duc d'Albanie:* Young prince from Scotland received cordially by Louis XI in 1479 after his brother, the king of Scotland, had driven him out.
2028: 1519 and Ms. fr. 1196, Helas.
2043: *Duc de Savoie:* Charles I (1468-1489), succeeded Philiberte in 1482, married Blanche of Montferrat.
2064: 1519, O mordant.
2132: 1519, ce (poursuyt).
2205: 1519, contoye.
2214: 1519, (n'es) pas.
2218: Ms. fr. 1196, grant (chemin).
2236: *Ninive:* Ancient capital of Assyria. City where Aeneas built a second Troy.
2260: 1519, Que (bien).
2279: 1519, te (son).
2291: 1519, au (noyez).
2295: 1519, d'aultre.
2300: 1519 and Ms. fr. 1196, bon (maistre).
2317: 1519 and Ms. fr. 1196, rien (fleschir).
2329: 1519, et elles.
2349: 1519, treper soye et frise.
2376: 1519, maine (asse's).
2391: 1519, aller.
2419: 1519, l'Acteur designated as speaker.
2445: 1519, vaine (et princesse).
2450: 1519, 'louer' is missing.
2472: 1519 and Ms. fr. 1196, telle (mesgnie).
2484: 1519, sçavoir.
2504: 1519, oreiller.
2505: 1519, me veille.
2518: 1519 and Ms. fr. 1196, ce sembloit; une (oeuvre).
2525: 1519, ne oys.
2532: 1519, menés.
2548: 1519, renes.
2568: 1519, le lieu.
2582: 1519, poye.
2591: 1519, testes.
2594: 1519 and Ms. fr. 1196, joyr.
2640: 1519, meurs.
2641: 1519, et hommes.
2642: 1519, qu'elle suys que je veulx; Ms. fr. 1196, qu'elle suis que je vaulx.
2690: Ms. fr. 1196, Dame (tressouveraine).
2695: 1519, (puis) ce.
2742: 1519, toutes.
2750: Ms. fr. 1196, "l'Acteur Prose" begins this section.
2763: 1519 and Ms. fr. 1196, que (toutes).
2802: 1519, "ne delectable" is missing.
2824: 1519 and Ms. fr. 1196, pence.

NOTES AND VARIANTS 295

2831: 1519, agencer cheveulx.
2847: 1519, comme.
2876: 1519, aymée.
2882: 1519, fruictz.
2906: 1519, que midy.
2943: 1519, à pied et à cheval.
2965: 1519 and Ms. fr. 1196, suyvit.
3028: 1519, oyans.
3066: 1519 and Ms. fr. 1196, pour veoir.
3076: 1519, foullé.
3116: *Briseis:* Daughter of the priest Brises. She became Achilles's captive and was taken away by Agamemnon. This episode constitutes the point of departure of the *Iliade*.
3131: *Dyanira:* wife of Hercules, who poisoned him.
3132: 1519, no division following this verse.
3141: *Philis:* loved Demophon, son of Theseus. She killed herself when Demophon failed to return in time for their wedding.
3165: *Apius Claudius:* Roman Decemvir in 451 B. C. Claimed Virginee, daughter of Centurion Virginius, as his slave. Virginius killed his daughter to prevent her from becoming a slave, and thereby touched off an uprising of the people followed by the resignation of the Decemvirs.
3181: Ms. fr. 1196, (fut) aussi.
3229: *Henry de Zemburg:* Henri VII, duke of Luxembourg, born in 1282, poisoned by a monk pretending to give him a sacred wine, according to legend.
3241: 1519, baille.
3253: *Jehan de Bourgogne:* Assassin of Duke Louis d'Orleans (Nov. 23, 1407), himself assassinated at Montereau on Sept. 10, 1419.
3273: 1519, desgalée.
3284: Macomistes: Mohammedans.
3306: 1519, graces.
3332: 1519, suyvre.
3337: Ms. fr. 1196, le (passeroute).
3340: Ms. fr. 1196, le (conseil).
3357: 1519 and Ms. fr. 1196, exprès.
3469: 1519, Cy (vy).
3495: 1519, et (libidineux).
3556: 1519 and Ms. fr. 1196, sens.
3561: 1519, la mortelle.
3573: Ms. fr. 1196, veulx tu.
3575: All three versions give "faire," although the past participle would be preferable.
3605: 1519 does not have l'Acteur as designated speaker preceding this verse.
3653: Ms. fr. 1196, fait champ.
3655: 1519 and Ms. fr. 1196, Qui fait la mer tenir.
3661: 1519, celle qui.
3675: 1519, autre; Ms. fr. 1196, aultre.
3685: 1519 and Ms. fr. 1196, celle.
3693: 1519, celle.

3850: 1519 and Ms. fr. 1196, neantmoins.
3851: 1519 and Ms. fr. 1196, recongnoissant.
3951: 1519 and Ms. fr. 1196, de (saillir).
3991: 1519 and Ms. fr. 1196, du (tantet).
4010: 1519 and Ms. fr. 1196, tost.
4047: 1519, grosses.
4053: 1519, fleur.
4059: 1519, mati levé; Mr. fr. 1196, levez.
4070: 1519 and Ms. fr. 1196, dolens et (tristes).
4114: 1519 and Ms. fr. 1196, "Les plaisirs" is missing.
4143: 1519 and Ms. fr. 1196, n'a.
4145: 1519, l'Acteur is not designated as speaker.
4146: 1519, ne (donnerent).
4166: 1519 and Ms. fr. 1196, Vaine Esperance is the speaker; 1519 and Ms. fr. 1196, que tant j'ay chier.
4195: Ms. fr. 1196, "aussi" is missing.
4219: 1519, où (celluy).
4245: Ms. fr. 1196, (senty) que c'est (pour).
4248: 1519, Et (te).
4249: 1519, Or (de).
4276: 1519, si adventure.
4278: 1519, fussiez.
4294: 1519, Helas.
4324: 1519, mon (plus).
4336: 1519 and Ms. fr. 1196, proposay.
4346: 1519 and Ms. fr. 1196, l'Acteur is not designated as speaker.
4400: 1519 and Ms. fr. 1196, l'Acteur is not designated as speaker.
4429: *Jehan, duc de Bourbon:* (1427-1488), connetable de France.
4438: 1519, coisy.
4441: *Yssue de Nemours:* née Catherine d'Armagnac, wife of Jean, duc de Bourbon, died in 1486.
4456: 1519, rouge.
4461: *Fouez:* Cardinal Pierre de Foix, Bishop of Vannes (1449-1490).
4467: Ms. fr. 1196, y (sont demourez).
4469: 1519, qui (leur).
4490: 1519 and Ms. fr. 1196, Damartin.
4491: 1519, civille.
4510: *Sire de Bueil:* Possibly Jean de B. (1405-78), comte de Sancerre, captain under Jeanne d'Arc.
4516: *Seigneur de Lude:* Jean Daillon, favorite of Louis XI, who referred to him as 'Maitre Jean des Habiletés'.
4541: 1519 and Ms. fr. 1196, cest (trouvé).
4544: 1519, Ha (que).
4555: 1519, telle.
4620: 1519, relicque.
4640: 1519, je (obtemperé).
4660: 1519, fraiz travaulx.
4661: 1519 and Ms. fr. 1196, l'Acteur is not designated as speaker.
4745: Bracketed version appears in 1519 and Ms. fr. 1196.
4755: 1519 and Ms. fr. 1196, ceste.

4756: 1519, Ja.
4802: 1519, plain.
4842: 1519, ia (sus).
4843: 1519, le (jugeay).
4846: 1519, en la (vie); Ms. fr. 1196, à veue.
4852-53: Ms fr. 1196, maison bastir mais non fischer.
4854: Ms. fr. 1196, (mouvemens) des.
4856: 1519, et de leurs (degrez).
4856-57: Ms. fr. 1196, signes discourantes, i. e., "ou des ... habitude de" missing.
4863: 1519, d'avoir.
4976: 1519, destramper.
4986: Ms. fr. 1196, (tu) doibs.
4990-91: Bracketed version appears in 1519 and Ms. fr. 1196.
5008: 1519, me (donne).
5023: Ms. fr. 1196, et (maint).
5025: 1519, tient.
5026: 1519, rend.
5050: Ms. fr. 1196, vivans leur.
5073: 1519, non (maintenir).
5111: 1519, anciens; Ms. fr. 1196, aucuns plus, autres moins.
5114: 1519 and Ms. fr. 1196, de meme.
5118: 1519 and Ms. fr. 1196, les (autres).
5119-20: 1519, povres, autres.
5120-21: Ms. fr. 1196, et (autres mal), et (autres joye).
5122: 1519, les (aultres dominent).
5123: 1519, les (autres rient); Ms. fr. 1196, pleurent, autres.
5138: 1519, plaine, ouvré.
5145: 1519, debelles.
5160: 1519, en (noir).
5165: 1519, intrinquees.
5221: Ms. fr. 1196, plus estre.
5229: 1519, les (sens).
5240: 1519, preux de lance.
5253: *Hercé:* possibly Hestia, Greek goddess of the hearth, emblem of the settled home.
Pandrasos: Daughter of Cecrops of Athens, first priestess of Athens.
5254: *Dioppée:* Deiopea, most beautiful of fourteen nymphs belonging to Juno. He offered her to Aeolus in exchange for rough seas which would destroy the Greek fleet coming to lay seige to Troy. *Byblis:* She loved her brother, Caunus, and pursued him through various lands until she was changed into a fountain. *Phillomene:* Virgin martyr of the fourth century.
5257: *Polixenne:* Daughter of Priam and Hecuba, betrothed of Achilles.
5259: *Procus:* Possibly Procné, daughter of Athenian king Pandion and Zeuxippé.
5261: *Judich:* Jewish heroine who saved the town of Bethulia. *Panthasillée:* Heroine of the first Greek love story in prose.

5262: *Sabba:* Queen of ancient Arabia, famous for pomp and elegance. *Semiramis:* Legendary queen of Assyria and Babylonia.
5263: *Hester:* Esther, wife of Ahasuerus. *Bersabée:* Bathsheba.
5264: *Urie:* Husband of Bathsheba.
5265: *Themis:* Goddess of Justice.
5275: 1519 and Ms. fr. 1196, le (soulas).
5312: 1519, tel; Ms. fr. 1196, telz.; 1519 and Ms. fr. 1196, administrerent.
5332: 1519, je (me).
5346: 1519, au (beau).
5353: 1519, desiray.
5363: 1519, de (Aventures).
5440: 1519, hors.
5457: 1519 and Ms. 1196, premier.
5533: 1519, ou (toute).
5573: 1519 and Ms. fr. 1196, jamais.
5578: 1519 and fr. 1196, des (vens).
5583: *Le Duc Turnus:* King of the Rutulians, killed by Aeneas after Iurnus declared war to regain Lavinia, bride of Aeneas.
5592: *Dalida:* who blinded Samson.
5620: *Hasdrubal:* Carthaginian general, died about 200 B. C.
5642: 1519, leurs.
5665: 1519, Rien.
5676: *Francio:* Father of the French nation, according to legend.
5711: *Pharamondus:* Legendary French leader of the fifth century.
5809: *Camille:* Celebrated Roman, called the second Romulus.
5810: *Fabricius:* Roman consul much esteemed for integrity and national loyalty.
5811: *Papirius:* Roman general.
5815: 1519 and Ms. fr. 1196, souhaicte.
5818: Ms. fr. 1196, à (Dieu).
5832: Ms. fr. 1196, ou (lieux).
5837: 1519 and Ms. fr. 1196, le bien.
5877: 1519 and Ms. fr. 1196, maintz.
5896: 1519, point.
5925: Ms. fr. 1196, (par) terre.
5927: 1519, me (maintint).
5977: *Guinegaste:* Battle between the French and Austrians on August 7, 1479.
5978: *Montlehery:* Indecisive battle between Louis XI and the Ligue du Bien Public on July 16, 1465.
5992: 1519 and Ms. fr. 1196, prudence.
6022: *Jehan d'Orléans:* (1404-67) Youngest son of Louis de France, duc d'Orléans.
6045: 1519, tresgrance.
6057: 1519 and Ms. fr. 1196, après (que).
6066: *Armignac, Conte:* Jean V, comte d'Armignac (1450), killed at Lectoure in 1473.
6163: 1519 and Ms. fr. 1196, priez.
6192: 1519 and Ms. fr. 1196, l'Acteur is not designated as speaker.

6223: *Ariopagite:* Dionysius.
6233: *Anaxagoras:* Greek philosopher of fifth century B. C.
6234: *Pictagoras:* Pythagoras.
6255: 1519, cy vy; *Perse:* Latin satirical poet (34-62 A. D.).
6259: 1519, au (tout).
6264: *Valere:* Valerius Maximus, Latin historian.
6334: 1519 and Ms. fr. 1196, mieux n'ouvra.
6341: 1519, comme.
6389: Ms. fr. 1196, les (nombrer).
6408-09: 1519 and Ms. fr. 1196, "et bien te fault d'espoir armer" appears two lines later than in base ms.
6414: Ms. fr. 1196, (qui) a fait.
6421: 1519 and Ms. fr. 1196, variable (du).
6435: Ms. fr. 1196, (deux) causes.
6439: 1519, confort (raison).
6441: 1519, l'(excuser).
6446: 1519, conquetant.
6450: 1519, mi (fist).
6463: 1519, et (menassans).
6486: 1519 and Ms. fr. 1196, estre (ensemble).
6495: 1519 and Ms. fr. 1196, alliez.
6498: 1519, immortelle.
6500: 1519, telle.
6523: 1519, en is omitted.
6651: *Yvon du Fou:* Chevalier, Seigneur du Fou, in the favor of Louis XI and held various posts under him, including Chamberlain of the King.
6692: 1519, regarde.
6694: 1519, digne.
6695: *Gastonnet du Lyon:* Friend of OSG and servant of Louis XI.
6697: 1519, bataille.
6707: 1519, eglise de.
6716: 1519 and Ms. fr. 1196, au (danger).
6725: 1519, nom.
6743: 1519, (quart) et dernier; Ms. fr. 1196, (livre) de ce volume et cy après ensuyvant commence le quart et derrenier.
6811: 1519, son (rouille).
6827: 1519, Qui (moyennant).
6830: 1519, par (arreste).
6838: 1519, (je) temps.
6860: Ms. fr. 1196, ou (bien).
6863: Ms. fr. 1196, fait.
6915: Ms. fr. 1196, (propos) premier.
6919: Ms. fr. 1196. En nation.
6953: Ms. fr. 1196, dueil.
6957: Ms. fr. 1196, (sortir) hors.
6963: Ms. fr. 1196, de louz.
6986: Ms. fr. 1196, following this verse, inserts "autre pour entreprendre."
6991: 1519, se (fut).
6992: 1519, en parolles.

6994: 1519, en (mettre).
7023: 1519, que (par).
7047: Ms. fr. 1196, (par) ma.
7048: Ms. fr. 1196, n'est (le).
7049: Ms. fr. 1196, "mais par contraire" missing.
7051-52: Ms. fr. 1196, c'est aux enffans ou...
7054: Ms. fr. 1196, "laisse doncques le muser et plus ne tarde, car..." missing.
7058: Ms. fr. 1196, par (ta).
7059: 1519, "pense" is missing.
7087-7104: Missing in Ms. fr. 1196.
7111-7112: Missing in Ms. fr. 1196.
7118: Ms. fr. 1196, fut portiere.
7136: Ms. fr. 1196, le cueur.
7168: Ms. fr. 1196, feusse (fait).
7178-7179: Missing in Ms. fr. 1196.
7182: Ms. fr. 1196, ou (travaulx).
7188-7189: Missing in Ms. fr. 1196.
7194: 1519, à (Honneur).
7198: 1519, Mains; Ms. fr. 1196, Maintz.
7202: Ms. fr. 1196, Maintz (aussy).
7218: Ms. fr. 1196, à (la fin).
7220: 1519, celluy.
7234: Ms. fr. 1196, je (n'ay).
7252: Ms. fr. 1196, pouvre et simple.
7259: Ms. fr. 1196, S'estend.
7280: Ms. fr. 1196, dame (esgard).
7282: 1519, (faulte) et (petitesse).
7295: Ms. fr. 1196, (A) je.
7297: Bracketed version appears in 1519 and Ms. fr. 1196.
7322: 1519, l'arnois.
7328: Ms. fr. 1196, ou (experience).
7333: Ms. fr. 1196, ou (brigandine).
7334: Ms. fr. 1196, Ne pour (le).
7382: Ms. fr. 1196, Estoit à Honneur tenir cloux.
7399: *Doyac:* Jean D. (ca. 1440-95). A favorite of Louis XI, was given various titles and privileges. After period of disfavor following Louis XI's death, he again gained favor, this time with Charles VIII. He died on the Italian campaign of 1495.
7402: Ms. fr. 1196, (sergent) et.
7414: 1519, regetter.
7418: Ms. fr. 1196, et (rapine).
7461: Ms. fr. 1196, Honneur ainsi.
7463: *Pierre Sacierge:* Bishop of Luçon, held several posts under Louis XI and Charles VIII, including Chancellor to Milan. Died in 1514.
7469: *Raymon Perault:* (1435-1505). Was made Cardinal in 1493. Played important role as mediator between Maximilien d'Autriche and the court of France.
7479: *Cardinal Ballue:* After falling from favor of Louis XI he became legate of the Pope and protector of French affairs in Rome.
7488: Ms. fr. 1196, (En) tant.

7516: Ms. fr. 1196, aulcuns.
7567: 1519, regarder.
7568: 1519, vertus.
7595: 1519, a (son).
7647: 1519, sus (l'onde); Ms. fr. 1196, suz.
7659: Missing in Ms. fr. 1196.
7685: 1519, parler celle.
7716-17: *Viconte de Thouars:* Louis de Trémoille, comte de Guynes and de Benon, prince of Talmont, eminent at court and admired by OSG.
7728: 1519 and Ms. fr. 1196, de grace.
7742: Ms. fr. 1196 designates l'Acteur as speaker.
7768: 1519, en eglise.
7772: 1519, (ne) choir.
7787: 1519 and Ms. fr. 1196, bulles.
7788: Ms. fr. 1196, qui (les fault).
7806: 1519, te (tiens).
7825: Ms. fr. 1196, tout d'(or).
7836: Ms. fr. 1196, bayars (grisons).
7838: 1519 and Ms. fr. 1196, estrange.
7850: 1519 and Ms. fr. 1196, Les autres *tous* me mettoient hors d'alayne.
7856: 1519 and Ms. fr. 1196, au (besoing).
7878: 1519, (De) moy.
7882: Ms. fr. 1196, et (Les Ungs).
7887: 1519 and Ms. fr. 1196, me (party).
7888: 1519, laissa.
7912: 1519, (tu) a; et (despendu).
7937: 1519, sens esme.
7954: 1519, Qui (n'est).
7993: Missing in Ms. fr. 1196.
7994: Ms. fr. 1196, senty.
8001: Ms. fr. 1196, tant j'aimoye.
8003: 1519 and Ms. fr. 1196, acquerir.
8013: Ms. fr. 1196, de (l'escolle).
8021: Ms. fr. 1196, lune.
8035: 1519, a mesgrie; Ms. fr. 1196, amesgry.
8052: *Sallezart:* Jean de S. "Le grand chevalier", counselor and chamberlain of Louis XI, took part in battle of Montlehery. Died 1479.
8053: 1519, (ou) de.
8091: Ms. fr. 1196, piteux et.
8113: Ms. fr. 1196, le (temps).
8119: Ms. fr. 1196, qui; les (esbas).
8120: *Hebbé:* Goddess of eternal youth.
8121: 1519, (force) n'(est).
8127: Ms. fr. 1196, le soing.
8141: 1519, ce que (demain).
8148: 1519 and Ms. fr. 1196, agille.
8227-28: 1519, (pensoye de) voz.
8232: 1519, (cil n') y (a pas).
8239: 1519, Ha, (moult).

8240: 1519, quelle.
8247: 1519 and Ms. fr. 1196, ou (rebelle).
8266: 1519, chayne.
8276-77: *Maturiens:* Mathurins, sect of friars.
8291: Ms. fr. 1196, possible.
8300: Ms. fr. 1196, (pourquoy) cella.
8310: Ms. fr. 1196, homme ou doit.
8317: Ms. fr. 1196, (Je) croy.
8345: 1519, prevocable.
8364: Ms. fr. 1196, tout (le blason).
8382: 1519, ce (tableau).
8383: Ms. fr. 1196, en (esperance).
8388: 1519 and Ms. fr. 1196, ton (bien).
8401: Ms. fr. 1196, c'(est).
8402: 1519 and Ms. fr. 1196, au (declin).
8410: 1519, actendoient.
8416: 1519, l'oeuvre (louée).
8422: Ms. fr. 1196, (Bonne) Envye.
8433: Ms. fr. 1196, ne (chose).
8434: 1519, Soye.
8448: Ms. fr. 1196, mettre.
8449: Ms. fr. 1196, Pensez.
8452: 1519 and Ms. fr. 1196, Lors, (la dame).
8468: 1519 and Ms. fr. 1196, (que) je.
8475: 1519, nos.
8542: 1519, subtillité.
8564: Ms. fr. 1196, ne pourrois.
8567: 1519 and Ms. fr. 1196, ce.
8580: Ms. fr. 1196, sera devocion.
8582: Ms. fr. 1196, Et (vivras); et (repos).
8587: Ms. fr. 1196, ne guermente.
8597: 1519, Receue l'amour fervente.
8603: 1519, Tyssus.
8687: Ms. fr. 1196, (cree), qui (tout).
8688: 1519, cieulx, la terre.
8705: 1519, au (saincts).
8715: Ms. fr. 1196, Et (les).
8763: Ms. fr. 1196, ne (les).
8774: Ms. fr. 1196, leur.
8781: Ms. fr. 1196, ou (plaisir).
8794: Ms. fr. 1196 adds "Cy finist le Séjour d'Honneur, qui a esté nouvellement compillé par maistre Octovien de Sainct-Gelaiz, à présent Evesque d'Angoulesme pour le Roy."

GLOSSARY

A

abastardi corrupted, marred, bastardized
achoison fame, choice, election
acquerre to acquire
acquestz acquisitions
acraventez broken
ades presently, immediately
adheurté sad, woeful
adisme by tens
adollé saddened, sad
affaictez prepared
afficquet trinket, pretty toy
affiert impersonal verb — beseeming, becoming, concerning
aguilloner to incite
ahurté stubborn
aiseau ease
aisiers ease
aleché fallen from weakness from a right place
algorisme 'art a.' — the art or use of ciphers
alumpne pupil
amen penalty
amusive hidden
ancons heavy axe used in battle
anichiler to annihilate
apastz bait, enticements
apignaulder to comb
apostume inward swelling of corrupt matter
apperte ready
appourir to impoverish, undo
arain brass
armoirie armory
arquemineur alchemist
arriené 'opinion a.' — narrow opinion
aspresse unpleasantness
asseur assured
assieté immediately
assorter (s') to join, tie one's fate to
atiser to kindle a fire
attrempance temperance, modesty, moderation
audaxe boldness, audacity
avers miser

B

baiars bay horse
balieures sweepings, trash, things of no value
ballaiz type of precious stone
barbiton musical instrument
bardes barbed javelin for a horseman
barnaige equipage and train of a great person
bayart 'frappant b.' — spurring the bay horse on
behours chair, throne, cushion
bende band, troupe, faction
berelle game of love, war; difficulty
bestourné amazed
blandissemens caresses
boe mud
boesme bohemian
boeté beauty
boire face
bont 'bailler le b., donner le b.' — to give a fall into
bouter to thrust, push forward

bran bran of wheat
branler to shuffle feet
bransle 'piedz vont au b.' — type of dance
brouillis trouble, confusion, discord
bruire to burn

C

cacumineuse that which engenders bad humors
caratheres characters
carnel larder
caterve confused multitude
caulx crafty
chappelet round of a dance
charier to transport
chascune everyone's own
chentz song
chevet andiron
chevir to prevail
chief (a) finally
chierté surety
choison cause, choice, motive, accusation
cine swan
circenses 'jeux c.' — circus games
circuit surrounded, encircled
cirop syrup
cisme schism
cliner to bow
clous fastened
colire tart, bread
commition mixture
compas (par) very regularly, exactly, with art
concatenés chained or linked together
contremont toward
conviz merrymaking
coublée heaped full
coudre to apply
creu growth
croie chalk
croq fork (of a tree)
cuevrechief head covering
curial belonging to the court
cymenter to join together
cythariser to sing or whiz like the wind

D

debeller to subdue, vanquish
decoper to stop, cut
decopper 'oyseaulx d. chançons' — sing
defers old suit of clothing
defferner to unlock, open
defuir to avoid, flee
demené action, the way a thing has been done
demener to move to and fro
desconfire to beat
despendre to lavish, spend
desperiz desperate
despiteuse with spite
desrivée overflowing its banks
desvier to (cause to) lose reason
detrenche to cut
devier to die
devin secret intention
devis discourse, 'par d.' — in good order
diapré diversified with flourishings
dicipe scattered, dissipated
diffinitive judgment, definition
discumbens guests
diuturne longlasting
doulceine musical instrument
ductible malleable, easily led
duit(z) clever
durté suffering

E

egrotans sick, ill
emané stripped
embasmer to anoint
emblée stolen
emblée (d', à l') stealthily, craftily, unawares
embler to steal
embler (à l') secretly
emmy within, in the middle of
empos impotent, deceitful
empulentiz infected, made pungent
engins deceit, craft, fraud, subtlety
englez 'yeux e.' — eyes narrowed
entalenté desirous
entendible understandable

equorées sheer, vertical
escaille scaly parts whereby armor is made pliant to the body
eschever to finish
eschiver to avoid, flee
esme thought, appreciation
esmouchail handkerchief
espandre to spread (out)
esperiment experience, cleverness
espuyer to support, maintain
estaincte extinguished
estour fight, combat, conflict
estrif strife, contention, debate
estriver to strive
estuy case
estuyer to encase
exagitant troubling, vexing, setting in motion, putting to work
experiment feeling, spirit, charm

F

factée eloquence
falace guile, deceit, trickery
fard 'parf f.' — through pretense, falsehood
farissent (ferir) to strike, repulse
faulche (faucher) to mow
feable faithful
fement feminine
fisché fixed
flageol pipe, whistle
folloie (foler) to be or become crazy
forment almost, also, greatly, exceedingly, mightily
fortraire to lurch, purloin, withdraw from, lead astray
fouldroie (foudroyer) to crush
frais 'tout de f.' — recently
fredaine mockery, wile
fringuereaulx 'gallans f.' — licentious fellow
friponnaille company of rogues
fronc brow, forehead
fronctiers ground or trees on which fruit grows
fuytif fugitive
fulcy supported, sustained

G

galler 'g. le bon temps.' — to make merry
game gamut
gariment guarantee
garir to make well
gect cast, throw
gire (girer) to turn, to cause to turn
gorrier gallant in apparel and carriage
graver to pierce into
gregois 'feu g.' — wildfire
greigneur great(er)
gresillons chains
grisons gray (to denote color of horse)
guement mourned
guermenter 'se g.' — to lament, mourn

H

habiliter to render clever
hacquetz woman, small open vessel
haictée lively, lusty, sound, blithe
haulsaire lofty, proud, arrogant, stately
haulser to raise
haultaineté height
herberger to lodge
hespericque name the Greeks gave to Italy and the Romans
housseure banner
hu hue, cry, noise in general
hurs any horrid, unkempt pate of hair

I

ia çoit que though, although, notwithstanding, albeit that
innuer to signify, conclude
insoporée sleepy, soundly asleep
intrinquées intricate, perplexing
invencieux inventive

J

jaculer to pierce with a spear
jart(z) type of dance
jouxte also, according to
judice judgment, justice

K

kyrielle incessant continuation

L

lambic flame of love
lasus up there, concerning that
latebres hiding places
lesse leash
lice a certain round piece of wood in the forecastle of a ship; the thread of a shuttle in weaving; obstacle, frontier, keg, barrel, coffin
linomple type of fine, thin, linen
lisse 'l. de mon escu' — border, edge
lourt heavy, dull, foolish person
lousserve lynx
loz praise

M

ma(c)t quelled, subdued
malheureté unfortunate
mandicquer to beg
massone edifice
mesadvenante not unbecoming
meschiné servant wench
mesgnie family, household
mesprisons errors, offenses
mestier 'se m. est' — if need be, if appropriate
metz tenement, plowland, trough, tub, gully, furrow
mire medicine
mites mitres
mixte neat, spruce, gay
monilles necklaces
montjoie happiness, culminating point
morisque moorish dance
mosle mould
moustarde 'a la m.' — it is so common that mustard pots are slopped with it
mytes mitres

N

nasselle small boat
nice dull, stupid, lazy, idle
noctoire nightly, obscure
noise quarrel
nominer to name
nonchallé (a) (in) scorn
noverque mother-in-law

O

o with
obicée (objicer) to object, reproach
oblicque winding (voie o.)
onques mais never since, in no time, no longer
orbes musical term
ordoyé defiled
orée border, edge, tempest, entrance, environs

P

pactant open
pancheres panthers
pannages attributes, prerogatives
panonicques escutcheoned
pardurable everlasting
pariz perished
parlamenter to discourse with
parpoin doublet
passeroute the ultimate, best
pegasicque having to do with poetic inspiration
perscruter to search
picquens the point of a dart or spear
plaige pledge, guaranty, surety
planiere open
plectre quill

GLOSSARY

ploi   turn, direction
plois   wounds
pluvie (pleuvir)   to warrant, assure, undertake
poil (en bataille)   courage in battle
poile   the covering over the bier of a deceased person
poix   weight
pollu   polluted, defiled
posteau   post, beam
poulcerent (poulser)   to push or thrust forward
poupitres   mantle or cloak worn in battle
pourchastel   eager pursuit
pourchaz   quest
pourmener   to walk
pourpenser   to think
pourprine   purple
pourprise   entirety
procine   next
propthoplauste   first born
protecolle   the prompter of one who makes a speech
provulguée   divulged, made public

R

racointance   meeting again
raillon   dagger with three edges or blades
ramenteue   remembered
ramentevoir   to remember, suggest
rasures   strikings
ratelée   old saying
rechief (de)   again
recomberant (recombler)   filling
records   remembered
recreantinat   recreant
red(h)ibitoire   whence
reffragans   ornamented with fringes
regenter   to govern
regipe (regimber contre l'aguillon)   to kick against the fetters
reiviere   river
rembarré   closed, locked in
remirer   to consider
rencheoir   to fall again, relapse, falling again
rencheu   fallen again

renes   back
rengrege   aggravation
rengregé   made worse
rengreger   to aggravate, exasperate
re(n)tif   stubborn
repeu   satisfied
replication   repetition
rethz   snare, net
retrenché   chopped off, diminished, curtailed
revolitant   turning
rollet   roll, list
routier   subtle knave

S

sabatz   holy
saiecté   arrow
sainctures   belts, orbits
sceu   knowledge
seillon   furrow made in plowing
semmonner   to summon
sentelle   small path
sentre   middle, center
sequelle   sequel, following, consequence
sequeure (secourir)   to help
serain   evening, fall of day
siderees   celestial, struck by evil influence of the stars
sillogiser   to reflect
singler   to sail
soc(q)   fine, elegant cape or cloak
soillart   scullion, kitchen boy
soint   care
sompnialle   sleep
sotart   woodcock, foolish person
soulacier   to comfort
soulas   comfort
sourt   deaf, dull, insensible
spectable   spectacle
succide   unwashed wool
suivir   to follow
suppediter   to supply thoroughly, overcome, vanquish, subdue

T

taisible   still, silent, quiet
targer   to shield, cover

testes opinion
tibre colored
tilhart hatches of a ship
tissue woven
to(c)qué to attire the head therewith
tollir to remove, take away
tordion thubder
tostée toast (bread)
tourdeons type of dance
tracasser to range, roam
traictiz 'nez t.' — thin, attractive nose
transfreter to cross
transgreder to violate, transgress
transsi half-dead
trasse trace
trassées 'parties t.' — delineated parts
treheu toll, tax
tribu tribute, tax, subsidy
tridant weapon with three edges
trifreme that which has three forms

V

vegeter to live
verboyer to chatter
verne guide
vesquissent (vevir) to live
viaire face, look, aspect
viateur traveler
viatique 'sentier v.' — traveled
victrixe victorious
vilipender to despise, slander, vilify
villité cheapness
vo(s)te vow
vouiller to want
vuider to void, empty, purge
vulnifique that which causes a wound

SELECTED BIBLIOGRAPHY

Altfranzösisches Wörterbuch, ed. Adolph Tobler and Ernest Lommatzsch. Weisbaden: Franz Sterner Verlag GMBH, 1965.
Brunet, Jacques-Charles. *Manuel de Libraire*. Paris: Firmin-Didot Frères, Fils et Cie., 1860-65.
Colletet, Guillaume. *Poëtes Angoumoisins*. Geneva, Slatkine Reprints. Ernest Gellibert des Seguins, 1970.
Commines, Philip de. The Memoirs of Philip de Commines, ed. Andrew R. Scoble. London: George Bell & Sons, 1892.
Deguilleville, Guillaume de. *Pelerinage de la Vie humaine*. Published for the Early English Text Society by Paul Kegan. London: Trench, Teubner & Co., Paternoster House, Part I, 1899.
Guy, Henry. "Octavien de Saint-Gelays, Le Séjour d'Honneur." *Revue d'Histoire Littéraire de la France*. 15 (1908), pp. 193-231.
Masters, G. Mallary. "Panurge at the Crossroads: A Mythopoetic Study of the Pythagorean Y in Rabelais's Satirical Romance (QL/33-34." *Romance Notes*. 15 (Winter 1973), pp. 134-154.
Molinier, l'Abbé Henry-Joseph. *Etude Biographique et Littéraire sur Octavien de Saint-Gelais*. Rodez: Imprimerie Carrere, 1910.
Panofsky, Erwin. *Hercules am Scheidewege*. Leipzig-Berlin: Teubner, 1930.
Tory de Bourges, Geofroy. *Champfleury*. Paris, 1526.
Vergil. *The Aeneid*, trans. L. R. Lind. Bloomington: Indiana University Press, 1963.

WORKS BY OCTAVIEN DESAINT-GELAIS

Le Séjour d'Honneur
Complainte sur le trépas du roi
L'Estrif de science et fortune
Lamentation
(sur la) Mort d'une belette
Translation of *The Aeneid*

NORTH CAROLINA STUDIES IN THE ROMANCE LANGUAGES AND LITERATURES

I.S.B.N. Prefix 0-88438

Recent Titles

THE FOUR INTERPOLATED STORIES IN THE "ROMAN COMIQUE": THEIR SOURCES AND UNIFYING FUNCTION, by Frederick Alfed De Armas. 1971. (No. 100). *-900-6.*

LE CHASTOIEMENT D'UN PERE A SON FILS, A CRITICAL EDITION, edited by Edward D. Montgomery, Jr. 1971. (No. 101). *-901-4.*

LE ROMMANT DE "GUY DE WARWIK" ET DE "HEROLT D'ARDENNE," edited by D. J. Conlon. 1971. (No. 102). *-902-2.*

THE OLD PORTUGUESE "VIDA DE SAM BERNARDO," EDITED FROM ALCOBAÇA MANUSCRIPT ccxci/200, WITH INTRODUCTION, LINGUISTIC STUDY, NOTES, TABLE OF PROPER NAMES, AND GLOSSARY, by Lawrence A. Sharpe. 1971. (No. 103). *-903-0.*

A CRITICAL AND ANNOTATED EDITION OF LOPE DE VEGA'S "LAS ALMENAS DE TORO," by Thomas E. Case. 1971. (No. 104). *-904-9.*

LOPE DE VEGA'S "LO QUE PASA EN UNA TARDE," A CRITICAL, ANNOTATED EDITION OF THE AUTOGRAPH MANUSCRIPT, by Richard Angelo Picerno. 1971. (No. 105). *-905-7.*

OBJECTIVE METHODS FOR TESTING AUTHENTICITY AND THE STUDY OF TEN DOUBTFUL "COMEDIAS" ATTRIBUTED TO LOPE DE VEGA, by Fred M. Clark. 1971. (No. 106). *-906-5.*

THE ITALIAN VERB. A MORPHOLOGICAL STUDY, by Frede Jensen. 1971. (No. 107). *-907-3.*

A CRITICAL EDITION OF THE OLD PROVENÇAL EPIC "DAUREL ET BETON," WITH NOTES AND PROLEGOMENA, by Arthur S. Kimmel. 1971. (No. 108). *-908-1.*

FRANCISCO RODRIGUES LOBO: DIALOGUE AND COURTLY LORE IN RENAISSANCE PORTUGAL, by Richard A. Preto-Rodas. 1971. (No. 109). *909-X.*

RAIMOND VIDAL: POETRY AND PROSE, edited by W. H. W. Field. 1971. (No. 110). *-910-3.*

RELIGIOUS ELEMENTS IN THE SECULAR LYRICS OF THE TROUBADOURS, by Raymond Gay-Crosier. 1971. (No. 111). *-911-1.*

THE SIGNIFICANCE OF DIDEROT'S "ESSAI SUR LE MERITE ET LA VERTU," by Gordon B. Walters. 1971. (No. 112). *-912-X.*

PROPER NAMES IN THE LYRICS OF THE TROUBADOURS, by Frank M. Chambers. 1971. (No. 113). *-913-8.*

STUDIES IN HONOR OF MARIO A. PEI, edited by John Fisher and Paul A. Gaeng. 1971. (No. 114). *-914-6.*

DON MANUEL CAÑETE, CRONISTA LITERARIO DEL ROMANTICISMO Y DEL POSROMANTICISMO EN ESPAÑA, por Donald Allen Randolph. 1972. (No. 115). *-915-4.*

THE TEACHINGS OF SAINT LOUIS. A CRITICAL TEXT, by David O'Connell. 1972. (No. 116). *-916-2.*

HIGHER, HIDDEN ORDER: DESIGN AND MEANING IN THE ODES OF MALHERBE, by David Lee Rubin. 1972. (No. 117). *-917-0.*

JEAN DE LE MOTE "LE PARFAIT DU PAON," édition critique par Richard J. Carey. 1972. (No. 118). *-918-9.*

CAMUS' HELLENIC SOURCES, by Paul Archambault. 1972. (No. 119). *-919-7.*

FROM VULGAR LATIN TO OLD PROVENÇAL, by Frede Jensen. 1972. (No. 120). *-920-0.*

When ordering please cite the *ISBN Prefix* plus the last four digits for each title.

Send orders to: University of North Carolina Press
Chapel Hill
North Carolina 27514
U. S. A.

NORTH CAROLINA STUDIES IN THE ROMANCE LANGUAGES AND LITERATURES

I.S.B.N. Prefix 0-88438

Recent Titles

GOLDEN AGE DRAMA IN SPAIN: GENERAL CONSIDERATION AND UNUSUAL FEATURES, by Sturgis E. Leavitt. 1972. (No. 121). *-921-9.*

THE LEGEND OF THE "SIETE INFANTES DE LARA" (*Refundición toledana de la crónica de 1344* versión), study and edition by Thomas A. Lathrop. 1972. (No. 122). *-922-7.*

STRUCTURE AND IDEOLOGY IN BOIARDO'S "ORLANDO INNAMORATO," by Andrea di Tommaso. 1972. (No. 123). *-923-5.*

STUDIES IN HONOR OF ALFRED G. ENGSTROM, edited by Robert T. Cargo and Emmanuel J. Mickel, Jr. 1972. (No. 124). *-924-3.*

A CRITICAL EDITION WITH INTRODUCTION AND NOTES OF GIL VICENTE'S "FLORESTA DE ENGANOS," by Constantine Christopher Stathatos. 1972. (No. 125). *-925-1.*

LI ROMANS DE WITASSE LE MOINE. *Roman du treizième siècle.* Édité d'après le manuscrit, fonds français 1553, de la Bibliothèque Nationale, Paris, par Denis Joseph Conlon. 1972. (No. 126). *-926-X.*

EL CRONISTA PEDRO DE ESCAVIAS. *Una vida del Siglo XV*, por Juan Bautista Avalle-Arce. 1972. (No. 127). *-927-8.*

AN EDITION OF THE FIRST ITALIAN TRANSLATION OF THE "CELESTINA," by Kathleen V. Kish. 1973. (No. 128). *-928-6.*

MOLIÈRE MOCKED. THREE CONTEMPORARY HOSTILE COMEDIES: *Zélinde, Le portrait du peintre, Elomire Hypocondre,* by Frederick Wright Vogler. 1973. (No. 129). *-929-4.*

C.-A. SAINTE-BEUVE. *Chateaubriand et son groupe littéraire sous l'empire.* Index alphabétique et analytique établi par Lorin A. Uffenbeck. 1973. (No. 130). *-930-8.*

THE ORIGINS OF THE BAROQUE CONCEPT OF "PEREGRINATIO," by Juergen Hahn. 1973. (No. 131). *-931-6.*

THE "AUTO SACRAMENTAL" AND THE PARABLE IN SPANISH GOLDEN AGE LITERATURE, by Donald Thaddeus Dietz. 1973. (No. 132). *-932-4.*

FRANCISCO DE OSUNA AND THE SPIRIT OF THE LETTER, by Laura Calvert. 1973. (No. 133). *-933-2.*

ITINERARIO DI AMORE: DIALETTICA DI AMORE E MORTE NELLA VITA NUOVA, by Margherita de Bonfils Templer. 1973. (No. 134). *-934-0.*

L'IMAGINATION POETIQUE CHEZ DU BARTAS: ELEMENTS DE SENSIBILITE BAROQUE DANS LA "CREATION DU MONDE," by Bruno Braunrot. 1973. (No. 135). *-934-0.*

ARTUS DESIRE: PRIEST AND PAMPHLETEER OF THE SIXTEENTH CENTURY, by Frank S. Giese. 1973. (No. 136). *-936-7.*

JARDIN DE NOBLES DONZELLAS, FRAY MARTIN DE CORDOBA, by Harriet Goldberg. 1974. (No. 137). *-937-5.*

MYTHE ET PSYCHOLOGIE CHEZ MARIE DE FRANCE DANS "GUIGEMAR," par Antoinette Knapton. 1975. (No. 142). *-942-1.*

THE LYRIC POEMS OF JEHAN FROISSART: A CRITICAL EDITION, by Rob Roy McGregor, Jr. 1975. (No. 143). *-943-X.*

THE HISPANO-PORTUGUESE CANCIONERO OF THE HISPANIC SOCIETY OF AMERICA, by Arthur Askins. 1974. (No. 144). *-944-8.*

HISTORIA Y BIBLIOGRAFÍA DE LA CRÍTICA SOBRE EL "POEMA DE MÍO CID" (1750-1971), por Miguel Magnotta. 1976. (No. 145). *-945-6.*

When ordering please cite the *ISBN Prefix* plus the last four digits for each title.

Send orders to: University of North Carolina Press
Chapel Hill
North Carolina 27514
U. S. A.

NORTH CAROLINA STUDIES IN THE ROMANCE LANGUAGES AND LITERATURES

I.S.B.N. Prefix 0-88438

Recent Titles

THE DRAMATIC WORKS OF ÁLVARO CUBILLO DE ARAGÓN, by Shirley B. Whitaker. 1975. (No. 149). *-949-9.*

A CONCORDANCE TO THE "ROMAN DE LA ROSE" OF GUILLAUME DE LORRIS, by Joseph R. Danos. 1976. (No. 156). *0-88438-403-9.*

POETRY AND ANTIPOETRY: A STUDY OF SELECTED ASPECTS OF MAX JACOB'S POETIC STYLE, by Annette Thau. 1976. (No. 158). *-005-X.*

STYLE AND STRUCTURE IN GRACIÁN'S "EL CRITICÓN", by Marcia L. Welles, 1976. (No. 160). *-007-6.*

MOLIERE: TRADITIONS IN CRITICISM, by Laurence Romero. 1974 (Essays, No. 1). *-001-7.*

CHRÉTIEN'S JEWISH GRAIL. A NEW INVESTIGATION OF THE IMAGERY AND SIGNIFICANCE OF CHRÉTIEN DE TROYES'S GRAIL EPISODE BASED UPON MEDIEVAL HEBRAIC SOURCES, by Eugene J. Weinraub. 1976. (Essays, No. 2). *-002-5.*

STUDIES IN TIRSO, I, by Ruth Lee Kennedy. 1974. (Essays, No. 3). *-003-3.*

VOLTAIRE AND THE FRENCH ACADEMY, by Karlis Racevskis. 1975. (Essays, No. 4). *-004-1.*

THE NOVELS OF MME RICCOBONI, by Joan Hinde Stewart. 1976. (Essays, No. 8). *-008-4.*

FIRE AND ICE: THE POETRY OF XAVIER VILLAURRUTIA, by Merlin H. Forster. 1976. (Essays, No. 11). *-011-4.*

THE THEATER OF ARTHUR ADAMOV, by John J. McCann. 1975. (Essays, No. 13). *-013-0.*

AN ANATOMY OF POESIS: THE PROSE POEMS OF STÉPHANE MALLARMÉ, by Ursula Franklin. 1976. (Essays, No. 16). *-016-5.*

LAS MEMORIAS DE GONZALO FERNÁNDEZ DE OVIEDO, Vols. I and II, by Juan Bautista Avalle-Arce. 1974. (Texts, Textual Studies, and Translations, Nos. 1 and 2). *-401-2; 402-0.*

GIACOMO LEOPARDI: THE WAR OF THE MICE AND THE CRABS, translated, introduced and annotated by Ernesto G. Caserta. 1976. (Texts, Textual Studies, and Translations, No. 4). *-404-7.*

LUIS VÉLEZ DE GUEVARA: A CRITICAL BIBLIOGRAPHY, by Mary G. Hauer. 1975. (Texts, Textual Studies, and Translations, No. 5). *-405-5.*

UN TRÍPTICO DEL PERÚ VIRREINAL: "EL VIRREY AMAT, EL MARQUÉS DE SOTO FLORIDO Y LA PERRICHOLI". EL "DRAMA DE DOS PALANGANAS" Y SU CIRCUNSTANCIA, estudio preliminar, reedición y notas por Guillermo Lohmann Villena. 1976. (Texts, Textual Studies, and Translation, No. 15). *-415-2.*

LOS NARRADORES HISPANOAMERICANOS DE HOY, edited by Juan Bautista Avalle-Arce. 1973. (Symposia, No. 1). *-951-0.*

ESTUDIOS DE LITERATURA HISPANOAMERICANA EN HONOR A JOSÉ J. ARROM, edited by Andrew P. Debicki and Enrique Pupo-Walker. 1975. (Symposia, No. 2). *-952-9.*

MEDIEVAL MANUSCRIPTS AND TEXTUAL CRITICISM, edited by Christopher Kleinhenz. 1976. (Symposia, No. 4). *-954-5.*

SAMUEL BECKETT. THE ART OF RHETORIC, edited by Edouard Morot-Sir, Howard Harper, and Dougald McMillan III. 1976. (Symposia, No. 5). *-955-3.*

FIGURES OF REPETITION IN THE OLD PROVENÇAL LYRIC: A STUDY IN THE STYLE OF THE TROUBADOURS, by Nathaniel B. Smith. 1976. (No. 176). *0-8078-9176-2.*

THE DRAMA OF SELF IN GUILLAUME APOLLINAIRE'S "ALCOOLS", by Richard Howard Stamelman. 1976. (No. 178). *0-8078-9178-9.*

When ordering please cite the *ISBN Prefix* plus the last four digits for each title.

Send orders to: University of North Carolina Press
Chapel Hill
North Carolina 27514
U. S. A.

The Department of Romance Studies Digital Arts and Collaboration Lab at the University of North Carolina at Chapel Hill is proud to support the digitization of the North Carolina Studies in the Romance Languages and Literatures series.

www.ingramcontent.com/pod-product-compliance
Lightning Source LLC
Chambersburg PA
CBHW030606230426
43661CB00053B/1864